宁波大学中国乡村政策与实践研究院资助

我国产业转移对区域协调发展的影响及机制研究

陈 凡 著

中国财经出版传媒集团

经济科学出版社

Economic Science Press

图书在版编目（CIP）数据

我国产业转移对区域协调发展的影响及机制研究/
陈凡著．－－北京：经济科学出版社，2022.10
ISBN 978 - 7 - 5218 - 4149 - 7

Ⅰ．①我… Ⅱ．①陈… Ⅲ．①产业转移 - 影响 - 区域
经济发展 - 协调发展 - 研究 - 中国 Ⅳ．①F127

中国版本图书馆 CIP 数据核字（2022）第 194816 号

责任编辑：李　雪
责任校对：李　建
责任印制：邱　天

我国产业转移对区域协调发展的影响及机制研究

陈　凡　著

经济科学出版社出版、发行　新华书店经销
社址：北京市海淀区阜成路甲 28 号　邮编：100142
总编部电话：010 - 88191217　发行部电话：010 - 88191522
网址：www. esp. com. cn
电子邮箱：esp@ esp. com. cn
天猫网店：经济科学出版社旗舰店
网址：http://jjkxcbs. tmall. com
北京时捷印刷有限公司印装
710 × 1000　16 开　17 印张　240000 字
2022 年 10 月第 1 版　2022 年 10 月第 1 次印刷
ISBN 978 - 7 - 5218 - 4149 - 7　定价：80.00 元
（图书出现印装问题，本社负责调换。电话：010 - 88191510）
（版权所有　侵权必究　打击盗版　举报热线：010 - 88191661
QQ：2242791300　营销中心电话：010 - 88191537
电子邮箱：dbts@ esp. com. cn）

前　言

　　当前我国处在构建新发展格局的关键时期，产业有序转移和区域协调发展是其中的重要内容。推动区域协调发展不仅仅是全面落实区域协调发展战略的要求、新时期区域高质量发展的重要途径，也是实现中华民族伟大复兴中国梦的必由路径。结合区域协调发展实际看，区域之间经济差距大、产业发展不均衡、市场一体化推动难度大、公共服务均等化不足、交通基础设施不平衡等矛盾依然较为严峻。基于此，立足于要素流动引致的区域要素聚集和比较优势理论对产业转移对区域协调发展的影响展开研究，从理论上解释产业转移影响区域协调发展的内在逻辑及可行性，利用中国地级市层面经验数据回答"如何全面、系统度量区域协调发展""产业转移对区域协调发展影响""产业转移影响区域协调发展的机制"的问题。

　　本书以应用产业经济学、区域经济学、新地理经济学等理论为基础，采用因子分析、熵权法、固定效应、工具变量等方法，主要研究内容如下：第一，选题研究背景、产业转移与区域协调发展理论综述。界定了产业转移、区域协调发展的内涵，厘清产业转移和区域协调发展理论基础，重点论述产业转移影响区域协调发展的理论基础，开展此项研究的理论意义和对实践的边际贡献，进而回答产业转移影响区域协调发展的理论可行性与现实可能性。第二，结合当前产业转移的实际，全面分析探讨产业有序转移面临的 SWOT，梳理我国产业转移的发展趋势、现状及问题，把握产业转移整体状态。第三，结合新发展格局特点和区域协调发展目标体系，构建综合指标体系对区域协调发展水平进行度量和评价，回答如何在新发展格局下更准确理解、度量区域协调发展的问题。第四，利用地级市的面板数据，使用区域协调发展指数作为被解释变量，构建模型验证产业转移对区域协调发展的影响，分析产业转移对区域协调发展影响的异质性，解释产业转移是否带动了区域协调发展。第五，梳理产业转移对区域协调发展影响的效应，利用中国经验数据验证产业转移对区域协调发展的影响机制，解答产业转移究竟通过何种途径作用于区域协调发展的问题。第六，结合新发展格局背景，基于已有研究结论，提出产业转移带动区域协调发展的政策建议，以供政策参考。

相较于已有研究成果，本书研究工作的主要特点如下：第一，全面构建区域协调发展的评价体系并开拓性地将其引入实证研究当中，有助于拓展产业转移与区域协调发展的研究边界。第二，将研究的经验数据扩展到地级市层面面板数据，采用更下沉到地级市且研究年限跨度长的数据让研究更加细致，具有更广泛代表性，更接近实际，具有一定的实操价值。第三，着重从理论和实践角度论证产业转移带动区域协调发展的可行性与可能性，回答产业转移能否带动区域协调发展又如何带动区域协调发展的重大命题，丰富了相关领域研究成果。第四，论证产业转移通过要素聚集效应、技术创新效应、产业升级效应、政府政策驱动效应的渠道带动区域协调发展，有助于推动区域协调发展实践及政策应用。第五，结合新发展格局背景，系统阐述利用产业转移带动区域协调发展的政策举措，有助于提供一定的经验借鉴。

目录
CONTENTS

第一章

绪　　论

一、研　究　背　景

　　构建新发展格局是以习近平为核心的党中央面对复杂多变的内外格局下，提出带动中国经济高质量发展的重要战略部署。改革开放以来，中国经济保持中高速增长、产业结构持续升级、社会公共服务显著优化、居民生活获得较大改善，已于 2020 年实现了全面建设小康社会宏伟目标。但是，也要看到我国经济发展中，还存在着区域发展不充分、不协调、不平衡的矛盾，国内市场还存在割裂现象，部分地区交通基础设施建设滞后，国内要素一体化流动存在障碍，不同地区间公共服务均等化差距还较大等问题。与此同时，中美贸易摩擦升级、新冠肺炎疫情暴发等因素，对中国不同地区的发展造成一定的负面影响。在这种背景下，破解区域发展矛盾，寻求区域发展动力成为摆在政策管理层面的重要任务。党中央高瞻远瞩，提出构建新发展格局，就是应对国内国际矛盾的重要战略。在新发展格局中，把关注点集中于国内，重点解决好中国内部改革、发展议题，进一步挖掘中国经济内生动力，成为重要的政策导向。在这种背景下，跨地区发展的重要性进一步上升。要充分利用新发展格局的政策机遇，积极发挥国内潜力，更加关注区域协调发展，促进形成区域协调发展新格局的目标体系，并采取措施促进市场体系健全发展、交通基础设施条件改善、要素自由流动，化解产业瓶颈，改善公共服务体系，带动区域协调发展。

"区域发展不平衡""产业转移"是理论和实践中关注较多的话题，也是构建新发展格局的重要关注点。如何更加全面理解"区域发展不平衡"的深刻根源，厘清区域协调发展的内涵体系，构建化解区域发展不平衡的政策体系非常必要。同时，进一步梳理产业转移对区域协调发展影响的一般规律，厘清有序引导产业转移对带动区域协调发展作用具有积极意义。

为了摆脱过度均等化带来的弊端，改革开放初期中国实行区域不均衡发展战略，即沿海发展战略。中央政府给予政策扶持，并配套给予大量资源要素支持，鼓励沿海地区利用外资和发展民营经济。尽管在 2000 年以后，中央采取了总体发展战略，促进内地经济发展，但是，也一直强调要推动沿海地区率先实现现代化。事实证明，沿海发展战略的实施，把政府政策动员、市场化改革与国内外资源在沿海的重组结合了起来，带动了沿海地区的崛起。事实也证明沿海发展战略带动了沿海地区的崛起，也带来了区域差距扩大的问题（刘秉镰等，2019）。为了弥合区域发展的差距，中央政府采取积极政策措施促进西部大开发、东北振兴与中部崛起。党中央、国务院出台了一系列文件支持粤港澳大湾区建设、京津冀协同发展、长江三角洲一体化发展；对特定流域进行战略扶持，比如长江经济带发展战略、黄河流域生态保护和高质量发展战略；围绕国际、国内合作提出国家倡议，比如"一带一路"倡议，力图更好地支持区域联动、强化区域之间协调，推动区域更加协调发展。"党的十九大"以来，国家更加重视区域协调发展的议题，出台《中共中央国务院关于建立更加有效的区域协调发展新机制的意见》，以便于支持区域良性发展。

产业转移是推动区域协调发展的重要方式，也是落实区域协调发展战略的重要举措。通过产业转移，推动区域要素重新配置，改善区域禀赋，引导不同区域资本、人才、技术等要素流动，带动区域经济交流，推动区域协调发展，构建更加有序、有效、协调的产业转移体系，是新时期我国对区域协调发展的要求。这是因为，东部地区产业"腾笼换鸟"需求日益迫切，而中西部地区产业发展需求日益强烈，引导产业逐步由东部向中西部转移迫在眉睫。尽管一些研究表明，产业从东部向中西部的大规模转移并未到来（严立刚、曾小明，2020），然而产业转移的有效需求日益升高（张倩肖、李佳霖，2021）。重视和引导产业大规模向我国中西部、东北地区转移，有助于为东部地区腾出发展空间，促进东部地区产业转型升级；有助于增加中西部和东北地区产业投资，做大经济规模；有助于一些资源型城市形成新的产业增长点，促进劳动力转型就业，化解复杂的社会矛盾。在产业转移可以实现互利共赢的背景下，促进产业转移，可以满足各个地区的发展要求，同时缩小区域之间的发展差距，带动区域协调发展。

尽管国家政策重视，产业转移政策实践丰富，但是，对产业转移与区域协调发展之间的研究还有待深化。从检索到的产业转移与区域协调发展的研究看，使用"区域协调发展""产业转移"两个关键词，联合在"中国知网"查询，截至 2021 年 12 月 1 日，有关产业转移与区域协调发展的直接研究文献一共 4290 篇，其中学术期刊最多，达到 3080 篇，其次为报纸 562 篇、会议 170 篇、学位论文 60 篇。依据年度看，1984～2003 年发文频率低，年均发文量均在 30 篇以下，2004～2014 年经历了由快速增长到小幅回落的周期变化，发文量保持在年均 130 篇以上，2016～2018 年发文量达到高峰后快速回落，到 2020 年、2021 年恢复到 150 篇。

但是，兼顾"产业转移"与"区域协调发展"的博士论文只有两篇，李传松（2018）以产业转移为研究背景，探讨区域协调发展的理论和实践机理，提出通过政策调整支持区域协调发展的方式。①

---

① 李传松. 产业转移视角下的区域协调发展机制与对策研究［D］. 北京：中共中央党校，2018.

王欣亮（2015）从比较优势理论出发，探讨比较优势与产业转移、产业转移与区域协调发展之间的规律，在利用比较优势下后发地区和优势地区要实现区域协调，需要关注各方的利益，并采取相应措施维护。① 从博士论文研究选题数量和研究内容来看，对这一领域的研究，有进一步深化的必要。

不过，就学术界的整体研究看，目前对产业转移和区域协调发展的关系研究数量较多，但重复性研究较多，研究广度、研究深度都还不够，较多研究偏重概念描述、选取特定区域、应用型政策建议。在中央倡导促进国内国际双循环、促进构建新发展格局的背景下，学术界面临的新形势是，如何从理论上深化、从内容上细化、从研究上数量化分析产业转移与区域协调发展之间的关系。基于此，本书尝试将产业转移与区域协调发展结合起来，进一步深入发掘产业转移的理论与实践价值，讨论产业转移影响区域协调发展的理论机理，探索区域协调发展的度量和评价，厘清产业转移带动区域协调发展的路径，验证产业转移通过何种渠道带动区域协调发展，最后提出产业转移带动区域协调发展的政策建议。本书的目的是梳理产业转移与区域协调发展的理论与现实脉络，讨论产业转移对区域协调发展影响的机理，提出以产业转移促进区域协调发展的思路，以学术理论研究的深化为支持构建区域协调新发展格局做出贡献。

二、研 究 意 义

（一）理论意义

第一，着重论证以产业转移影响区域协调发展实现机理。以产业

---

① 王欣亮. 比较优势、产业转移与区域经济协调发展研究［D］. 西安：西北大学，2015.

转移带动区域协调发展的提法，常见于政策文件和新闻报道中。然而，其理论机理的阐释与进一步的关联性研究相对缺乏。究竟产业转移是否带动和在多大程度上带动区域协调发展，仍是一个有待于回答的课题。本书从理论上力图回答产业转移对区域协调发展的影响及其实现机理，进而回答产业转移带动区域协调发展这一命题。这样的探索性分析，可能丰富这一领域的研究成果，对厘清产业转移对区域协调发展的作用及其机理，提供参考价值。

第二，构建区域协调发展的评价体系并将其引入实证研究。构建区域协调发展的评价体系是拓展产业转移与区域协调发展关系研究的基础性工作。目前，已有的研究较多利用经济差距衡量区域协调发展，但仅仅以经济差距作为衡量指标会存在偏颇，不能更好地包含区域经济、社会、生态等协调发展的丰富内涵；还有一些研究构建区域协调发展指数，用于评价区域协调发展程度，具体拓展应用相对缺乏。本书尝试拓展研究边界，主要着眼点是丰富区域协调发展指标体系的评价内容，建立起与产业转移之间的链接，在此基础上开拓性地将其引入与产业转移关联的实证研究。这样，既丰富对区域协调发展的学术理解，又可深化产业转移与区域协调发展之间关系的研究。

第三，利用地级市层面数据，拓展产业转移对区域协调发展的经验研究。现有的研究当中，较多利用四大板块、省级面板数据来探讨区域协调发展，缺乏从地级市层面数据实证探索产业转移对区域协调发展的影响，导致最终研究揭示出来的关联关系信息量过少。基于此，本研究深入一步，以地级市统计数据为支撑，深化对产业转移对区域协调发展的影响研究。将数据扩展到地级市层面，其意义主要体现在以下两个方面。一则可以让研究更加细致和深化。我国国土面积辽阔，行政管理资源丰富，四大板块层面、省级层面数据相对宏观，研究结果相对较粗，我国有 280 多个地级市，把关联性研究数据拓展到地级市层面，会使研究更加精细，得出的结论更具有支撑性。二则可以让研究具有更广泛的代表性。研究选取数据层次越低，数据量越大，就越接近基层、接近实际。推动区域协调发展，地级市是关键一级行政组织机构。构建地级市层面数据，深化产业转移与区域协调发展的研究，具有较强的代表性，研究的结论更有助于发现符合实际的客观规律，也更有助于细化政策管理。

第四，探讨产业转移对区域协调发展的影响规律。现有学者探讨产业转移对区域协调发展影响机制多以理论分析为主，较少采用实证分析。本书尝试利用地级市数据来探索产业转移对区域协调发展影响机制，以期能够阐释产业转移带动区域协调发展的机制以及推动产业转移促进区域协调发展的实践。影响机制的分析、经验数据的验证，可形成完整的产业转移对区域协调发展影响的研究体系。

（二）实践意义

第一，构建区域协调发展的评价体系，有助于全面、准确衡量区域协调发展现状。通过全面分析，科学界定区域协调发展内涵，有助于勾画区域协调发展目标体系，形成区域协调发展评价体系，构建区域协调发展指数，对不同区域发展状况进行区分和评价，既能了解全国层面、区域四大板块或者省级层面的状况，又能掌握细化到地级市的具体实际，便于全面分析、客观判断区域协调发展格局与走向。基于此，本书构建全国地级市层面 2001～2018 年的区域协调发展指数，以更充分揭示、更全面反映区域协调发展变化。

第二，深化产业转移对区域协调发展的影响及其机制的研究。有助于验证产业转移带动区域协调发展的可能性与可行性。在采用理论分析的同时，结合产业转移的经验数据，实证分析了产业转移对区域协调发展的具体影响程度。这有助于从理论上判断是否需要从更高维度加强区域经济协调发展，更大力度释放协调发展潜力。探讨产业转移带动区域协调发展的机制以及影响动因，对于在深化改革背景下探讨如何把产业转移机制与区域协调发展机制结合起来，洞悉产业转移对区域协调发展的作用路径，对实施以产业转移推动区域协调发展战略有直接促进作用。不仅如此，上述规律性的研究，有助于在重大区域协调发展战略中发挥产业转移带动作用。

第三，对以推动区域协调发展战略实现区域高质量发展目标具有一定现实意义。推动区域协调发展战略，是新时期高质量发展的重要内容，区域协调发展、区域高质量发展都离不开对区域协调发展机制与规律的了解。能够更好地把握区域协调发展实际，特别是针对不同地区区域发展情况进行管理优化与政策调控，有助于实现区域良性发展。本书尝试聚焦区域协调发展课题，更深入地探索区域协调发展内容和内涵，分析的内容、得出的结论对区域协调发展战略更好实施，区域高质量发展有一定的现实作用。

第四，为更好利用产业转移推动区域协调发展，形成新发展格局提供理论基础。新发展格局既是新发展理念下资源要素优化组合的发展模式，又是引领未来发展目标实现的政策构架。在新的理念下，重大问题可能通过结构转化、系统调整焕发新的发展生机。深化产业转移研究，探讨产业转移对区域协调发展之间的关系，可以把握区域协调发展政策下的产业转移导向，为实现新区域发展格局，提供一定理论支撑。

三、研究内容与研究方法

（一）研究内容

本书主要围绕产业转移对区域协调发展的影响及其机制展开，拟回答以下问题：如何准确评价区域协调发展状况、精准衡量产业转移状况？经验证据下产业转移对区域协调发展的影响，这种影响路径是什么？产业转移带动区域协调发展政策建议等问题。通过回答上述课题，在理论层面厘清产业转移与区域协调发展的关系，实践层面支持产业转移和区域协调发展战略的推动。为此，分为以下几个章节。

第一章，绪论。当前处在新发展格局的构建期，面临区域发展不协调、不充分问题，需要发挥产业转移带动区域协调发展的作用。在此背景下，有必要探讨产业转移对区域协调发展的影响这项研究的来源、意义，以及如何能够推进这项研究深入。

第二章，理论基础及研究进展。从产业转移与区域协调发展相关概念界定、产业转移理论基础、区域协调发展理论基础、产业转移带动区域协调发展的理论基础展开，解答开展此项研究的理论意义和对于理论研究的边际贡献的问题，进而探索产业转移对区域协调发展研究理论的可行性与现实可能性。

第三章，我国产业转移的发展趋势、现状及问题。结合当前产业转移的实际状态，全面分析探讨产业有序转移面临的 SWOT，梳理我国产业转移的发展趋势、现状及问题，把握产业转移整体状态。

第四章，区域协调发展的度量和评价。主要采用相关的指标来度量区域协调发展状况，构建区域协调发展的综合指标体系，了解各个区域协调发展指标的不同表现。探索区域协调发展新的内涵指导下，衡量指标的不同、呈现的不同及表现的不同。

第五章，产业转移对区域协调发展影响的实证研究。采用获取的全国地级市面板数据，确定新的区域协调发展的度量方式，衡量产业转移对于区域协调发展的影响，探索产业转移对区域协调发展的异质性，回答产业转移到底对区域协调发展有什么样的作用的问题。

第六章，产业转移影响区域协调发展的理论机制与经验证据。探讨产业转移究竟通过何种途径作用于区域协调发展，以便于解答在推动区域协调发展战略过程中，如何能够更好带动区域协调发展的问题。

第七章，推动区域协调发展的政策建议。通过前文研究，梳理产业转移影响区域协调发展的路径，以便于更好地支持区域协调发展。

第八章，研究结论及展望。梳理文章的主要结论，对于本书需要提升的点进行展望和小结，以便于后续研究的深化和推进。

(二) 技术路线

本书专注于研究产业转移对区域协调发展的影响，为了系统开展研究，按照计划完成研究工作，围绕主要研究的内容，特制定如下技术路线图，见图 1 - 1。具体的思路如下：第一是引入问题。在研究中探讨如何引入文章研究话题，开展相关研究。文章的绪论部分主要解释这个部分。当前背景下，新型冠状病毒在全球肆虐，世界处于防控疫情阶段，我国进入新发展格局，新发展格局下区域协调发展、产业转移面临新的形势，要解决新的问题。已有的研究成果尚未全面解答产业转移和区域协调发展的问题，本书尝试结合研究背景和已有研究确定研究的理论和实践意义。第二是理论铺垫。在研究中主要阐释产业转移、区域协调发展研究的相关理论基础，在理论上回答产业转移带动区域协调发展的可行性和可能性。依据经济学分析范式，分析产业转移影响区域协调发展的机理，关注其边际贡献，也就是本书开展产业转移对区域协调发展影响的研究能够对现有研究有什么样的丰富和拓展，笔者在选取这个主题时做了哪些边际创新。第三是方法的铺垫。主要回答区域协调发展内涵是什么的问题，采用熵权法和因子分析法衡量区域协调发展状况。实际上是研究工作既定之后，通过选取研究方法准确地界定研究边界。以往的研究中较少首先系统界定了区域协调发展后再与研究命题结合。这一部分中首先界定区域协调发展的内涵，然后根据区域协调发展内涵概括目标体系，确定研究方法，评价区域协调发展状况。第四是经验验证。主要回答产业转移是否带动区域协调发展以及如何带动区域协调发展的问题。结合文章的分析设置变量模型，并且在模型分析基础上对产业转出区域和产业转入区域，国家级承接产业转移示范区和非示范区以及东部、中部、西

逻辑框架   具体研究脉络

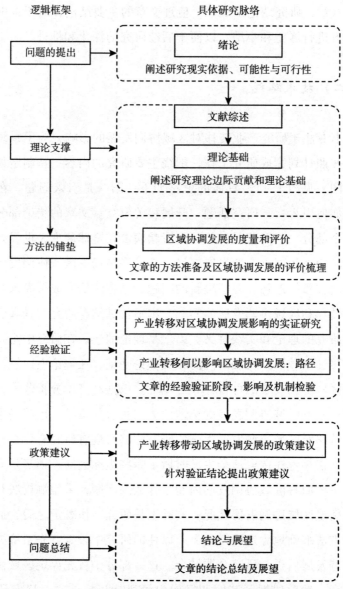

图 1 - 1 产业转移对区域协调发展影响的技术路线图

部、东北部之间的效果异质性进行探讨，便于在验证中因地区不同采取分别处理的办法，制定相应的应对策略。第五是政策建议。主要力图结合新发展格局的背景，提出符合产业转移带动区域协调发展的政策建议，便于实践应用。政策建议部分的设计是从政策需关注整体大的环境出发，探讨政策在"内循环为主体""内外循环相互推进"两个体系下，如何针对不同背景下进行调整，便于发挥最大的政策效应。第六是结论与展望。结合已有的研究分析，全面梳理已有的研究结论，并进行展望。比如区域协调发展评价中各个区域实际情况如何，产业转移的测算体系下不同区域产业转移的现状和趋势怎么样，结合已有经验数据验证的产业转移对区域协调发展的影响究竟是什么，这种影响如何来发挥作用。对这些命题的解答进行总结梳理。

从整体上看，本书围绕经济学分析基本范式，从现实观察和经济研究中寻找选题，并在对选题已有研究进行系统全面梳理的基础上，确立本书的理论研究切入点，确定理论立意，然后对区域协调发展状况进行测算，对产业转移与区域协调发展影响进行全面系统的研究，最后提出相应应对策略，并进行总结。本书也力图按照已有的工具、已知理论进行拓展，力图能够有助于研究的深入。

（三）研究方法

经济学的研究中注重关注现实问题，也需要将现实问题转化为理论体系。在推动经济研究深入的过程中，采取科学研究方法有助于得到更加精准、更具有科学性的结论，从而能够推动结论的落地执行。在研究方法上，本书在借鉴已有研究的基础上，力图结合当下研究实际，推动本研究的深入。因此，本书采取的研究方法主要有以下几种。

第一，文献分析法。文献分析是通过文献梳理，寻找到理论上的切入点。梳理产业转移理论、产业转移发展脉络、产业转移路径等相应文献，找到产业转移对区域协调发展影响的理论立意，确定本书研究的基准点。在借鉴前人研究成果的基础上，本书拓展了关于产业转移、区域协调发展内涵、指标界定等方面的研究。

第二，统计分析法。将梳理统计法贯穿于本书实证研究中，利用数理统计衡量区域协调发展程度，梳理产业转移的现实情况。本书的统计分析法主要运用于下面两个方面：一方面是采用收集到的数据测算区域协调发展指数。笔者收集了全国 288 个地级市 2001～2018 年的区域协调发展相关指标体系，并通过指标体系测算全国样本地级市区域协调发展得分，了解区域协调发展实际情况；另一方面是按照区域产业转移测算指标，测算不同区域产业转移的实际情况，识别产业转移的区域差距。笔者主要集中计算样本地级市区域产业转移情况，识别产业转移的影响，便于实证应用。

第三，实证研究法。实证分析法在经验验证研究中应用较多，也有很多细化的分析方法。笔者主要采取的实证研究方法如下：其一，采用权重分析、层次分析、主成分等研究方法评价区域协调发展状况，识别区域协调发展的异质性；其二，采用固定效应模型、工具变量法等方法研究产业转移对区域协调发展的影响，采用固定效应模型测算产业转移对区域协调发展的影响路径。

四、研究的创新点和难点

本书聚焦于研究产业转移与区域协调发展之间的关系。选题紧扣理论研究和重大政策实践，着力探索产业转移研究中需要解释和解决的重大理论难题，力图进行一些理论与政策的前沿性探索，提出一系列个性化差异化观点。本研究可能既存在不少创新点，体现研究学术深化与创造的边际意义与价值，同时，研究过程中也面临一定的难点，比如在研究具体执行中面临客观实际困难。这里把本研究中创新点和遭遇到的执行难点一并列出，供有关专家评论与指教。

(一) 研究的创新点

研究视角上，全面构建区域协调发展的评价体系并开拓性地将其引入与产业转移关系的实证研究当中，有助于拓展产业转移与区域协调发展的研究边界。现有研究较少将评价区域协调发展状况与研究产业转移与区域协调发展这两个问题相结合，基于此，笔者构建了既能准确评价区域协调发展实际状况，又能支持产业转移实证研究的区域协调发展的指标体系。这一指标对于产业转移对区域协调发展影响的实证研究具有边际贡献。在具体研究执行上，在采用区域协调发展指标体系测算区域协调发展变化与现状后，展开了产业转移对区域协调发展影响的研究。客观地说，在研究思路、研究基础方式上都有一定的突破，对现有研究有一定的边际创新作用，也提高了研究结论的稳健性。

研究方法、数据上，将研究的经验数据扩展到地级市层面面板数据，采用更下沉到地级市且研究年限跨度长的数据让研究更加细致、具有更广泛的代表性、更接近实际，具有一定的实操价值。以往评价区域协调发展状况较少将数据延展到地级市层面，而更下沉到地级市实际且研究年限跨度长的研究对准确把握中国区域协调发展实情至关重要。具体来看，拓展地级市经验数据用于区域协调发展的视域，丰富了区域协调发展的研究内容。同时，产业转移的区域协调发展效应，在不同区域存在异质性。这种异质性在地级市层面比省级或者四大板块层面会更加丰富，把握地级市的规律能丰富相关领域研究成果。可见，采用地级市层面数据，丰富了现有视角和研究结论。

研究内容上，着重从理论和实践论证产业转移带动区域协调发展的可行性与可能性，回答产业转移能否带动区域协调发展又如何带动区域协调发展的重大命题。在推进新时代区域协调发展战略的背景下，如何评价区域协调发展状况、如何判断区域是否协调发展、如何促进区域协调发展都是关键课题。笔者从理论和经验验证方面严格论证产业转移推动区域协调发展的结论，进一步解释产业转移通过要素聚集效应、技术创新效应、产业升级效应、政府政策驱动效应带动区域协调发展，力图搭建产业转移推动区域协调发展之间理论和现实连接的桥梁，尽力从理论上夯实区域协调发展的研究基础。

（二）研究中存在的难点

开展产业转移对区域协调发展影响的研究有一定的理论和现实意义，也存在一些现实困难。具体如下：

第一，如何精准构建区域协调发展指标体系，存在一定困难。这类指标体系的构建要求是既能衡量区域协调发展实际，又能便利地获取数据用于产业转移实证研究。以往的文献提出了度量区域协调发展的指标体系的不同模式，但或多或少都存在一定的不足。在深化区域协调发展的理论研究中，如何通过构建指标体系把上述两个研究方面结合起来，是一个值得关注的课题。未来将准备进一步查找文献，有针对性地加以探索解决。

第二，产业转移对区域协调发展影响的数据获取，存在客观现实难度。本研究采用地级市样本数据，然而地级市样本数据中，存在较多数据缺失现象，且数据收集工作零散，工作量也比较大。如何能够既能衡量区域协调发展，又能保障数据多元基础上的一致性，存在现实困难。解决方式是，通过文献查询和咨询方式，针对性地寻找对应文献，找到化解办法。同时，在研究中步步深入去查询，找到契合本文研究的适用性数据。

第三，产业转移影响区域协调发展机制的理论路径以及与此关联的数学表达方式，存在一定难度。如何能够从理论上梳理这一影响关系，又能够通过实证研究加以验证，回答理论与实践关注的多样化问题，具有一定难度。同时，使用数据时，还需消除数据的相关性，保障结论更加精准。

第二章

理论基础及研究进展

一、产业转移的理论基础与研究进展

改革开放后，我国承接国际产业转移，完善了产业结构，也取得了巨大发展绩效，同时产业发展也面临着结构升级、产业转化的新问题，产业发展需要有新活力。有序推动产业在我国范围内二次转移，形成产业梯度发展优势，成为一项重要任务。为此了解产业转移基本理论及研究进展，明确产业转移与区域协调发展思路，对于全面把握产业转移带动区域协调发展具有积极作用。

（一）理论基础

研究产业转移，首先在理论层面面对的问题是产业转移产生的原因。基于不同分析视角的选择，各学者提出了各自不同的回答（见表2-1）。工业革命后，英国工场手工业获得了长足发展，产业开始分工。基于对现实观察，亚当·斯密（Adam Smith）和大卫·李嘉图（David Ricardo）根据产业之间、区域之间分工发展的实际提出分工论，用以解释各地在劳动比较优势后，优势产品和产业的跨地区流动。分工论客观上也解释了产业之间跨区域运作的问题，成为解释产业转移最初的理论。此后赫克歇尔（Heckscher）和俄林（Ohlin）的要素禀赋论基于区域不同禀赋视角解释区域产业的转移；韦伯（A. Weber）及其后续研究者提出的工业区位论，认为各个区域运费、市场、劳动力、聚集效应等区位因子变化会影响产业流动和转移；赤松要（Akamatsu）的雁形形态转移理论认为，不同技术差别国家产业可以进行转移，产业技术优势国家可以将边际技术转移到技术相对落后的国家，有机会实现双赢；弗农（Vernon）的产品生命周期理论解释了处于不同生命周期产品和产业在不同区域转移的需求；小岛清（Kojima）的边际扩张理论认为发达经济体可以将本国的边际产业（相对落后的产业）通过投资扩张方式转移到不发达经济体；邓宁（Dunning）的国际生产折衷理论认为不同区域的产业转移优势组合不同，基于产业转移的不同优势组合，产业在不同区域转移；夏禹农，冯之浚提出的区域经济的梯度理论依据不同区域产业梯度，使得产业由高梯度向低梯度转移；郭凡生提出的反梯度理论解释后发地区通过直接承接、吸收发展先进产业，实现跨越赶超的过程；以保罗·克鲁格曼为代表的新经济地理理论利用经济现象之间非均衡力和经济现象的非连续性作为解释经济差距的因素，根据经济差距的解释，强调产业之间流动；新经济地理理论认为产业转移是间接实现的，地区经济差别会导致劳动力转移，劳动力转移会使得经济活动空间变化，带动产业转移。

表 2-1　　　　　　　　**关于产业转移的理论演变脉络**

提出者	理论名称	关于产业转移的解释
亚当·斯密（Adam Smith）和大卫·李嘉图（David Ricardo）（工业革命后）	分工论	分工论以劳动力成本优势为基础，主张各国或者地区在生产产品上具有一定的优势和劣势，基于各自生产优势产品交换，从而能够增加彼此福利，驱动产品和产业在各国和地区流动

提出者	理论名称	关于产业转移的解释
赫克歇尔（Heckscher）和俄林（Ohlin）（20世纪初）	要素禀赋论	由于要素禀赋的差异，使得各国根据其自身要素禀赋的不同组织生产，从而具有不同禀赋的国家和地区有动力进行贸易，也催生了国家之间、地区之间产品和产业的转移
韦伯（A. Weber）及其后续研究者（20世纪初）	工业区位论	区域发生产业转移的动因是降低成本、获取更大的利润，而影响因子是运费、市场、劳动力、聚集效应等，当区位因子减少的成本大于另一区位因子增加的成本时，区域产业可能发生新的转移。经济发展等条件变化，区域的区位因子的不断变化，会使得地区发展的综合条件也产生诸多的变化，调动了产业不断发生转移
赤松要（Akamatsu）（1935）	雁形形态转移理论	由于发达国家和发展中国家存在技术差别，发达国家有转移出技术相对落后产业的发展需求，发展中国家有承接发达国家技术的动力，从而产业能够发展转移。雁形形态转移理论提出发展中国家可以通过承接西方技术，通过模仿、引入、吸收、创新的路径实现跨越
弗农（Vernon）（1966）	产品的生命周期理论	将产品的生命周期划分为创新、扩张、成熟、衰退等阶段，不同的阶段各有不同的特点，并可依据不同阶段的特征在符合条件的对应地区布局
小岛清（Kojima）（1978）	边际扩张理论	在比较日本型对外投资和美国对外投资之后，提出本国趋于比较劣势的产业（边际产业）可以通过对外投资向国外转移，并且按照技术的差别向外扩张
邓宁（Dunning）（1988）	国际生产折衷理论	将产业的转移归结于所有权优势、区位优势、内部化优势的整合，通过三组优势的组合企业进行产业转移，而一般而言，产业转移是由经济水平高的地区逐步转移向经济水平低的地区
夏禹农、冯之浚（1982）	梯度理论	各地由于经济水平、技术条件、区位优势等不同导致地区发展存在着天然的梯度，产业的发展在不同梯度地区呈现不同的发展格局

提出者	理论名称	关于产业转移的解释
郭凡生（1984）	反梯度理论	具有资源禀赋优势但发展相对落后的国家可以直接引进先进的资金和发展经验，实现跨越发展。经济发展中，后发地区实现跨越赶超，实现技术创新的突破成为一种可能，通过技术创新实现反梯度发展
新贸易理论保罗·克鲁格曼（Paul Krugman）（1991）	新经济地理理论	以迪克希特—斯蒂格利茨模型（D-S模型）为基础，将规模经济的收益递增和不完全竞争纳入主流经济分析中，用以解释经济发展中的产业聚集现象。新经济地理理论认为产业转移是间接实现的，地区经济差别会导致劳动力转移，劳动力转移会使得经济活动空间变化，带动产业转移

资料来源：根据已有的文献整理得到。

以上描述了国内外学者们对产业转移的理论解释，提供了产业转移理论的演进脉络，为研究产业转移奠定了理论准备。然而结合我国研究实际看，现有研究在解释产业转移上应用较为广泛，与我国产业转移实践结合紧密的理论主要有区位理论、雁行形态理论、梯度与反梯度理论。以下分别介绍。

第一，区位理论。初始区位理论是从研究农业区位理论开始的，农业区位理论认为由于土地要素位置不同，距离市场远近会有差异，进而会导致地租差异（杨吾扬，1989）。韦伯将区位理论延伸到工业区位的分析中，提出最低成本是企业选择的基础，其定义的核心是运输成本、劳动力成本是工业区位发生变化的原因（保建，2002）。后续研究将企业追求利润最大化、获得更大市场份额、获取聚集效应等作为企业选择区位的动机（吴瀚然、胡庆江，2020）。作为对传统理论的拓展，现代区位理论更是将区位看作企业主动性选择的结果（Beckmann，1999；金相郁，2004），其认为随着企业发展的外部经济环境日益复杂化，企业区位选择因素越发多元，企业在选择区位时的动机也越发复杂（黄以柱，2013）。基于对企业选择区位动机切入的不同，市场学派、行为学派、成本学派等从各自视角提出企业在选择匹配区位双向选择的可能性解释（沈体雁、崔娜娜，2020）。也有学者进一步将区位理论扩展，比如将现代技术、智能化因素考虑到企业转移的因素当中，智慧技术的范式下智能化、无人化产业可能扭转劳动力聚集获得的外溢效应，网络便利化、互联网发展可能改变部分企业接近市场、低运输成本的选择等，此时区位理论需要有新的更替和转换（娄伟，2020；王开泳、邓羽，2016）。也有将区位理论更加细化应用的观点，比如"微区位""微转移"等新的名词出现，引导区位选择朝向更加微观的主体当中，考虑微观主体选择转移的因素（张中华，2020）。区位理论的演进为企业在不同空间的转移提供了理论解释，在解释产业在不同区域聚集方面提供了思路，也是我国产业转移研究中应用较为广泛的思想之一。

　　第二，雁行形态理论。赤松要（Akamatsu）总结了后发工业国家产业发展的雁形形态理论，其描述是初始阶段后发国家与先进国家成本结构上有质的差别，使得后发国家在国际分工中承担出口初级产品、进口工业产品的角色；随着后发国家要素积累、工业水平提升，后发国家能够产出与进口的工业品品质同质的产品，开始逐渐使用本国生产的产品替代进口的工业品，进口工业品逐渐减少；到了第三个阶段，后发工业国家工业品生产技术日益成熟，成本下降，比较优势逐渐扩大，会加大本国工业产品的出口，向其他国家出口产品（王乐平，1990）。这一过程总结为后发工业国家经历的"进口—生产—出口"的变化形态类似于大雁的形态，因此被称为雁形形态理论（李旭轩，2013）。雁形形态理论表达了后发工业国家在工业化发展过程中经历的产品由用于消费的消费品到成为扩大再生产的资本品，生产方式由粗放加工到逐渐成熟的深加工，技术构成由简单的技术到逐渐成熟的、复杂技术的变化（曲凤杰，2017）。依据这一理论的指导，基于不同国家存在发展差异，投资方可以将本国不具备生产成本优势的边际产业通过投资、贸易等方式转移到其他国（车维汉，2004）。"第二次世界大战"后东亚国家产业转移也验证了这一理论，以日本为首，将产业转移到韩国、中国台湾地区、中国香港地区、新加坡，再转移到中国内地、东南亚等地的形态正符合雁形形态理论的要义（董洁、于纹，2009）。随着产业转移实践的拓展，国内一些学者将雁形形态理论拓展到国家内部的产业转移中，提出产业从不具有比较优势地区转移到具有相对比较优势区域的过程也称为雁形形态（韦鸿、陈凡，2016），并用中国东部地区企业与中西部、丝绸之路经济带企业等案例来验证（李旭轩，2013；苏华等，2015）。

第三，梯度理论与反梯度理论。梯度理论最早是用来描述技术的梯度传递，这种观点的核心思想是各地发展不平衡条件下，不同区域存在经济、技术梯度，存在部分地区经济基础好、具备或者即将具备良好技术条件，也存在经济基础薄弱、技术落后的传统区域和处于一般水平的"中间区域"（何钟秀，1983）。依据各地梯度不同，高梯度地区可以通过引进最先进技术，消化吸收，依次逐渐传递到中等区域、低梯度区域以促进缩小区域差距，优化产业布局的效果（杨凯等，2013）。比较之下，反梯度理论认为在承认地区发展梯度差异的基础上，后发区域可以通过优势产业技术突破、产业升级实现跨区域赶超（郭凡生，1986）。后续的研究中逐渐将梯度理论和反梯度理论扩展到经济梯度当中用以解释区域产业转移问题（王至元、曾新群，1988）。孙崇明、叶继红（2018）提出经济发展较好区域作为高梯度地区，可以逐渐向中梯度和低梯度地区转移产业；低梯度地区也可以引入本地优势产业、实现技术突破，呈现反梯度发展格局。这种观点因更切合我国区域发展实际，使用更为广泛，常常被用于解释我国东部地区产业逐步向中西部梯度转移的现象，也用于解释中西部部分区域通过产业调整、定点突破的案例（韦鸿、陈凡，2016）。

整体来看，区位理论解释的是区域不同要素基于交通运输、追求利润、占领市场等因子而在特定区域形成聚集，进而带来的利润增加、成本减少、福利提升的效应；雁行形态理论主要从不同国家或者区域本身具备的优势条件出发，区分不同优势条件下产品价格差别带来的产业向具有比较优势区域转移；梯度理论和反梯度理论侧重于描述在已有梯度之间，区域要素从高梯度地区流向低梯度地区，或者低梯度地区精准把握发展要素，实现跨越发展的过程。可见，不同理论解释产业转移时侧重视角不同，比如区位理论更侧重于聚集效应，雁行形态理论侧重于区域比较优势，梯度和反梯度理论更侧重于要素流动角度。研究产业转移时，也需根据不同理论侧重特点选择应用。

（二）产业转移的概念

当今，产业转移这一名词常见于新闻报道和经济分析当中，然而究竟什么是产业转移讨论较少。当前已有的研究中，就如何界定产业转移尚未形成一致的规范（雒海潮等，2014；陈凡等，2017）。早期学者们将产业转移界定为产业在不同区域的移动，这一解释的优点是相对简单、通俗易懂，不足之处是学术性和深入度相对缺乏（杨国才，2014）。也有学者认为产业转移是发达经济体将相对落后的产业向外扩张的过程，这一解释在一定程度上描述了 20 世纪中下游开始的国际产业转移（韦鸿、陈凡，2016；李建军，2012）。后期学者们对产业转移的动因、性质、作用等有了逐渐丰富的解释，然而在产业转移概念上还存在着一些分歧（张龙鹏、周立群，2015）。根据资料查阅情况，笔者列举了国内几种比较典型的产业转移概念描述成果，见表 2－2。陈刚、陈红儿（2001）认为产业转移的动因是产业顺应竞争，手段是直接投资，结果是空间上移动；陈建军（2002）侧重于从不同地区资源供给或产品需求条件发生视角描述产业转移行为；魏后凯（2003）主要从企业空间扩张视角描述企业转移的过程；顾朝林（2003）从生产要素的空间移动梳理产业和不同部门演进的历史；周江洪，陈矗（2009）在界定时将政府政策调控加入变量当中，详细考虑了可能出现的条件变动；李国政（2011）从区域发展不平衡现实出发，表达了为了追求最大化利润情况下产业的移动。任金玲（2014）从产业转移过程出发，对产业转移完整过程进行描述，强调了产业转移是市场条件下企业追求利润最大化的主动选择。

表 2 – 2 产业转移的概念

学者	有关于产业转移概念界定的主要内容
陈刚、陈红儿（2001）	市场经济条件下，发达区域的产业顺应竞争优势的变化，通过直接投资将部分产业的生产转移到发展中区域进行，从而使产业表现为在空间上移动的现象
陈建军（2002）	由于资源供给或产品需求条件发生变化后，某些产业从某一国家或地区转移到另一国家或地区的经济行为和过程
魏后凯（2003）	从空间扩张的角度看，企业经济活动的转移最初是销售机构的转移，然后是生产制造工厂的转移，最后是研究与开发机构和公司总部的转移
顾朝林（2003）	是对生产要素空间移动的描述，也是对不同产业部门形成与演进历史的梳理
周江洪，陈矗（2009）	在一国范围内，由于政府（中央或者地方政府）经济政策的调控导向，以及科技进步、资源供给、产品需求等条件发生变化，由此引发产业从某一区域转移到其他区域的空间迁移过程
李国政（2011）	区域经济发展不平衡作用下，处于追求利润最大化的考量，部分产业从一个区域转移到另外区域的动态化的过程
任金玲（2014）	市场经济条件下某产业或某类产业内的众多企业向区域外其他国家（或地区）转移以寻求发展实现利益最大化的意愿和行为

资料来源：根据已有的文献相关资料整理。

纵观已有研究表述，之所以难以形成公认的产业转移概念界定，原因是学者们观察产业转移的侧重点不同，学术积累不同，以至于各自提出的定义都不够全面。产业转移现象看似简单，但其包含的理论内容和学术知识异常丰富，且随着实践在不断拓展。已有的产业转移理论研究，多侧重于解释产业转移动因，较少关注到产业转移现象本身。即使有学者专门界定产业转移这一名词，也只在一定程度上能够描述一部分产业转移现实，难以全部概括其中。

出于学术严谨度考虑，本书不对产业转移重新进行界定，但根据前文学者们对产业转移的界定，尝试着对产业转移进行归纳和梳理。笔者认为，产业转移因为观察的视角不同，可以从宽口径与窄口径两个层次加以描述。

所谓宽口径，就是在政府政策、市场、经济、技术、人才、资源、需求等条件不断变化的情况下，经济主体基于利润最大、获取竞争优势、占领市场、形成区位优势等因素考虑，通过直接投资、兼并重组、新设部门或企业等方式，将产业从一个区域转移到另外区域的动态化过程。根据这一描述，产业转移的背景是政府政策、市场、技术、人才、经济、资源、需求等条件不断变化，动因是利润最大、获取竞争优势、占领市场、形成区位优势，方式是直接投资、兼并重组、新设部门或企业，结果是产业从一个区域转移到另外区域，外延是一个动态化过程。这样梳理的优势是相对全面和系统地描述了产业转移现象，不足在忽略了企业进行转移的动态发展。

所谓窄口径，就是出于各种因素的驱动，产业由一个国家（或者区域）转移到其他国家（或者区域）的动态化过程。这种描述提出产业转移的起因是各种因素的变化，可能是经济、社会等多种因素，过程是产业由一个国家（或者区域）转移到其他国家（或者区域），结果是导致区域产业结构、就业等情况发生变化。

可见，区分宽口径和窄口径的描述各有特点，从理解上讲，宽口径产业转移的描述更符合其内涵，能更准确地描述产业转移的现象及特点；从实用和可衡量角度讲，宽口径的描述更符合实际应用。在后续的实证研究中也使用窄口径的产业转移界定方式。

（三）产业转移的分类及主要模式

产业转移在具体实施过程中，形成了不同的类型。一些学者根据产业转移的实际进行了归纳和总结，选取了一些对产业转移实践具有指导作用的划分标准进行解释。比如以国别为标准，国际和国内产业转移常常被用于研究中；根据是否在区域流动为标准，跨区域和区域内部产业转移也在一些经验研究中被使用（张国胜、杨怡爽，2014）。区域的范围在我国可以是四大板块、省级、地级市或者县区；根据产业转移驱动主体不同可分为政府驱动型、市场驱动型、政府与市场混合驱动型产业转移；依据产业转移的动机，主要从发达地区角度考虑，划分为扩张型转移与衰退型转移；依据产业的不同梯度，划分为梯度产业转移模式和非梯度转移模式（杨亚平、周泳宏，2013）。以上从地区、驱动主体、动机、顺序和驱动要素等角度划分产业转移类型，对产业转移相关理论进行了一般拓展（李娅、伏润民，2010；张友国，2020）。这些类型产业转移类型比较常用、易于理解，因此将其划分为产业转移的一般模式，见表 2 - 3。

表 2 - 3　　　　　　　　　　产业转移的一般模式

模式的名称或依据	模式的分类	具体含义
产业转移区域	国际产业转移	来自不同国家的产业转移，产业在不同国家之间流动
	区域产业转移	产业在同一国家的不同区域转移，我国产业区域分为东部、中部、西部、东北，或者省级、地市级、区级区域
	区域内部产业转移	产业在同一区域内部不同行政单元进行转移
	跨区域产业转移	产业在不同区域之间转移，例如一个省份到另一个省份；东部、中部、西部之间转移

续表

模式的名称或依据	模式的分类	具体含义
产业驱动主体	政府驱动型	政府作为主导参与的产业转移，发挥看得见的手的作用
	市场驱动型	市场自主发挥作用，发挥看不见的手的作用
	政府与市场混合驱动型	政府主要协调不同的主体关系，市场在产业运作中发挥主导作用，协调两者作用
产业转移动机	扩张型转移	产业在当地还具有一定比较优势前提下，企业为了拓展市场、占据更大市场占有率而开展的投资活动
	衰退型转移	产业在当地已经不具有比较优势，受到当地成本、政策等要素影响，被动寻找新的发展空间和产业布局
梯度转移模式	梯度转移模式	产业依据经济发展梯度顺序依次进行转移，从高梯度地区向低梯度地区顺次转移，一般由高梯度地区向低梯度地区，沿着劳动密集型、资本密集型、技术密集型顺次进行
	反梯度转移模式	科技发展具有前瞻性和跳跃性，低梯度地区也可以直接发展技术密集型产业，从而实现经济后发赶超。反梯度模式强调低梯度地区借由自身发展，实现跨越赶超的可能性

资料来源：由作者根据相关文献整理得到。

同时依据一些学者的研究成果，对一些特定区域实践产业转移模式进行归纳，见表2－4。比如庄晋财、吴碧波（2008）关注西部地区，选取产业链整合的理论，依据产业链构成对产业转移进行区分，比如有的企业实行整体迁移，有的企业通过内部技术改造进行内部转移，西部有些企业承接一些高梯度地区产业转移，有些企业抱团实行集群式转移。徐鹏、孙继琼（2012）将研究对象限定为四川产业转移状况，通过对四川产业转移进行实际观察，区分了四川产业转移的多种方式。一些企业在四川进行品牌扩张，走的是品牌扩张路线；一些企业基于价格考虑，将零部件生产转入四川，形成零部件生产基地；也有一些企业将销售和产地进行分割，各自从事更专业的生产经营活动，形成"销地产"型；还有一些企业会通过委托加工来实行产业转移。产业转移中，产业园区发挥重要作用，杨玲丽、万陆（2012）对长三角园区共建产业转移模式进行总结，依据长三角园区共建参与的主体不同形成不同类别，比如两个园区合作、两个地方政府合作比较常见，同时现实中一些地方为了发展会引入一些企业、高校参与园区合作，形成政府与企业、政府与高校合作园区。刘红光等（2014）通过对我国区域产业转移分析，将根据不同要素配置情况转移产业的模式进行梳理，例如在能源密集型产业中，企业为了获取能源，会倾向于转移到原料地；劳动力密集型产业对于成本敏感性强，会因成本变化选择更加便宜的地方转移；资本密集型产业会依据资本的投入变化转移，更加集中在投资密集处；要形成技术优势，企业会倾向于寻求高技术企业聚集，形成集聚依赖型产业转移。

表 2 - 4　　　　　　　结合实践探索的产业转移模式

模式的名称或依据	模式的分类	具体含义
西部地区承接产业转移模式（庄晋财，吴碧波（2008）基于西部实践总结）	整体迁移模式	将某一区域即将衰退企业的相关技术、装备、管理、人才等要素整体迁移到承接地，建立新基地的过程。一般出现在发达区域转移边际企业过程中，有助于欠发达区域产业竞争力提升
	内部一体化模式	高梯度地区企业集团通过兼并、重组等方式，将技术、资金、设备、人才等生产要素转移到具有发展潜力、暂时处于资金困境的承接地区，对其重组使得重新焕发活力，做大做强
	梯度转移模式	企业生产活动由高梯度向低梯度转移，产业转移呈现梯度规律。就我国而言，随着东部地区生产力水平提升，某些不具有比较优势的企业沿着产业梯度顺序转移到中部或者西部地区
	集群转移模式	产业集群的整体性转移，将一整条产业链进行转移，表现出产业结构的梯度性。以大企业为核心，形成产业环节的梯度性转移和变化

续表

模式的名称或依据	模式的分类	具体含义
四川承接产业转移的模式（徐鹏，孙继琼（2012）对四川承接产业转移的总结）	品牌生产扩张型	部分拥有名牌产业和销售网络的东部企业把生产基地向中西部扩展，以名牌为龙头实施资本扩张、壮大公司企业或者收购相关公司，组建企业集团的过程
	零部件生产基地转移型	东部区域将部分零部件生产基地转移到中西部，中西部可以借由此建设零部件或者初级产品生产基地，强化东部企业合作，吸引更多资金、技术密集型产业引入，强化产业合作
	"销地产"型	产品在本地生产、销售为一体的模式，西部地区可以吸引东部优势企业在西部建立生产基地，这样可以节约企业成本，更易获得消费市场
	委托加工型	东部企业可以将企业委托加工的部分转入中西部地区，例如中西部部分地区可以发展劳动密集型产业、纺织等企业，强化自身能力
园区共建产业转移模式（杨玲丽，万陆，（2012）对长三角总结）	双方园区合作共建产业园	一般采取股份合作制设立共建园，交由合作双方成立的合资股份公司管理，收益按照双方股本比例分成，一般是发达地区控股，拥有产业园区的开发决策权
	双方政府合作共建产业园	由双方政府牵头共建产业园，以国有投资公司作为投资主体
	高校与地方合作共建产业园	高校发挥智力和科技引导、人才保障的作用，地方提供产业配套。比如上海复旦大学控股的复旦复华科技股份有限公司，在南通市的海门开发区建立上海复华高新技术园区，发挥彼此的作用
	企业与地方合作共建产业园区	通常是企业在迁入地的既有开发区内设立"区中园"，由企业和开发区共同开发管理。此种模式主要是企业在异地建设生产基地，园区合作采取"总部经济、异地生产、统一经营"的方式，生产基地转移至异地工业园区

模式的名称或依据	模式的分类	具体含义
不同要素配置产业转移模式（刘红光等（2014）对我国区域产业转移分析）	能源密集型产业——原料指向型产业转移	能源原材料工业的向西迁移是我国近期产业跨区域转移的一个重要特征，其转移的目的基本都是寻求原料产地，具有明显的原材料指向型，由此称为原料指向型
	劳动密集型产业——成本驱动型产业转移	劳动密集型产业的劳动力成本具有较强弹性。中部地区的一些中心城市，从区位条件、产业基础和要素条件等各方面来讲，都具有一定的相对优势，自然成为东部地区劳动密集型产业的首选。由于劳动密集型产业的迁移更加注重寻求成本较低的地区，成为成本驱动型
	资本密集型产业——投资拉动型产业转移	资本密集型产业投资大、生产周期长，存在一定的路径依赖，跨区域转移难度较大，往往需要在大规模投资的带动下才会发生一定的转移，因此资本密集型产业的转移可称为投资拉动型产业转移
	技术密集型产业——集聚依赖型产业转移	技术密集型产业对劳动者素质、基础设施条件和周边产业配套环境要求较高，一般具有较高的集群倾向。技术密集型产业仍处于向东部地区集聚的趋势，由于这一类型的产业转移具有较强的集群依赖性，因此可称为集群依赖型产业转移

资料来源：由作者根据相关文献整理得到。

之所以归纳了一般产业转移模式后，还结合各地实践及学者总结梳理比较典型的产业转移模式，原因在于结合我国实践探索的产业转移模式更具有指导性和针对性，梳理实践中产业转移探索成果，有助于为产业转移政策制定提供材料支撑。具体而言，前一阶段我国在产业转移实践探索中有较多具有典型意义的探索，通过学者总结，经过这样的梳理，能更加系统和全面反映当前产业转移阶段特点和产业转移的主要经验成果，直接可以借鉴到后一阶段产业转移政策转化和针对指导中。

（四）产业转移的动因

产业转移尽管有主观因素，但追根溯源，还是指产业在衰退期迫于生存压力的一种反应（格罗斯曼等，2009），如有人居住在一个环境时间长了以后，对环境、各种配套体系都非常熟悉，心理是不愿意搬迁的，除非外力的作用，迫于压力产生迁移（朱克朋、樊士德，2020）。由此看，最初的产业转移本质上是一种客观原因造成的被动转移，但产业转移毕竟是一个复杂的过程，其动因也是多方面的，并不能够简单阐明（尚永胜，2006）。从系统的角度讲，地区产业也类似于一个有机的系统，产业的转移实际上是一个"自然选择"的过程。生物学中，生物的迁徙、繁衍实际都与自然选择有着密切相关，一个地区能够存留下来的生物都是能够适应当地自然环境的，不适应自然环境的生物会自然消亡或者淘汰（达尔文，2009）。演化经济学将生物的这种自然选择机理引入经济分析当中，其认为经济是一个综合的系统，市场竞争机制就是系统内自然选择的法则。在竞争法则的支配下，能够适应区域的竞争环境的产业，就能够留存下来，不能适应竞争环境的产业，便会从当地逐渐退出、发生转移（严运楼，2017）。

具体来说，产业转移的动因与要素市场和产品市场的环境变化有关。第一，从要素市场环境变化看，要素的成本是一个企业在市场环境中生存和发展的最为基本的条件之一，会对企业利润产生直接影响（高鸿业等，2007）。企业发展过程中一个地区生存环境逐渐变化，使得企业的生产成本逐渐增加，企业利润下降，便使得企业在该地发展的动机减弱、迁移的愿望强化。第二，从产品市场环境变化看，地区产品价格下降，使得企业原有的生存均衡被打破，企业的适应度不断下降，难以在原有的环境中维持，逐渐退出、迁移到新的市场中（孙浩进，2015）。正是由于市场环境的变化，原有企业生产状态被打破，需要寻找新的地区形成新的均衡，从而促进了产业的演化，形成了转移的动因。

实际上产业转移最为直接的原因还是成本增加，利润降低。刘新争（2016）分析表明东部地区用工企业劳动力成本上升，同时，"用工荒"加剧了地区企业生存压力，使得东部地区企业逐渐丧失了发展劳动力成本的比较优势，企业逐渐向内地转移。杨亚平、周泳宏（2013）利用中国35个大中城市2000~2010年面板数据分析表明，劳动力和土地成本对工业相对产值存在显著的挤出效应，也就是说土地和劳动力等要素价格的上涨，对于工业产值相对较低的企业产生了明显的挤出作用，使得这些产业向外迁移。也有部分分析表明，成本上升并非产业转移的主要原因，产业转移的动力是全要素的比较优势（孙久文、彭薇，2012）。事实上，企业的核心动力是追求利润最大化（张国胜、杨怡爽，2014），在这种动力的驱使下，区域环境发生变化，成本上升反映了拥挤效应和竞争效应同时在起作用，当劳动、土地、资源、交通等要素作用不断变化，会使得产业对原有地区发生离心作用，从而构成了产业转移的动因（Tabuchi T，2005）。

区域产业升级的要求迫切也是一个客观因素。不论是产业承接地还是产业转出地，其初衷是希望通过产业转移来改造传统的产业，升级本土的产业结构（张伟、王韶华，2016）。以我国为例，东中西部地区产业差距比较大，东部地区产业更新换代的需求迫切，迫切需要升级本土产业，提高本土产业的水平和深度（夏素芳，2011）。谢呈阳等（2014）通过对江苏省1500家企业的调研，分析表明先发展地区产业升级、提升产业的要素资源不足，后发展地区存在一定的要素过剩，由此看出承接产业转移过程中，先发展地区产业升级要求迫切，而产业转出和要素供给的速度暂时无法跟上，从而要加快产业的转移和升级。傅允生（2011）分析了浙江省劳动密集型产业转出需求，以及转移到江西、安徽、河南等地升级产业结构的动机。王保林（2008）以东莞为例分析珠三角地区产业转移升级的迫切需求，提出从传统劳动密集型产业改造和利用技术密集型产业、资本密集型产业发展来替代劳动密集型产业发展的路径。

当然，区域产业政策也成为一种重要驱动力量。我国政府会对产业发展进行引导，也有诸多的产业政策来推动产业的发展，由此看，政府及政府政策有可能成为推动产业转移的一种重要力量（潘士远、金戈，2008）。特别是欠发达地区政府为了地区经济发展，招商引资动机强，但政府对于环境监管力度薄弱，可能导致这些地区承接产业转移对于政府的"依附性"极强（孙中伟，2015）。李娅、伏润民（2010）利用空间经济学的原理，采用模拟的资源禀赋优势系数模型分析表明，现阶段东部地区产业转移还未到达临界点，产业转移需要借助诸多的外力作用，其中国家政策是促进产业转移的关键因素，政府引导是降低产业转移成本、强化西部地区要素聚集的重要外生变量。理论和实践证明，运用政府力量或者有效的政府治理方式成为承接产业转移成败的关键因素（丁先存、胡畔，2013）。

从演化经济学提供的视角看，产业发展的市场环境变化使得地区产业发生类似的"自然选择"（孙浩进，2015；严运楼，2017），从现实的角度看，产业转移实际上是成本上升、利润下降客观条件下，企业为了寻找更大利润的选择（刘新争，2016），同时，区域产业发展到一定水平，都有客观上提升产业结构的需求（张伟、王韶华，2016）；为了促进区域协调发展，政府会采取措施引导产业布局，构成产业驱动的动因（孙中伟，2015）。此外，有学者从其他视角探讨产业转移动因，例如赵博宇（2020）从动力系统视角分析产业转移的动力机制，将产业转移动因细分为资源优化配置引发的驱动机制、产业聚集形成的传统力机制、产业升级等引发的反馈机制。可见，学者们对产业转移动因的分析不同，引致各自对产业转移的不同解释，因此需在全面了解产业转移动因的基础上，有针对性地进行选择。

（五）产业转移的效应

产业的不断转移和流动，带动了资金、技术、劳动力、资源等区域间流动，对承接产业转移区域会产生不同的影响，也会有不同的发展效应。

第一，承接产业转移与区域经济发展。杰斯帕（Stage J，2016）利用瑞典制造业的数据分析了外商直接投资对生产效率的影响，其分析表明承接产业转移通过推动承接地知识和技术进步，从而为当地经济发展打开窗口。吉尔马（Girma S et al.，2001）利用英国的数据分析得出国外企业的存在确实有助于提升本国工资水平和部分部门的效率，从而带动当地经济增长。萨沃纳（Maria Savona et al.，2004）利用区位熵原理分析了国际产业转移与意大利经济发展的相互关系，结果表明承接国际产业转移能够带动当地就业增长、增加就业效应，从而有助于经济增长。陈凡等（2017）利用中国 295 个城市 2000 ~ 2014 年的面板数据、采用双重差分的办法，验证了承接产业示范区能够推动区域经济增长的结论。杨国才（2014）、陈启斐、李平华（2013）研究发现中西部区域通过承接产业转移逐步显现对经济增长的福利效应，并且这种效应有增强的趋势。张龙鹏、周立群（2015）利用中国西部地区 2000 ~ 2012 年的省级面板数据分析，西部地区承接国际技术密集型产业转移缩小了区域差距、承接区域资源密集型产业加剧了区域差距，承接产业转移是否会加剧地区经济差异取决于产业转移的质量和区域承接产业能力。黄新飞、杨丹（2017）利用 2002 ~ 2013 年广东 88 个县域数据断点回归得出，产业转移缩小了广东区域经济差距、一定程度上改善了区域经济发展不平衡的现状。

第二，承接产业转移与产业集聚、区域产业结构升级。藤田（Fujita et al.，2003）分析表明均衡条件下的产业转移能够促进承接地产业聚集，其经济增长效应会由中心向外扩展。王洪光（2007）

认为承接产业转移有助于产业聚集，聚集的中心区福利改善的同时，并不一定会带来产业周边地区福利的下降。吴颖、勇健（2008）认为承接产业形成的高度聚集区域能够有较好的福利改善效应，非最优聚集区域其福利不一定能够改善。韦鸿、陈凡（2016）以湖北荆州承接产业转移的调研数据分析得出承接产业转移有助于地区产业结构优化和升级。张红伟、袁晓辉（2011）基于梯度理论和经济现实综合研判得出承接产业转移是四川产业升级的重要途径，要求四川在承接产业转移过程中综合研判风险，审慎选择承接产业。李建军（2012）认为湖南省通过资本创造、技术效应、关联产业发展等力度能够调动产业结构调整和产业的优化和区域升级。石东平、夏华龙（1998）认为亚太地区通过承接产业转移，用三十几年的时间浓缩了西方百年发展历史，创造了"东亚奇迹"，东亚地区产业沿袭着"劳动密集型—资本密集型—技术密集型"的路径不断扩散和升级。

第三，承接产业转移与区域公共福利改善。产业转移不仅仅是一个单向的过程，其与经济发展、公共福利改善具有密不可分的关系（张文武、梁琦，2011）。夏洛特（Charlot，2004）分析表明产业转移产生产业聚集，会对区域福利形成不同程度的影响。严运楼（2017）利用演化经济学的机理，采用安徽省的 2010～2014 年的经验数据验证了承接产业转移的区域福利效应，其分析表明承接产业转移带动了区域就业水平和工资水平的协同提升，推动了区域社会福利改善和社会救济水平的大幅提升，驱动了教育水平和医疗卫生水平大幅提升，从而承接产业转移显著提高了区域福利水平。孙浩进（2015）将区域承接产业转移的福利效应划分为居民福利、企业福利、政府福利，通过实证分析表明中西部地区承接产业转移带动居民福利、企业福利、政府福利依次增加，带动整体福利效应为正；而东部产业转出区居民福利、企业福利会有所增加，政府福利改善不明显。

第四，承接产业转移与技术溢出。承接产业转移不仅仅是资本的流动，其所蕴含的先进技术管理经验这些宝贵资产通过非自愿形势在扩散,并且能够带动承接地区的技术进步(潘少奇等,2015),苏阳托等(Suyanto et al.,2013)利用印尼制药部门 1990~1995 年 210家企业非平衡面板数据分析了外商直接投资对承接地技术效率的影响,结果表明外商直接投资对国内竞争者技术效率产生显著负面影响,对国内供应商技术产生正面的溢出效应。有研究分析亚洲"四小龙"电子消费产业发展的轨迹,该产业通过在 20 世纪 80 年代承接美国、日本、欧洲的产业转移,进而逐渐发展成为行业的领导者,其中产业转移技术溢出成为不可或缺的中坚力量(Yeung W C,2007)。伊瓦森(Ivarsson et al.,2005)分析 1979 年以来沃尔沃在巴西、印度、墨西哥、中国投资建厂的配套发展过程,发现产生了明显的技术溢出,对四国技术进步产生了不同程度的影响。以上分析均表明承接产业转移是技术溢出的重要手段(潘少奇等,2015),具体到我国国内来看,谢建国、吴国锋(2014)利用 1992~2012 年中国省际面板数据分析了外商直接投资的技术溢出效应,分析表明外商直接投资存在一定的技术溢出门槛,只有当经济发展水平、基础条件等有足够的改善才能发挥显著的正向效应,现有情况技术溢出效应并不明显。关爱萍、李娜(2013、2014)利用 2000~2011 年中国西部地区省级面板数据验证承接产业转移的溢出效应,结论表明承接产业转移对西部地区存在明显的技术溢出效应,这些溢出中经济发展、人力资本、技术差距、金融发展都形成了明显的门槛。我国经济快速发展,中西部地区承接产业转移过程中,会有技术溢出效应,但是这种效应也有可能是负向的(蔡绍沈,2013),究竟技术效应如何还需进一步分析讨论。

产业转移过程中的要素注入无形中可能会对地区发展产生影响。以往的诸多分析表明承接产业转移能够对地区经济增长起到一定的推动作用(Girma S et al,2001;陈凡等,2017),能够带动区域产业聚集、提升区域的产业发展潜力(Fujita et al,2003;王洪光,2007),能够有助于改善区域福利,提升区域经济主体的福利水平(张文武、梁琦，2011；Charlot，2004；严运楼，2017），有助于推动技术溢出，带动技术革新（潘少奇等，2015）。诚然上述分析得出承接产业转移对于区域带动是正向效应，但是也有部分分析得出相反的结论，比如承接产业转移粘性存在、承接产业带来污染陷阱等（蔡绍沈，2013；季颖颖等，2014）。现实也类似于如此，以中国为例，我国承接国际产业转移经历了近30多年的快速发展，经济实力大幅提升，产业格局不断强化，技术水平不断改善，但我国各地存在资源环境承载能力不足等多类问题，部分地区承接某些产业转移存在政策配套难、上下游产业供应难等问题（陈凡等，2017）。需要更好地把握产业转移与承接转移区域之间的关系，掌握产业转移与发展客观规律，顺势而为，尽可能扩大产业转移的正向效应，防止产业转移出现负面影响。

（六）产业转移承接能力评价及空间格局演变

纵观世界各国产业的演化和城市发展进程，承接产业转移过程中产业结构的演变与城市承载能力存在显著的互动关系（彭继增等，2013）。理论上讲，不同地区由于经济条件、技术水平、要素禀赋、自然条件等差别形成不同的发展梯度，经济主体出于利润、市场、成本、资源等多方面考量使得产业从高梯度地区向低梯度地区转移（孔凡斌、李华旭，2017）。以中国为例，从国土开发和经济布局的角度看，我国天然形成了自东向西的产业梯度，在这种划分中，东部地区属高梯度地区，中部地区次之，西部地区属低梯度地区（刘红光等，2014），东部地区由于产业升级、成本上升等问题，向中西部地区产业转移的趋势和动力日益强化，尽管部分分析表明东部地区还未大规模向中西部地区转移产业（冯根福等，2010；刘红光等，2011），但东部地区向中西部地区转移产业是大势所趋，也有可能成为推动中国经济发展的新的驱动力量（陈凡等，2017）。由此，了解地区承接产业转移能力和效率，有助于更进一步把握承接产业转移趋势。

　　承接产业转移能力主要体现为城市的综合承载力，王瑶（2016）给出的定义具有代表性，其认为正常不受外力破坏条件下，城市所拥有的资源禀赋、经济基础和社会综合保障对人们生产生活的承载能力，承接产业转移过程中，地区的资源消耗、空间人口的承载、基础设施水平等都会影响城市的承接能力（傅帅雄，2012）。在承接产业转移能力方面，马丁（Martin，1997）追溯了自1800年以来伦敦城市的发展，描述了随着人口膨胀、物质不断丰富伦敦城市承载能力的变化，从而考虑类似伦敦这种大城市产业扩张的路径。蒙特和福尔格曼（Münter A & Volgmann，2014）分析了德国莱茵－鲁尔都市圈区域发展以及产业协调路径，讨论知识经济、交易成本、地理位置对区域化的影响。有研究描述了韩国首都首尔及其周边地区区域城市承载能力的变化，阐述了在自然发展、外力作用等条件下，首尔城市发展的过程（Lee Y S & Shin H R，2012）。从我国来看，吴建民等（2017）利用2005～2014年河北省县域数据，采用熵值法分析河北省县域承接京津冀产业的综合承载能力，分析表明河北县域承接产业的能力在不断提升，但承接能力区域差距较大，承接能力强的地区多位于中心城市或者交通便利地区，从影响因素看，土地、人口等因素影响力在下降，市场、政府、经济等影响力在不断提升。邓仲良、张可云（2016）利用2013年天津与河北11个地级市产业数据，采用修正的MTOPSIS模型和产业承接指标衡量其疏解首都制造业功能的能力，其根据各地承接产业转移的能力和特点，对应匹配了北京产业疏散工作。具体到中部地区，段小薇等（2016）利用主成分分析法测算中部六大城市群承接产业转移综合能力，结论显示城市群之间承接产业转移能力差异巨大，中心城市和非中心城市梯度差异明显，城市群承接产业转移能力不仅受到中心城市的影响，更与区域承接产业转移能力息息相关。李春光等（2017）利用河南省18个直辖市2003～2012年的数据，采用时序因子分析法分析了河南省承接产业综合能力，结果表明各个城市随着时间推移承接产业转移能力在不断提升，但区域之间承接产业转移能力差别明显、空间分布不均衡。徐磊等（2017）利用武汉、长沙、南昌三个城市群 2001～2014 年面板数据分析产业承载能力与土地集约利用的动态关系，结果表明三个城市群土地承载能力与土地集约利用有着长期稳定均衡的关系，在因果关系上武汉表现为双向因果，其他城市为单向因果。

滕堂伟（2016）对长江经济带承接产业转移的能力的研究表明，长江经济带上游 7 省 1 市承接能力差异大，并且表现也不相同，各有特点，而长江经济带下游 2 省 1 市工业行业缺乏竞争力。在此基础上，吴传清、陈晓（2017）认为长江中上游城市产业转移绿色承接能力在不断增强，同时，各地综合承接产业能力差异显著，行政中心城市、沿江城市、中游城市有更强的承接能力。从西部地区来说，周博、李海绒（2015）分析西部地区中等城市由于资源禀赋、要素价格、政府承接产业愿望、信息等优势具有较强的承接产业能力，但需要着重从政策导向、要素支持、载体建设、基础条件等方面提升产业承载能力。

城市的承接产业转移能力会影响产业转移的空间分布，确切地说，产业的空间分布是以城市承接转移能力为基础的（彭继增等，2017）。梅耶（Meyer D R，1980）利用美国边境城市的经验数据实证得出城市之间的区域联系是美国城市发展的重要推动力量。段小薇等（2017）利用 2000～2009 年中国大型企业数据库数据分析河南承接产业转移的空间格局，结果显示从时间上看河南承接产业转移的规模在不断增大，类型增多，资本密集型行业增多；从空间上看呈现出中原城市群为中心的核心向外围扩展模式，不同的城市呈现出不同的产业转移特征；从行业与区位组合上看，劳动密集型和资本密集型产业聚集效应明显，技术密集产业区位特征显著。

王齐祥（2011）认为皖江经济带建设是协调区域发展的战略布局，对于提升区域空间协调能力具有不可忽视的特征。冯长春等（2015）利用皖江经济带和滁州市的数据，采用动态休整空间协调评估模式分析了承接产业转移、土地利用的空间协调能力，结果表明皖江城市带在这一指标上处于中等协调水平，承接产业转移类型具有空间差异特征，基于这种空间的差异，各类承接产业转移平台提供了相应的承接产业转移的环境。沈惊宏等（2012）通过构建综合测算模型，采用各区域联系数据测算皖江城市带与长三角城市联系值，评估得出皖江经济带承接长三角城市的可能规模梯次。

产业转移是我国协调区域发展、寻找经济增长新引擎的重要战略（王齐祥，2011）。产业转移过程中，城市作为承接产业的主要载体，其承接产业转移能力至关重要（彭继增等，2017），以我国为例，近年来中西部地区承接产业转移能力整体得到提升（吴建民等，2017；邓仲良、张可云，2016；段小薇等，2016），但应注意因承接产业转移带来区域差距显著扩大（徐磊等，2017），承接产业转移的空间格局布局存在不合理的问题（段小薇等，2017；王齐祥，2011）。从国别看，已有研究中有选取美国（Meyer D R，1980）、德国（Münter A，Volgmann，2014）、英国（Martin，1997）相关数据等作为样本的研究成果。从国内看，研究成果主要集中于以河北、天津（邓仲良、张可云，2016）、河南（李春光等，2017）、安徽（冯长春等，2015）等地区数据为样本；从区域看，皖江经济带（冯长春等，2015；沈惊宏等，2012）、京津冀（吴建民等，2017；邓仲良、张可云，2016）、长江经济带（吴传清、陈晓，2017；滕堂伟，2016）是研究比较热的区域，特别是长江经济带是最近关注度最高的研究区域。实际上，在我国产业转移趋势不断强化的背景下，城市承接产业转移能力提升，会改变产业转移的空间格局，从而能够为未来大规模承接产业转移打下基础。

（七）产业转移的矛盾、冲突及化解

尽管承接产业转移成为区域发展的共识，但限于多种因素的制

约，承接产业转移过程中出现诸多的问题和矛盾。中西部地区承接产业转移，参与到区域经济发展分工，是应有之义，但产业转移存在着"粘性"，这种现象值得关注（程必定，2010）。所谓产业转移粘性指的是产业转移过程中，由于受到各种因素影响，产业在区域之间的转移不能够按照区域经济梯度循序进行的特定经济现象（郭丽，2009）。程必定（2013）发现皖江经济带承接长三角产业转移过程中存在明显的粘性，例如2008年以后受到经济危机影响，长三角区域内部部分需要转移产业并未发生转移。从全国视角看，我国东部（高梯度地区）经历30余年的发展繁荣后，其边际产业并未向中国西部（低梯度地区）大规模发展转移，究其原因还是产业转移粘性的存在（胡玫，2013）。产业转移粘性是一个十分复杂的议题，其成因是多方面的，劳动力流动、产业转移成本、制度环境、产业集群、区域能力结构、产业转移力都有可能形成产业转移粘性（成祖松，2013）。具体而言，产业转移粘性的产生可能有如下原因：①产业的生命周期，例如创新因素一般发生在经济发达地区，也会吸引相关要素向发达地区聚集，从而客观上导致区域粘性；②企业运营成本，主要包括市场因素决定的机会成本和投资因素决定的沉没成本。例如，纺织、电子等行业属市场指向型产业，向中西部转移可能存在较高的机会成本，机械制造、重化工等成熟产业由于投资巨大、回收期长、资产专用性，向中西部转移沉没成本较高；③地方政府干预。发达地区出于就业、财政收入和经济发展的考量，会对可能向中西部转移的企业进行行政挽留，这种现象还比较普遍（程必定，2010；成祖松等，2013）。出于多种原因的考量，承接产业转移粘性问题不容忽视。

承接产业转移中容易出现资源错配问题。产业转移的有效性取决于转入地与转出地要素是否高度耦合，实际过程中，正是由于产业与要素的不匹配导致了资源错配问题（刘新争，2016）。谢呈阳等（2016）认为地区性要素配置的差异性，特别是高端人才的区域错配，造成了产业转移的区域损失。张庆君（2015）利用工业企业数据库40个行业

130367 个企业的经验数据证明，我国工业企业普遍存在资源错配现象，资源错配与企业规模紧密联系。承接产业转移过程中，资源错配阻碍了工业产出的增加，使得资源效率没有得到更好的利用，容易产生经济结构失衡、产能过剩的问题，不利于经济增长（张建华、邹凤明，2015）。

承接产业转移过程中，唯经济增长目标，使得"速度"与"效益"发生偏离，出现"高增长低发展"的陷阱（郭丽娟、邹洋，2015）。中西部地区承接产业转移过程中，过度看重产能引进和固定资产投资的增加，大量引入"高污染、高排放、高能耗、低效益"的项目，使得中西部地区只见增长而不见经济的持续（郭丽娟、邓玲，2013）。根据国土资源部和监察部公布的数据，2011 年上半年东部、中部地区违法用地面积同比分别下降了 12.5% 和 1.2%，而西部地区违法用地面积同比上升了 50.6%（冯会玲，2011），同时，调研显示中部地区产业园圈地现象严重、但实际落实项目并不多（韦鸿、陈凡，2016）。程李梅等（2013）认为中西部承接产业转移过程中，哪里优惠政策力度大企业转移到哪里，地方政府谁的资金量大承接谁，出现只见项目、不见产业的发展格局。郭元晞、常晓鸣（2010）进一步指出，承接过多劳动密集产业和资源型产业，可能导致产业升级难，进入"路径依赖"和"低端锁定"；高能耗的产业引入大量消耗区域资源储备，可能导致区域难以可持续发展和陷入长期发展的颓势；地方政府"重投资、轻技术"和"重招商、轻嫁接"等行为都使得中西部地区容易陷入发展陷阱。产业发展中惯性现象比较突出，地区已经形成既有产业发展格局时，较长时间内这种既有的格局都难以被打破（刘友金、吕政，2012），也就是说中西部地区一旦进入"高增长、低发展"陷阱，这种局面将难以突破。

承接产业转移历来与区域环境问题相伴而生（邹晓涓，2015），产业承接地往往对自身环境承载能力认识不足，对污染可能产生的后果过于乐观，部分地方政府对环境要求门槛过低，最后使得产业转移以牺牲环境为代价换取经济增长（李斌，2015）。出于承接产业转移的环境效益考虑，国内外学者予以了极大的关注，比如通过对高污染企业转移现象的跟踪研究发现，各地环境规制的差别导致了高污染企业由环境规制严的地区转移到环境规制弱的地区（Pethig R，1976），也有研究得出类似结论（H. S，1977），瓦尔特和乌格罗（Walter I & Ugelow J L，1979）系统地提出"污染避难所"假说，系统地阐述各地环境规制差别影响企业环境成本差异，为获取更大利润，企业倾向于将生产转移到较低环境规制的国家，从而高污染产业通过投资转移到欠发达地区，产业承接地由此而成为"环境避难所"。此后，卢卡斯（Lucas R et al.，1992）、李和霍尔斯（Lee H & Roland - Holst D，1997）、杨和科尔斯塔（Xing Y & Kolstad C D，2002）对环境避难所效应进行检验，但得出的结论不尽相同。格罗斯曼和克鲁格（Grossman G M & Krueger A B，1991）的环境库兹涅茨曲线（EKC），在研究北美自由贸易协定的环境影响的基础上提出，诸多的研究将其意义一般化，主要认为经济发展初期环境污染会随着经济增长而加重，而当经济发展到一定水平时环境污染随着经济增长而达到最高点，而后不断下降。现有研究表明，英国（Manderson，E.，Kneller，R，2012）、韩国（Chung，S H，2014）等发达国家加强环境规制后，污染产业会不同程度地流向承接地，部分基于跨国公司的研究也得出类似结论（Dam，L.，Scholtens，B，2012），也有分析表明印度尼西亚出口产品污染强度是日本的6倍（Lee，H. & Roland - Holst，D，1993）。具体到我国而言，林伯强、楚沅（2014）通过检验"世界 - 中国"和"东部 - 西部"两种环境污染路径，得出中国目前第一种机制在减弱，第二种机制在不断增强，并且西部地区污染弹性大。常静、赵凌云（2015）分析表明承接产业转移过程中，本应有利于改善环境的居民环保理念、科技含量、产业结构等因素并未发挥作用，从而使得区域环境并未有好的改善。张晓堂、吴嵩博（2015）认为不同污染水平的产业也存在着梯度，一定条件下，产业转移比产业转型更容易改善区域福利。罗良文等（2016）检验了政府环境规制对污染产业转移的驱动机理。刘愿（2016）研究发现区域承接产业转移的污染效应与地区政府的政策密切相关。产业转移政策效应类似于一面镜子的两面，产生推动作用的同时，也会有诸多问题和矛盾，承接产业转移过程中，容易出现区域粘性（胡玫，2013）、资源错配（谢呈阳等，2016）问题，陷入"高增长、低发展"陷阱（郭丽娟、邹洋，2015；程李梅等，2013），产生环境污染问题（林伯强、楚沅，2014），同时还存在着金融发展水平不足（吴成颂，2009）、土地空间协调较差（冯长春等，2015）、资源瓶颈（罗浩，2007；张士杰，2013）、承接产业转移能力不够（孙威等，2015）、政府承接产业政策缺失（汤明等，2015）等难题。

产业转移还需要强化优化路径。承接产业转移过程中尽管面临诸多的矛盾，但正确梳理承接产业转移过程中的相关问题，制定科学有效的推动承接产业转移的举措，一定能够在一定程度上解决其中的问题和矛盾。根据产业梯度理论和区位理论，产业转移示范区可以通过优化地区制度环境、改善地区投资软环境、加强基础设施建设、完善承接产业转移平台构建、做好良好的公共服务、制定良好的产业规划，从而吸引企业逐渐向中西部地区聚集（李俊江、李一鸣，2016；刘新争，2016）；通过注重改变承接产业转移方式，探索抱团式、集群式转移方式（程李梅等，2013），强化环境规制，探索绿色承接产业方式（罗良文等，2016），强化政策服务，用政策换时间的方式（李娅、伏润民，2010），助力承接产业转移发展。依据反梯度理论，产业转移中可能出现区域粘性问题，可以通过引导人才、创新等要素的聚集，发挥当地的产业优势，引导产业率先突破，实现跨越发展（韦鸿、陈凡，2016）。创新不只是发达地区的专利，后发地区如果能够选择正确的方式，合理地引导传统产业"产业再造"，主动参与创新转变，实现知识主体与创新主体之间的深入合作和资源整合，也能够实现跨越赶超，从而形成良好的发展格局（薛继亮，2016）。可见，推动产业转移路径优化措施是存在多种方案的，需根据区域实际选择。

二、区域协调发展理论基础与研究进展

区域协调发展是区域研究中的一个重大问题，也是经济发展中必须关注的问题。已有研究中对区域协调发展问题形成了诸多成果。本书着力关注与本书研究关系紧密的区域协调发展研究成果，主要从区域协调发展的理论基础、概念及相关研究等角度梳理，以厘清区域协调发展研究脉络的演进。

（一）理论基础

区域协调发展的理论最初是由区域经济协调的理论演变而来的。探讨区域经济协调经历了均衡增长理论到非均衡增长理论，再到协调发展的理论演进。这些理论的演进为区域协调发展实践提供了持续的思想指导，也代表了不同时期主流的区域协调治理思路，指导和支持区域协调发展实践推进。

学术界对区域协调发展的理论研究也经历了一定的变化历程。区域发展理论兴起于"第二次世界大战"后。为了探索战后经济发展的方式，理论界纷纷开展研究，企图寻找到符合经济发展的理论支撑。早期国外学者关于区域发展比较典型的理论是均衡发展理论。均衡发展理论的核心思想是随着经济发展、要素自由流动，要素边际报酬会逐渐趋向于平均化，各地经济也会表现出逐渐趋同（convergence）的特点（Ragnar Nurkse，1953）。这种思想的代表有大推进理论、平衡增长理论等（孙翠兰，2007）。这类思想以经济亟待发展为背景，主张通过政府合理引导，发挥大规模投资的作用，加上已有资源的组合和合理配置来集中力量办大事。这为当时发展中国家经济起飞提供了一定的思想支持（姜文仙，2011）。然而这种理念将区域的协调等同于均衡和均等化，强调了要素流动和区域协同在区域发展中作用的同时，也忽略了均衡实现的假设条件异常苛刻，要达到经济的趋同也许在理想环境中才能实现。同时，这种理论过度强调政府外力干预、强调投入和产出作用，忽略了市场自身的调节作用。按照这种理念提出的政策建议，通过采取扩大规模和加大投资发展经济，弊端也很明显，比如发展方式粗放，可持续性不强，难以保持长期发展，也忽略了技术创新、外部正效应等的作用，使得经济后期陷入路径依赖、转型困难的问题。

出于对原有均衡增长的一种反思，非均衡理论一经提出便受到了广泛关注。非均衡理论更加注重区域原本存在的不均衡状态及要素配置不平衡的状态，主张在尊重这种不平衡现实下，探讨如何最大化实现发展效果。不均衡理论的代表也比较多，比如弗朗索瓦·贝胡（Fransois Perroux，1950）提出增长极理论，认为发展均衡是一种理想状态，不均衡是常态，在区域发展中会存在一些影响工业部门形成的增长极，通过辐射和乘数效应带动区域发展。缪尔达尔（G. Myrdal，1957）提出的循环累积因果理论认为优先发展经济较好区域战略会对当地和周围产生双重影响。一方面，发达区域由于经济条件较好、产业基础强，会吸收周围人才、技术流入，形成"极化效应"，即发展好的区域越来越好、发展坏的区域越来越坏的效果。另一方面，发展较好的区域在进入一定阶段后，土地、人才、资源等要素价格上涨、成本增加，会使得资源、要素向周围外溢，形成"扩散效应"，即带动周围区域资源和要素条件改善（李传松，2018）。同时赫希曼（Hirshman，1958）提出不平衡增长理论，认为资源存在稀缺性，相对落后区域在发展时应选择具有带动作用的产业优先发展，从而带动相对普通产业普遍发展，这使得区域发展中选择具有战略性主导产业成为可能。梯度理论也被广泛使用，梯度理论认为经济发展存在不同梯度，基于各地发展基础不同，产业有从梯度转移的动力（陈凡、韦鸿，2016），这种运作机制常常会被用于解释中国产业从东部向中西部转移的问题。非均衡理论还有其他的延伸，比如点轴理论、新经济地理学的理论等，这里没有详细列出，但仍可以看出，以增长极理论（Fransois Perroux，1950）、循环累积因果理论（G. Myrdal，1957）、不平衡增长理论（Hirshman，1958）、梯度理论等为代表的非均衡增长理论，出发点是区域发展中原本存在差异，不同区域的差异（Divergence）可以推动优势区域发展，对区域发展的认知是通过优先发展部分区域，带动整体空间发展水平提升，从而形成真正的均衡，见表 2 – 5。

表 2 – 5　　　　国外比较有代表性的区域协调发展的理念

代表性学者	有关于区域协调发展理念的主要内容
罗格纳·纳克斯（Ragnar Nurkse，1953）等为代表的均衡发展理念	均衡发展理念的核心思想是随着经济发展、要素自由流动，要素边际报酬逐渐趋向于平均化，各地经济也会出现逐渐趋同（convergence）的特点
弗朗索瓦·贝胡（Fransois Perroux，1950），缪尔达尔（G. Myrdal，1957），赫希曼（Hirshman，1958）等为代表的非均衡增长理念	非均衡增长理论的出发点是区域发展中原本存在差异，不同区域的差异（Divergence）使得可以借助于差异推动优势区域发展，对区域发展的认知是通过优先发展部分区域，带动整体空间发展水平提升，从而形成真正的均衡
联合国开发计划署（UNDP）开始编写的《人类发展报告》等为代表的协调发展理念	协调发展理念主张根据区域发展的实际，强调在尊重客观规律的基础上，既发挥主体的作用，又显示推动区域整体协调的作用，将部分与整体有机协调。例如，人类综合发展指数（HDI）由健康、教育、收入三个维度组成，2020 年 12 月发布的《人类发展报告》中也将人类给地球施加的危险带入发展指标当中

资料来源：根据已有的文献资料相关资料整理。

梳理从均衡增长到非均衡增长理论演进路线可以看出，区域发展的趋同或者区域差异都从原有简单因素分析,趋向于从经济系统角度多方面考虑。随着理论和现实不断磨合,人们认识到经济增长并不完全等同于经济发展的实际,过度追求增长并不一定带来经济发展的效果。这也使得人们开始思考均衡增长或者非均衡增长理论上如何摆脱过度重视增长的路径依赖,而调整到为区域发展服务的方向上。后续的调整中更注重根据区域发展实际进行选择,更注重将经济发展纳入区域协调的内容中。协调发展理念主张根据区域发展的实际,强调在尊重客观规律的基础上,既发挥主体的作用,又突出推动区域整体协调的作用,将部分与整体有机协调。随着时代发展,区域协调发展也应该包含更丰富的内容。正如自 1990 年联合国开发计划署(UNDP)开始编写的《人类发展报告》用健康、教育、收入三个维度组成人类综合发展指数(HDI)(庞玉萍,陈玉杰,2018),逐渐成为发展的代名词,给发展更广泛的内涵。同时,2020 年 12 月发布的《人类发展报告》中也将人类给地球施加的危险带入发展理念当中,表明人们更加重视对化石燃料等的控制,以及对碳排放的节制,更加重视人与自然的和谐,也说明关于区域协调发展的认识在不断延展。

(二) 区域协调发展的内涵及分类

随着国家对区域发展的越发重视,区域协调发展这一问题越来越多地出现在经济研究及日常生活中,可是人们对于究竟什么是区域协调发展实际了解的并不多,理解也有待于深入,在此有必要对区域协调发展的内涵进行重新梳理和介绍。

"协调"一词在我国被提及较多,通常被认为是组成整体的各个部分相互协调,共同发挥作用。这种协调不仅仅关注协调本身的功能和作用,更关注区域发展中各个部分充分发挥作用。既可以让每一个部分充分体现自身的良性作用,又可以让整体发挥出良性的运作效果。从"协调"发展到"区域协调发展"认识,学者们经历了一个完整的识别过程。国内最早出现区域协调发展这一词语是在 1991 年，当时国务院发展研究中心承担的一个课题名称为"中国区域协调发展战略"，表明 20 世纪 90 年代开始区域协调发展逐渐成为政府关注点，并且越发重视。蒋清海（1995）比较系统地论述了区域协调发展的内涵，强调区域协调发展是注重开放条件下、每一个部分发挥各自的作用，从而带动共同发展的过程和状态，应用到中国发展中包括五个维度的协调：其一是从不同板块之间的发展看，四大板块之间差距逐渐减少，形成结构上的协调发展；其二是从分工的角度看，在不同区域之间产业结构良性配置，协调发展；其三是要素和政策支持角度，国家的政策和要素支持要在各个地方协调和均衡；其四是要素流动角度，区域之间要素自由流动，市场障碍逐渐缩小，区域发展逐渐协调；其五是从竞争角度，各个地方要良性竞争，利益逐渐协调（孙翠兰，2007）。这一理念强调的是不同部分、不同维度在发展中如何充分发挥部分作用，又能够实现良性配置效应。这种配置效应指区域发展需支持区域要素配置、发展效率提升，发展功能改善等。

　　然而具体到国内对区域协调发展实际的表达看，学者们在区域协调发展的属性方面形成了不同观点。关于区域协调发展是一个过程，是一种状态，还是一种模式，或者一种战略的争论在前期研究中关注较多，也有较多学者进行系统讨论。具体如下（见表 2 - 6）：其一，"过程论"更关注一种流动变化的趋势，主张区域协调发展是一种流动变化的过程，认为在区域发展中可以实现区域之间联系增强、区域发展良性互动、区域运作发挥良好作用的效果；其二，"状态论"更关注于一种发展状态，强调通过区域协调发展能实现的目标体系，主要关注区域协调发展能够达到的效果。比如，实现人民生活水平提升、经济之间联系加强以及人与自然良性互动的状态；其三，"过程、状态论"认为区域协调发展不仅仅是一种发展过程，也是一种形成趋势，主张在发展中需要关注区域协调发展的整体作用。比如需要关注区域协调发展中每一个部分的不同，发挥各自的作用；其四，

"模式论"认为区域协调发展是一种发展模式的选择，强调发展中还需关注不同的目标节点，做到既能支持经济良性发展，又将区域差距控制在合理水平，还能做到社会、环境等良性协调；其五，"战略论"，将区域协调发展看成一种发展战略。在这种发展战略下不同的发展体系有不同的选择，从而形成不同发展空间。作为一种战略既要服从经济发展目标，达成相应经济效果，又需要强化区域联系形成不同的发展体系。可见，不同的论述概括了学者们关于区域协调发展方面不同的思考，不管是"过程"还是"状态"还是"模式"或者"战略"，理念上的不同在发展思路上会形成不同的思考，关于区域协调发展的政策上会有不同的选择。

表2－6　　　　　　　国内对区域协调发展归属的相关界定

归属名称	代表性学者名称	主要观点及具体含义
"过程论"将区域协调发展认为是一种过程	覃成林（1999）	区域协调发展是区域之间在经济交往上日益密切、相互依赖日益加深、发展上关联互动，从而达到各区域的经济均持续发展的过程
	张可云（2007）	区域协调发展是在区域经济非均衡发展过程中不断追求区域间的相对平衡和动态协调的发展过程
"状态论"将区域协调发展认为是一种状态	郝寿义（2007）	基于自身要素禀赋的特点，确定不同要素约束条件下的开发模式，形成合理的分工，同时在政府的调控下，保持区域之间的发展条件、人民生活水平的差距在合理的范围内，人与自然之间保持和谐状态下的发展状态
"过程、状态论"，认为区域协调发展是一种过程也是一种状态	王文锦（2001）	在经济、政治、文化、生态发展上相互联系、关联互动、正向促进，区域利益同向增长，区域差异趋于缩小的过程和状态

续表

归属名称	代表性学者名称	主要观点及具体含义
"过程、状态论"，认为区域协调发展是一种过程也是一种状态	彭荣胜（2007）	区域协调发展是区域之间相互开放、经济交往日益密切、区域分工趋于合理，既保持区域经济整体高效增长，又把区域之间的经济发展差距控制在合理、适度的范围内并逐渐收敛，达到区域之间经济发展的正向促进、良性互动的状态和过程
	邓宏兵、曹媛媛（2019）	区域协调发展是指在开放互通的前提下，在区域整体及各子系统统筹发展的同时，各区际之间的经济发展差距逐步缩小并朝着共同富裕方向努力的一种状态和过程
"模式论"认为区域协调发展是一种模式	高志刚（2001）	区域协调发展是指在国民经济发展过程中，既要保持国民经济的高效运转和适度增长，又要促进各区域的经济发展，使区域间的经济差异稳定在合理、适度的范围内，达到各区域优势互补、共同发展和共同繁荣的一种区域经济发展模式
"战略论"认为区域协调发展是一种战略	陈秀山（2006）	区域协调发展是在国民经济发展过程中，既要保持区域经济整体的高效增长，又能促进各区域的经济发展，使地区间的发展差距稳定在合理适度的范围内并逐渐收敛，达到各区域协调互动、共同发展的一种区域发展战略

资料来源：由作者根据相关文献整理得到。

不管区域协调发展的归属如何，其反映的区域协调发展具体内核上也在发生着一些变化。最初关于区域协调发展的相关论述中将区域协调发展等同于区域差距，内涵上更偏重经济差距的变化。很显然在20世纪90年代初随着我国推动东部优先发展战略的出台，东部地区获得了较好的发展，中西部却滞后较多，我国区域经济差距较大是实情，为了缓解区域差距过大的问题，提出推动区域协调发展的战略。然而需要思考的是当时的理念是否还符合当下的实际，经济差距的缩小就等于区域协调了吗？很显然不一定。时代在发展，人们对协调发展的认识也在深入，也在不断赋予新的理念。具体来看，主要有以下几个方面：第一，关注经济发展。发展是一个长期的话题，区域协调发展也必须关注发展问题。经济指标的增长一定程度反映了发展的状态，如 GNP、GDP、人均收入差距缩小等指标显示了发展的效果，然而仍然需要关注如何带动整体体量的增长，将蛋糕做大。现有也有一些研究从经济角度考量，认为不能够脱离经济增长来谈协调发展，区域协调中更重要的还是经济指标（姜文仙、覃成林，2011）。朱少康（2018）重点从欠发达地区发展出发，给区域协调发展赋予新的含义：关注相对落后区域发展，提升后发区域发展水平，让区域之间实现均衡，进而缩小发展差距。第二，除经济发展之外，关注社会、生态等各个部分的组合，延展区域协调发展的内涵（李红锦，2018）。关注区域协调发展时还需要考虑要素是否能够自然流动、公共服务是否改善、区域市场是否统一、生态环境是否友好（博文广、安虎森，2013）。特别需要指出，基本服务均等化、交通设施通达、人民生活水平得到保障是区域协调发展中需要重点关注的领域（张可云、裴相烨，2019）。同时随着时代的发展，区域协调发展也需要融入新的发展理念体系。正如在科学发展观提出时，魏后凯、张燕（2012）提出新型的区域协调发展观念，并结合科学发展观的新理念提出了"全面、可持续、新型"的区域协调发展关系，恰恰是对区域协调发展理念的拓展。姚鹏、叶振宇（2019）以"创新、协调、绿色、开放、共享"新发展理念作为理念准备，探讨新发展理念下区域协调发展的目标体系。联合国开发计划署（UNDP）（2020）的《人类发展报告》中更是将人与自然的和谐加入分析当中，恰恰可以看出随着区域协调发展实践在拓展，区域协调发展理念也在不断发展。在新的理念指导下，区域协调发展也将形成新的理念特征和视域准备，具体见表 2-7。

表 2 - 7 国内对区域协调发展内容的相关界定

主要关注点	代表性学者名称	主要观点及具体含义
偏重经济角度的经济协调发展	区域税收政策课题组（1998）	区域协调发展是指各地区人均实际 GNP 在时间序列中有所增长
	徐现祥、舒元（2005）	省区协调发展的实质无非是使落后省区能追赶上发达省区，即从经济增长的角度来看，区域协调发展属于趋同的研究范畴
	姜文仙、覃成林（2011）	区域经济协调发展是指在区域开放条件下，区域之间经济联系日益密切、经济相互依赖日益加深、经济发展上关联互动和正向促进，区域的经济均持续发展且区域经济差异趋于缩小的过程
	朱少康（2018）	重点从欠发达地区发展出发，认为区域协调发展是推动欠发达地区发展，缩小区域经济差距的现象
关注公共服务、交通设施、教育发展等因素的区域协调发展	国家发改委宏观经济研究院地区所课题组（2003）	基本内涵由五个部分构成。一是各地区的比较优势都能得到有效地发挥，区域之间分工合理、优势互补、共同发展；二是生产要素能够在各地区之间比较顺畅地流动，形成统一、开放的全国市场；三是各地区居民在可支配购买力及公共产品的享用水平上的差距能够限定在合理范围之内；四是各地区之间基于市场经济导向的经济技术合作能够得到很好地实现，形成全面团结和互助合作的新型区域经济关系；五是各地区国土资源的开发、利用、整治和保护能够实现统筹规划和互动协调，各区域经济增长与人口资源环境之间实现协调、和谐发展
	薄文广、安虎森（2013）	区域协调发展不仅要考虑经济发展水平的差异，还要考虑享受公共服务方面的差异
	李红锦（2018）	区域协调发展不仅体现在经济层面，社会、环境、人口、科技等各方面也都应当考虑在内
	张可云、裴相烨（2019）	从基本公共服务均等化程度、基础设施通达程度和人民基本生活保障水平三个角度，构建测算区域协调发展水平指标体系

主要关注点	代表性学者名称	主要观点及具体含义
区域协调发展新理念的拓展	魏后凯、张燕（2012）	"新型区域协调发展"的概念包括三方面的含义：一是全面的协调发展，二是可持续的协调发展，三是新型的协调机制。而在区域协调发展的诸多标准中，地区间居民收入差距的缩小和基本公共服务的均等化最为关键
	姚鹏与叶振宇（2019）	以"创新、协调、绿色、开放、共享"新发展理念为理论指导，将区域协调发展划分为将区域发展差距、区域一体化水平、城乡协调发展、社会协调发展、资源与环境协调发展
	联合国开发计划署（UNDP）（2020）	2020年12月发布的《人类发展报告》中也将人类给地球施加的危险带入发展当中，其实反映的是更加重视对化石燃料等的控制、对碳排放的节制，表达的是发展中更加重视人与自然和谐的新理念

资料来源：由作者根据相关文献整理得到。

由此，在不同的时代区域协调发展具有不同的内涵体系。这种理解既结合到区域协调发展本身内容的调整，也关注到不同时代理念的变化。结合新发展格局特点，对区域发展的理解也会有全新的变化，需要根据不同时代特点赋予新的内涵。"双循环"新发展格局为区域协调发展提供了新的视域特点。具体来说：第一，全方位的统筹观。需要能够注重统筹各个方面，从全方位的视角对资源进行统筹，让资源、环境发挥自身本有的特点，带动各个方面的资源形成统筹资源带动区域协调发展的格局；第二，多维度的系统观。新发展格局下，区域协调发展是一个完整系统，具有系统性，需要发挥各个部分的作用，带动区域形成完整的系统，发挥系统的带动作用；第三，与时俱进的时代观。"双循环"新发展格局下，需要符合新的理念特点，比如注重全面的协调、注重系统的协调，从而能够带动区域更符合当下时代特点；第四，布局谋篇的创新观。新发展格局呼唤创新发挥作用，创新需要深入经济、社会的每一个环节当中，在创新中发展，形成利用创新引领区域良性发展的格局；第五，和谐共生的生态观。在关注经济、社会、公共服务等的同时，将人与自然的关系放到更重要的位置，并提出与自然为友、敬畏自然的理念，也是区域协调发展过程中必有之义。需要在发展中用更加良性、更符合社会发展的视角，更关注到合一发展、和谐共生的理念要求，理解区域协调发展，具体见图 2 – 1。

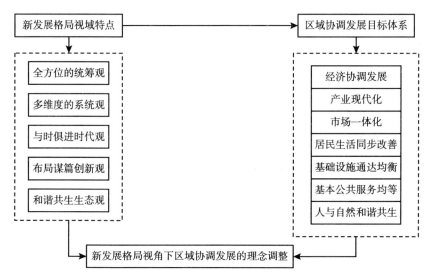

图 2 – 1　发展新格局视角下区域协调发展的理念调整

资料来源：作者自制。

　　依据新发展理念的特点，理解区域协调发展需要关注区域协调发展的目标体系，确定更广泛的内涵体系。第一，经济协调发展。区域协调发展须有良好的发展环境，正如经济发展中要注意保持区域经济既有效率，又有一定的公平性，形成经济上既能发挥每一个部分的独特特色，又能体现整体的协调和协作；第二，产业要实现现代化。区域协调发展也须有现代化的产业支撑。构建现代化的产业结构，需要关注现代化的产业、带动产业实现数字化转型、推动发挥创新作用。第三，市场一体化。市场一体化是区域协调发展的题中之义，新发展格局下，推动市场之间打破障碍、构建要素自由流动、全国一体化的市场体系是重要任务。第四，居民生活同步改善。改革的成果要惠及更多的居民，让人们共享改革成果是区域协调发展的必然要求。新发展格局下需将成果惠及居民，在推动协调发展过程中关注居民生活的改善。第五，基础设施通达均衡。改善区域传统基础设施条件，让各地能有更通达、便利的联系，也需在新一轮新的基础设施建设中注重均衡、通达。第六，基本公共服务均等。现代社会公民依法享有获得公共服务的权利。新时代下，给予更多居民享受公共服务的机会，这是发展需要，也是区域协调、良性发挥作用的需要。第七，人与自然和谐共生。人与自然和谐共生是关于人与自然关系新的理念，将人与自然的关系重新定义，符合新发展理念要求。

（三）区域协调发展的相关研究综述

区域协调发展具有自身的理论体系。围绕区域协调发展问题，学者们也从其他视角展开研究，大体来看，主要有以下几点。

第一，区域发展不协调的成因。发展经济学强调发展，关注发展议题。现代经济学表明区域协调发展是区域发展的目标，也是区域发展追求的方向。然而现实中常常出现的是区域发展不协调、不均衡的常态（陈秀山，2004）。那么究竟是什么原因导致了区域发展不协调的结果呢？学者们从不同视角给予解释。要素论和禀赋论认为要素投入和资源禀赋差距会导致区域差距，区域的人才、资本、技术等要素的配置不同，会使得区域产业发展资源不同，也自然会带动区域发展的不协调（李光泗、徐翔，2008）。经验研究也试图去验证这种理念的正确性，比如严立刚、曾小明（2020）、王和姚（wang & Yao，2001）就主要从人力资本角度解释，验证人力资本差距是区域差距的主要原因；魏后凯（2002）的研究则提出 1985～1999 年板块之间差距，90% 是由外商投资导致。吴楚豪、王恕立（2019）则验证技术差异是区域不协调的重要原因。禀赋论和要素论偏向于从传统经济发展要素角度解释区域不协调发展的根源。然而研究视域依然可以拓展，现代经济学从新的领域进行解释，制度论认为区域发展不协调取决于制度供给不同造成的发展机会的差别（李戈，1999；张平，2008），具体来说，区域制度供给不同使得不同区域获得投资和资源的能力存在显著差别，一些研究验证了这一判断（Fleisher and Chen，1997）。地理学派则认为地理位置、交通等条件的不同会造成区域发展的不同（Demerger 等，2001），以中国为例，全球化的时代中西部地区相比东部沿海地区参与国际贸易的程度、概率的确会低，嵌入全球价值链的机会也会有所不同（Poncet，2003；赵蓉、赵立祥与苏映雪，2020）。新经理地理学则认为产业发展的规模递增，会产生聚集效应，推动产业的循环增强机制（Golley，2002），一旦初始区域获得聚集效应，这种循环增加机制就会形成路径依赖，导致区域发展越发不平衡（陈良文，杨开忠，2007；张治栋、吴迪，2019），当然也有从其他因素进行讨论的，比如戴天仕、徐文贤（2019）从文化差异角度解释区域协不协调的原因。区域协调发展水平不同，程度不同，发展的原因也各有差别。

第二，区域协调发展的评价与测算。区域协调发展从理念到实际政策应用，需要精准的评价和测算。为了准确测度，学者们在衡量标准和测算方法上都有自己的考量。早期研究中倾向于以经济差距来衡量区域协调发展程度（刘再兴，1993；张敦富、覃成林，2001；丁卫，2003）。随着经济实践和认识深入，评价标准也逐渐广泛，比如产业的协调程度（陈栋生，2005）、区域协调程度（朱少康，2018）。后来的研究中越来越多采用构建指数的方式来探讨，比如吴玉鸣、刘鲁艳（2016）从经济、社会、资源、环境四个系统来构建区域协调发展指数；邓宏兵、曹媛媛（2019）从经济、社会、生态三大系统构建区域协调发展指数，将区域协调发展的内涵延展到系统层面，认为区域协调发展其实是一种系统，从系统观角度衡量。在构建指数问题上学者们的研究也各异，姚鹏、叶振宇（2019）从区域差距、区域一体化、区域协调、社会协调、资源协调5个方面构建区域协调发展指数，张可云、裴相烨（2019）则更倾向于从公共服务角度理解区域协调发展，与其他视角不同，其主要关注了公共层面的理解，比如基本公共服务，再比如区域发展中需改善基础设施，关注人的基本权益，把人民基本生活保障水平也纳入指标。结合当前时代背景，新发展理念指导下对协调发展问题的度量上有了一些新的变化。测算方式上，为了度量区域差别，极差、均值差、平均差等绝对差距使用较为广泛（丁卫，2003），同时也有采用相对差和收敛差的度量，采用库兹涅茨比率、基尼系数、威尔逊系数等相对差距方法测度（吴殿廷等，2003），还有测度经济差别指数的，如覃成林、崔聪慧（2019）采用区域经济指标改进方式测算区域发展状况。在指数法评价区域协调发展过程中，层次分析法、因子分析法、熵权法、空间距离等测算方式也被广泛使用（庞玉萍、陈玉杰，2018）。

第三，区域协调发展的推进措施。研究区域协调发展的主流方向是在认识区域协调发展规律的同时，寻求区域协调发展路径与措施（邓宏兵、曹媛媛，2019）。围绕如何推动区域协调发展的问题，学者们各自提出了自己的思考。比如改善区域发展的体制机制，消除区域发展的障碍（王园林，2005）；推动构建一体化的市场结构，建设全国统一大市场（徐现祥、李郇，2005；樊士德、姜德波，2014）；鼓励要素流动，带动区域要素自由流动，发挥要素流动的作用（王必达、苏婧，2020）；政府出台各项经济政策，加大对发展薄弱区域的支持，鼓励形成区域互补、协调的格局（王曙光等，2017），也可以在基础教育、医疗、卫生、社会保障等领域加大对薄弱地区的扶持力度（王波，2016）；强化规划指导，利用"五年"规划的契机，带动区域协调发挥作用（李兰冰，2020）；放眼全球，总结西方关于区域协调发展的观点和视角，为我国区域协调发展提供更多可能性（姜文仙，2011）。也有从具体领域提出政策建议，比如从财税体制、金融政策、人口流动、技术进步等视角切入（庞玉萍、陈玉杰，2018）。众多研究观点百花齐放，各有其长，但也需要进一步凝聚推动区域协调发展的学术共识，才会对政府政策产生有效影响。

三、产业转移与区域协调发展的相关研究进展

研究产业转移和区域协调发展时，不仅涉及产业转移与区域协调发展各自的方向与范围，而且需要建立其关联关系，把两个方面加以统一与综合，并在研究中有效结合。事实上，政策制定、实际生活中也常常将产业转移认定为区域协调发展的重要路径之一。学者们对产业转移对区域协调发展的影响有一些关注。早期的研究倾向于用区域差距缩小表征区域协调发展状况，于是一些研究认为产业转移会带动或者缩小区域差距，代表产业转移阻碍或者促进了区域协调发展。对于产业转移对区域协调发展的影响，不同学者认定为不同的效应和影响符号，比如产业转移正向作用、负向作用于区域协调发展等。以下结合相关研究具体总结如下。

第一，产业转移带动了区域协调发展。现代经济学表明区域本身存在发展环境、基础条件的差异，禀赋优势也不同，产业转移能够为不同区域进行要素转换、优势互补，推动不同区域发展水平和要素提升，带动区域经济发展、社会和谐，推动协调发展（陈刚，2011；Girma S et al，2001；严运楼，2017）。产业转移不仅会带动区域协调发展，还能对区域生产能力提升、技术水平改善、产业结构调整等都起到实际推动作用（刘金友，2011；张辽，2016；孙浩进，2015），产业转移也有区域自身造血能力增强，区域内部产业聚集，边际成本

降低等多重作用（Yeung W C，2007；关爱萍、李娜，2013）。国内外学者也进行了诸多的实证验证，比如已有研究利用发达国家经验数据验证产业转移有效带动区域差距减少、推动区域发展水平提高的结论，并且这种效应也会随着产业转移过程，形成叠加效果（Svedin D，Stage J，2016；Figinia and Gorg，2010；Sun，2010；Charlot，2004；Suyanto et al，2013）。程杰（2013）、靖学青（2017）、陈耀龙和杨香军（2017）、田爱国（2016）分别采用中原经济圈、长江经济带、湘南区域、西部地区的经验数据证明产业转移能够带动区域协调发展。同时，产业转移中产业转入和产业转出区域效果也会有倾向性，双方的利益共同构成了产业转移合作的基础（陈凡、韦鸿，2016）。产业转移对转入地和转出地都有一定的激励效应，比如对转出地而言，产业转移能够"腾笼换鸟"、优化区域产业结构、提升资源使用效率、带动产业升级及经济增长；对转入地而言，能丰富自身资金、技术、人才要素配置，提高本地市场容量和活力，带动区域就业、经济体量增加（谢丽霜、陈颖，2012；Ivarsson et al，2005；）。如果把区域协调发展作为一个系统，那么产业转移对区域系统的影响就表现为带动区域要素流动，推动区域之间的合作与分工，改善区域发展模式，推动区域发展模式改变（高云虹等，2013；谢建国，吴国锋，2014）。

第二，不适当的产业转移不利于区域协调发展。尽管后发区域将产业转移作为推动区域协调发展的路径，然而产业转移并不一定会推动区域协调发展，甚至可能会加大区域发展的不协调、不均衡程度（严双建，2007；滕堂伟，2016）。具体来看，国际产业转移存在空间上的不均衡性，这种不均衡性也会直接影响到技术的不均衡性，以及资本、人力资本等的不均衡性，不利于经济均衡发展和区域协调发展（曹晓蕾，2012；尹翔硕、徐建斌，2007；常静、赵凌云，2015）。产业转移过程中可能会导致部分区域出现产业僵化、产业升级难的问题，引入"三高一低"① 产业使得区域陷入低水平发展陷阱，也使得部分区域低端锁定，产业转出区升级难度大（陈凡、韦鸿，2016；吴传清、陈晓，2017）。从国内外学者的研究看，有学者使用美国经验数据论证外商直接投资与居民收入差距的关系，结果表明外商直接投资在长期内会加剧区域收入差距不平等的可能性（Chintrakarn，Herzer and Nunnenkamp，2012）。还有学者使用南非样本，分析得出外商直接投资并未带动南非经济发展（Sunde T，2017）。张龙鹏、周立群（2015）采用不同的板块经验数据，验证了产业转移并未有效弥合区域差距，冯根福（2010）也提出，过度依靠产业转移来化解区域不协调问题是难以实现的。同时产业转移对转出区和转入区也存在异质性问题。转入地与转出地作为产业转移获得的主要参与方，二者既有广泛的合作基础，又有各自不同的诉求，需要协调。一般而言产业转出地经济基础相对较好，占据产业转移的主动权，当遇到经济不景气、产业升级障碍时，产业转出区可能自然限制原有转出的企业转出；转入地自身经济政策、营商环境、环境保护、交通等条件也会限制产业发展（高云虹等，2013；刘新争，2016）。因此政策层面如何更广泛地凝聚产业转移的共识，如何更大地协调转入地和转出地的共同利益，如何更好地化解可能存在的冲突是需要关注的问题。

第三，产业转移对区域协调发展作用表现的其他形式。产业转移对区域协调发展的影响可能不仅是单一的线性或者非线性形式，还有可能存在其他可能性（高云虹、李敬轩，2016；李斌，2015）。比如成祖松（2013）、杨国才（2012）提出，产业转移过程中对区域发展的带动作用和"粘性效应"可能同时存在，产业转移能带动区域差距结果上形成 α 趋同（即区域绝对差距的缩小），在过程上形成 β 趋同（即相对增长率差距缩小）趋势难以同时满足（王琴梅，2007；

---

① "三高一低"产业一般指高投入、高能耗、高污染、低效益产业。

陈劲、银娟，2012）。同时一些后发区域，通过改善技术、改变自身发展模式，深入创新，可能实现循环、良性发展（张银银、黄彬，2015）。同时学者们使用不同方法测度可能得出不同的结论，张清正、孙久文（2014）测度产业转移对我国区域经济差距存在先扩大后缓慢缩小的过程。也有学者在产业转移对区域人均 GDP 影响的测度中发展呈现出"S""U""倒 U""W"等趋势的（魏后凯、张燕，2012）。也就是说产业转移影响区域协调发展是一个动态过程，对区域协调发展影响存在不同的变化趋势和可能性。在执行政策、落实政策过程中，需要根据实际调整（李红锦，2018）。

产业转移对区域协调发展影响的研究视角不同，得出的结论也各异。不论结论是产业转移能带动区域协调发展还是未能够带动区域协调发展，都更需关注这些结论的理论支撑。同时，也需要关注到，产业转移与区域协调发展的研究中需注意处理几组关系。

其一，转入地与转出地的关系。二者既有广泛的合作基础，又存在各自不同的诉求，需要协调。

其二，政府、市场、企业、大学与研究机构的关系。产业转移中需关注各个参与主体的关系。政府作为产业转移政策的供给方，各地地方政府官员出于政绩考虑亦会参与到产业转移的推动中；市场是产业转移开展的主体，遵循市场运作，发挥市场配置效应是产业转移的基本规律；企业参与产业转移的目标是能够在产业转移中获得更大效益；大学与研究机构是产业转移的智力保障，其能够为产业转移输出技术、人才、智力支持。产业转移中如何关注到各个参与主体利益，更加优化配置政府参与、市场主体作用、企业的效益、大学与研究机构的智力保障，是推动产业转移的重要保障。

其三，短期与长期的关系。产业转移中的短期和长期关系值得关注。企业和地方政府可能存在一些短期行为和倾向。企业为了追求自身经济效应，忽略其对经济社会发展产生的影响，地方政府可能为了自身财政收入，使得各自决策中出现一些短期行为。

其四，梯度与反梯度的关系。按照梯度理论，产业会经由发达区域顺序向不发达区域转移，就我国而言，产业会沿着东部向中部、西部顺序转移，遵循劳动密集型、资本密集型、技术密集型顺序逐步转移；然而反梯度理论提供的思路是，欠发达地区可以直接从技术密集型入手，发展高科技产业，形成自身发展优势。当前我国产业转移中，需要关注到梯度转移带给区域的发展机会，也需要能够利用自身优势条件直接发展更适合的产业，带动产业向高端发展。

其五，产业转移与新发展理念、高质量发展理念的关系。产业转移需要关注国家经济发展的理念。一方面，产业转移过程中需遵循经济发展理念，在产业转移中体现创新、协调、绿色、开放、共享的发展理念，服务于高质量发展理念目标；另一方面也可利用发展理念的便利，充分利用各种政策。

其六，产业转移与国家重大区域战略之间关系。当前我国越发重视区域经济发展，相继推出长江经济带、粤港澳大湾区等区域发展战略，这些区域战略指明了区域发展的方向，也为区域发展提供了政策支持。产业转移既是这些战略内容的重要组成部分，又是推动这些战略发展的重要方向。需要关注和处理好产业转移与国家重大战略之间关系，这样有助于协调区域发展，带动区域经济高质量发展。

四、简要评述及本章小结

有关于产业转移与区域协调发展的关系，学者们进行了广泛的前期研究，内容丰富、研究角度多元。上述文献综述展现了产业转移和区域协调发展的部分观点，以下围绕已有研究尝试着做一些简要归纳，以便于深化对此研究的理解程度。

第一，产业转移的理论基础与研究进展。产业对区域发展作用越发重要，产业转移也成为部分区域发展的重要手段，学者们从产业转移的相关理论演进出发，关注如何理解、区分产业转移，政策上如何调整来带动区域发展等问题。产业转移伴随着产业发展而出现，初始的产业转移相关研究并未系统解决产业转移因何而出现的问题，后续学者们从劳动分工、要素禀赋、工业区位、技术差别、产品周期分布、边际产业扩张等理论视角解释产业转移的发生缘由，也有学者将这些因素组合起来，提出折衷理论用以解释边际产业扩展，新贸易理论与新经济地理理论将经济现象的差别、经济地理等因素也引入产业转移的研究中。国外在这一研究领域具有较强优势，伴随着国内产业转移实践发展国内也出现了一些代表性研究成果，国内学者也做出一些边际贡献，比如将产业转移的梯度理论和反梯度理论用于解释产业转移问题，并将国外提出的理论与中国实践结合，加深了中国理论界、政策界对产业转移理论认识的深化和产业转移规律的把握。

研究的起点在首先需界定这一名词。学者们从产业转移的现实、现象、动因、区域资源配置、企业发展、产业空间转变等角度描述其内涵，因此界定产业转移的视角不同，给出的界定也不同，但相同的是产业转移问题需要引起关注：其一，背景是产业发展的宏观、中观、微观环境的变化，比如政府政策、市场价格、企业成本、员工招聘等；其二，产业转移的初衷会发生改变，比如有些是为了追求市场利润，有些是为了获得更大市场份额，有些是为了接近市场的区位因素；其三，产业转移的路径有产业的兼并、设立产业部门、进行直接投资等方式；其四，产业转移的现象描述是产业在空间上发生变化，进行动态转移。同时将产业转移区分为宽口径和窄口径，并分别解释，以支持对产业转移的理解和测度使用。

为了方便认识，需对产业转移进行分类。一方面是基础的分类，比如国际、国内产业转移；区域产业转移与跨区域产业转移。再比如从产业转移的驱动主体、动因、梯度、顺序等角度分类，也可以划分为不同比例。另一方面也关注到，学者们结合各地探索成果，将产业转移总结为不同的发展模式，比如西部产业转移实践中的整体迁移、内部一体化、梯度转移、集群转移模式（庄晋财、吴碧波，2008）。不论如何划分产业转移模式，其目的都在于支持产业有序转移，推动区域协调发展。

产业转移的发生有自身的缘由，有如自然的优胜劣汰。从区域发展的实际看，产业成本上升、优势下降，企业会自发进行调整，政府为了经济目标也会引导产业转移。产业转移的推进对区域发展会产生不同影响，比如会带动区域经济增长，推动区域改善福利，形成技术溢出效应，同样也有可能使得区域出现一些问题，比如出现"区域粘性"，使得区域"资源错配"，生态环境形成不良影响。因此，可以采取结合产业转移、推动产业转移调整等措施带动产业转移，形成新发展格局。

诚然产业转移的研究已相对细致，但仍然存在一些需要关注的点。比如如何更加细致、精准地评价产业转移，并结合中国实践进行梳理，精准评价量化区域产业转移对把握产业转移趋势和规律而进行调整是非常有必要的。同时，结合产业转移示范区、区域协调发展、"一带一路"倡议、"长江经济带"等国家重大发展政策中，产业转移究竟处于什么样的位置，产业转移与这些政策如何链接等都有探索空间。

第二，区域协调发展的理论基础与研究进展。主要梳理区域协调发展的概念、理论、相关研究的成果。区域协调发展的理论体系最先是由区域经济协调的理论演变而来的。探讨区域经济协调问题最早经历了均衡增长理论、非均衡增长理论，再到协调发展的理论演进。然而理论和现实也不断验证了增长并不一定完全等同于发展的实际。理解区域协调发展理念需根据区域发展的实际，强调在尊重客观规律基础上，既发挥主体的作用，又显示推动区域整体协调的效用，将部分与整体有机协调。

理论界对区域协调发展的认识也经历了不同的发展历程，"过程论""状态论""模式论""战略论"从不同视角提供了关于协调发展的不同解释。不管区域协调发展的归属如何，其反映的区域协调发展具体内核上也在发生着一些变化。在新的理念下，区域协调发展除了关注传统指标，还需从更广泛的维度去探讨，比如全方位的统筹观、多维度的系统观、与时俱进的时代观、布局谋篇的创新观、和谐共生的生态观。根据不同的维度，确定区域协调发展的内涵体系，如经济协调发展、产业现代化、市场一体化、居民生活同步改善、基础设施通达均衡、基本公共服务均等、人与自然和谐共生等。

区域协调发展是基于区域不协调的现状来看的，现实中要素投入、资源禀赋、技术差异不同可能导致区域不协调。随着现代经济学的发展，制度、地理要素、规模递增、文化差异等因素都被认为是区域不协调的成因。区域协调发展从理念到实际政策应用，需要精准的评价和测算。早期研究倾向于以经济差距来衡量区域协调发展状况，后来的研究越来越多地采用构建指数的方式测算，测度方法上有绝对测度、相对测度或者不同指数等方式。为了带动区域协调发展，推动区域协调、强化区域互补、加大薄弱环节支持、提出具体政策建议等都有助于推动区域良性协调发展。

从整体看，尽管区域协调发展的研究文献较多，关注度也较高，但学者们对区域协调发展的研究仍有进一步深入探讨的空间。比如：新的理念下如何全面理解区域协调发展问题；如何在精准衡量区域协调发展的基础上，与现有研究热点结合；如何构建区域协调发展体系，真正利于区域发展、又能带动产业转移实践。

第三，产业转移与区域协调发展的相关研究进展。基于不同的发展实际，产业转移能够促进不同区域进行要素转换、优势互补，推动不同区域发展水平和要素提升，带动区域经济发展、社会和谐，推动协调发展。研究中也发现产业转移并不能完全带动区域协调发展，甚至可能加大区域发展不协调、不均衡的程度。产业转移对区域协调发展的影响可能不仅仅是单一的线性或者非线性关系，还有可能存在其他可能性，基于不同的思考可能得出不同的答案。

　　同时，也需看到研究过程中也有需要深入和细化的点。主要如下：首先，产业转移如何能够更加精细化和精准化地评价。目前尽管有一些评价产业转移的方法，然而在实际操作层面，如何更加精准评价产业转移是一个需要细化的问题。其次，区域协调发展状况的衡量需更加清晰、精准。现阶段我国提出区域协调发展战略，将区域协调发展上升到更高的高度，区域协调发展也赋予了新的内涵，在理论上如何来衡量这一状况，把握区域协调发展的节奏，这是需要解答的问题。再次，产业转移对区域协调发展的影响具体如何，研究有待深入。现有关于产业转移对区域协调发展的研究，较多停留在理论梳理层面；一些实证研究，也多数采用几个大的区域分类、省级样本，这样的数据和样本相对较少，有拓展和延伸的空间。更加精细化地研究产业转移对区域协调发展的影响具有实际的意义和价值。最后，产业转移何以影响区域协调发展，需要在理论上讲清晰，并利用实证验证。基于以上角度，本研究尝试着将产业转移对区域协调发展的影响进行度量，并在此基础上探讨产业转移对于区域协调发展的影响及其机制，以期能更深入理解该问题。

第三章

我国产业转移的发展
趋势、现状及问题

一、我国产业转移的 SWOT 分析

产业有序转移是国家政策引导的重点，发挥产业转移的优势，带动区域产业有序布局，推动产业转型升级是区域发展的重要目标。需结合我国产业发展情况，分析产业转移面临的优势、劣势、机会、威胁。同时，也需与周边国家比较，以更广的视角制定相应政策措施。

（一）产业转移的优势

第一，一致性的制度框架、社会环境。引导产业从东部转移到中西部是在一国范围内的跨区域转移，这一活动在一致性的制度框架内，规避了可能存在的地域不安全、政策不稳定、制度法律文化等不一致引致的一系列问题。同时，一致性制度框架下，企业熟悉本国政治、经济、地域资源环境，易于获取更多的企业发展信息，更能适应当地市场要求。这一优势在涉及国际产业转移时更明显，比如当前一些企业向东南亚转移，这就涉及不在一致性制度框架内，企业需要有

更多的投入去了解和适应当地的制度、经济、法律、人文等条件，无疑会加大企业成本。

第二，国家重视维护制造业的地位。我国是世界上工业门类最为齐全的国家，现阶段国家高度重视制造业的发展。制造业为代表的实体经济是经济社会发展的基础。没有实体基础社会经济容易陷入资金、资源、资产脱实转虚的困境，可能导致产业结构形态虚高、发展后劲不足的矛盾。为此，各个国家、地区都重视培育以制造业为基础的产业体系，把强化制造业发展基础作为重要国家战略来抓。当前全球制造业竞争加剧，制造业特别是高端制造业成为全球竞争的焦点。美国2011年出台"确保美国在先进制造业的领导地位"的政策，2012年3月又提出了"国家制造创新网络计划"等一系列部署，以推动美国的再工业化和先进制造发展。德国先后出台"工业4.0"、《德国工业战略2030》强化本身制造业实力，确保其在制造业的领先地位；日本利用安倍经济学，打造新一代的创新和精尖领域。中国也积极布局制造业的高端领域，采取各种政策带动制造业发展，力图保持我国在制造业的发展地位，见表3－1。

表3－1　　　　　各国关于高端制造业发展主要战略

国家名称	主要战略政策	主要内容
美国	2009年12月颁布《重振美国制造业框架》；2015年《国家制造业创新计划网络》；2017年《制造业外国直接投资提高美国在全球经济中的竞争力》；2018年《美国先进制造业的领导战略》	第一，采取高关税政策限制中国资本与技术密集型产品进入美国；第二，促进制造业企业回流；第三，长期以来促进产学研一体化与高端制造业发展；第四，美国国防部、能源部、商务部做出一系列部署，支持高端制造业领域的技术创新；第五，构建创新网络，确保走向前沿

国家名称	主要战略政策	主要内容
德国	2013 年《德国工业 4.0 战略》；2019 年《德国工业战略 2030》	将钢铁铜铝、化工、机械、汽车、光学、医疗器械、绿色科技、国防、航空航天和增材制造十个工业领域列为"关键工业部门"；政策增量支持重点：人工智能、纳米材料、生物技术、新材料、轻量化技术、量子计算机、电池技术、自动驾驶
日本	2013 年《日本制造业再兴战略》；2014 年《科学技术创新综合战略 2014——为创造未来创新之桥》；	注重支持新一代信息技术、纳米技术、大型运载空间设备、国产喷气式支线客机、世界机器人创新基地、无人驾驶汽车
英国	2013 年《英国工业 2050 战略》；2014 年《工业战略：英国产业分析》	力图在新一轮的制造业发展战略中强化英国制造业原有优势，推动航空航天业、汽车生产和装配基地、生命科学、信息通信产业等产业发展
法国	2013 年《新工业法国》；2015 年"未来工业"计划；2017 年《法国工业的雄心》	强化航空航天、汽车、高铁、机械、电子元器件、生物医药、新能源环保、人工智能等领域发展
中国	2015 年《中国制造 2025》	强化新一代信息技术产业、高档数控机床和机器人、航空航天装备、海洋工程装备及高技术船舶、先进轨道交通装备、节能与新能源汽车、电力装备、农机装备、新材料、生物医药及高性能医疗器械十个领域发展

资料来源：笔者结合已有资料整理。

第三，国家政策的重视和支持产业转移工作。近年来，我国逐渐重视产业转移活动，出台一系列文件支持产业转移。比如，2010 年 09 月 06 日《国务院关于中西部地区承接产业转移的指导意见》首次明确了深入推进中西部承接产业转移，以产业转移带动西部大开发、中部崛起等工作开展。之后国家在全国范围内批复设立 10 个国家级承接产业转移示范区，将承接产业转移示范区建设作为探索中西部地区发展新动能的重点尝试。同时，在国家重要的区域发展战略中，均有关于产业转移的相关论述，例如 2020 年 5 月 17 日，《中共中央国务院关于新时代推进西部大开发形成新格局的指导意见》中就专门提出，要发展高水平开放型经济，"建立东中西部开放平台对接机制，共建项目孵化、人才培养、市场拓展等服务平台，在西部地区打造若干产业转移示范区。对向西部地区梯度转移企业，按原所在地区已取得的海关信用等级实施监督。"这也表明了国家政策对制造业产业转移的支持。

第四，各地地方政府高度重视并出台具有吸引力的政策，推动产业转移。地方官员出于考核需要且出于中西部经济发展的需要，中西部地方政府高度重视产业转移和招商引资工作，中西部各地竞争吸引东部和国外投资，笔者在中部湖北、湖南，西部广西、云南等地考察时，能够感受到各地重视招商引资工作，一些地方将当地项目投资增长当成经济发展的头等大事来抓。根据笔者亲身经历，一位从事铝材生产加工的企业家介绍，他们公司每天可能接待来自中西部地区数十家招商团队的拜访。同时，地方在土地、税收减免、员工招聘、公共服务、水电路配套等方面都下了大功夫来支持企业转移，比如不少地区退出一站式办理入驻，政府专门协调人员支持企业开展员工招聘、相关配套帮扶工作。

第五，中西部水电资源要素成本比较优势。相较于东部地区，我国中西部地区水力、电力各种自然资源相对丰富，资源成本相对较低。比如，根据广西壮族自治区人民政府官网介绍，广西水能资源理论蕴藏量为 2133 万千瓦，可开发利用 1800 万千瓦，位于全国前列；云南农产品资源、旅游资源丰富，具有西双版纳、丽江、大理等代表性旅游资源；贵州风电资源丰富，生态环境、气候环境适宜；四川天然气储量全国第一等。各地都有自身独特的资源优势，工业原材料优势也比较明显。

第六，人力资本相对便宜、管理水平方面的优势。较东部地区而

69

言,中西部地区人力资源相对便宜。企业在中西部地区投资,人力资源成本相对较低。笔者调查访谈了解到一个成熟的制衣工人在广州从事服装制造,工资在 6000~10000 元,在中部地区大概为 2500~5000 元。

第七,基础设施条件大幅改善。近年来国家加大重大项目、重点领域向中西部倾斜力度,以便于缓解中西部地区发展欠账局面,改善中西部基础设施,发展配套体系,中西部地区基础设施条件大幅改善。以机场项目为例,2014~2017 年国家发改委批复设立的中西部机场项目就达到了 34 个,总投资额 1671 亿元,机场项目的推进将大大改善中西部地区飞行基础设施条件。铁路建设方面,仅 2019 年安排中央预算内投资 436 亿元支持中西部地区铁路建设,较 2018 年增加 140 亿元。① 当前国家推行“新基建”建设,围绕中西部地区薄弱的基础设施和产业环节,改善中西部地区网络水平、人工智能、数字产业发展条件,将大大提升中西部承接产业转移能力。根据新华网 2022 年 1 月 20 日报道显示重庆围绕智能化项目建设推动产业转移升级、强化产业链改造成效显著,2021 年汽车产业实现“整车 + 零部件”双提升,增加值增长 12.6%;电子信息产业加快补链成群,增加值增长 17.3%。

第八,区位优势。区域优势从地理区位和发展基础区位来谈。就地理区位而言,我国中西部各地都具有自身独特区位优势,有些地区靠近东部经济发达区域,有地理距离、交通、文化等优势;有些地区靠近边境,有开展边境贸易的优势。就发展基础而言,中西部地区各地都有一定的工业基础,国家开展三线建设时,大量企业靠近中西部部署。近年来,中西部各地积极强化投资,改善工业发展条件,各地工业底子逐渐强化。比如,湖北仙桃市是全国无纺布生产基地,拥有

---

① 发改委:436 亿支持中西部地区铁路建设 [EB/OL]. (2019 - 12 - 17). https://www.sohu.com/a/361072315_661255.

非织造布及其制品企业 1011 家，在疫情期间为全国和世界生产了大量口罩等防护用品。

第九，人才、科研优势。中西部地区的人才和科研优势虽不如东部强，但能够适应当地发展需求。国家在中西部地区支持高等教育能力建设，教育和经费向其倾斜。

第十，市场优势。我国具有全国统一的大市场，产品能够在全国各地进行流动。中西部地区面积占全国的 86%，人口占全国的 58%，具有巨大的消费市场和消费潜力。加之中西部地区农村人口较多，有较大的消费潜力。现有消费升级、扩展消费能力在中西部大有可为。同时，中西部地区对引进新技术。发展技术密集和高新技术产业具有较强的愿望，技术市场的潜力也巨大。

（二）产业转移的劣势

制造业产业转移具有存在一定优势的同时，也面临着发展的劣势条件，需要考虑。本部分从两个大的层面谈，其一是从中西部自身及其与东部地区比较谈；其二是将中国与越南相比较，具体阐述如下。

第一，部分地区思想理念相对落后。我国东部沿海地区民众创业、创新动力强烈，具有较强的投入社会、打拼发展的意识，浙江温州、广东潮汕等地的人们从小就被鼓励经商谋发展。相较之下，中西部一些地区民众的创新意识、创业意识和受教育意识相对会有些不足，有些形成了小富即安的理念，通过创业、教育改变命运的欲望不强烈。一些地区也存在着偏重公务员、教师等安定岗位，不重视企业家、商人的现象，一定程度上导致民营经济不活跃，技术人才相对缺乏。

第二，存在着行政效能不高的问题。近些年我国各地在提高政府行政效率，改善营商环境方面下了很多功夫，各地政府服务和营商环境也有了优化。政府的管控在县一级以上有了较大的改善，在乡镇一级和县一级部门中仍然存在行政效率不高的问题。笔者对河北、湖北、广西等地进行了调研，发现确实存在着吃、拿、卡、要的问题，这类问题的出现在一定程度上也影响了地区行政效率，不利于东部产业转移。

第三，产业集中度不高，产业水平低。中西部各地较普遍存在产业链条不长、集中度不高、聚集效应不明显的实际困难，这使得制造业发展持续性不足，主导产业对经济增长的支撑性不够，产业竞争力相对薄弱，未能强有力带动经济的发展。

第四，产业结构相对不合理。各地产业结构趋同性强，产业结构相似度高。荣毅宏（2011）对广西与珠三角产业结构相似度进行测算、张峰（2010）对安徽与长三角产业结构进行相似度分析，结果显示相似度非常高。产业结构相似度高意味着产业之间竞争性较强，合作的空间受到挤压，也使得中西部产业在外部来源方面受到一定限制，不利于产业转型升级。

第五，城市的支撑和协同能力有待提升。一些学者提出用"城市首位度"指标来衡量核心城市的辐射带动能力。按照城市首位度的衡量标准，第一位城市较第二位城市要大很多，具体量化指标要达到 2.0 的比例。根据这一测算结果，中西部城市相对普遍存在城市首位度不足的现实，首位城市缺位使得城市核心向心力不足，城市之间协同耦合，缺乏有效分工，使得城市带动力不足。

第六，劳动力成本优势在逐渐减弱，劳动力逐渐老年化。改革开放初期，劳动力成本是我国承接产业转移的优势。年轻劳动群体、廉价的劳动力为我国发展提供了巨大的人口红利。然而改革开放 40 余年以后，我国面临劳动力成本上升、人口老年化的实际，人口红利逐渐减弱。为了更细致来看，本书选择越南作为比较对象进行比对。一方面，从人口年龄分布看，越南人口呈现年轻化现象，见图 3 - 1。60 岁以上人口占比 11.4%；15 岁到 59 岁的人口比例达到 65.5%，34 岁以下在 50% 左右，青年、壮年劳动力相对丰富；15 岁以下人口比例为 23.1%，预备劳动人口充足。相较之下，我国人口逐渐呈现中年化趋势，60 岁以上比例为 17.9%，其中 65 岁以上占比较高；15~59 岁人口占比 64.3%，45 岁以上占比高；0~15 岁占比 17.8%，出生率相对不高，劳动储备不足。

另一方面，我国劳动力成本与越南劳动力成本也存在一些差距。根据 2019 年相关数据，越南劳动力月平均收入为 2022 元（人民币），是同期中国城镇私营企业月平均劳动力工资的 45.27%（见表 3-2）；中国城镇非私营企业月平均工资的 26.81%，占比分别不到私营单位和非私营单位薪酬的 1/2 和 1/3，表明越南劳动力成本优势明显，中国劳动力成本优势在下降，人口红利优势减弱。

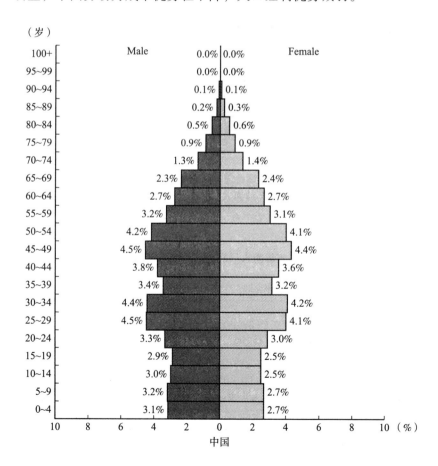

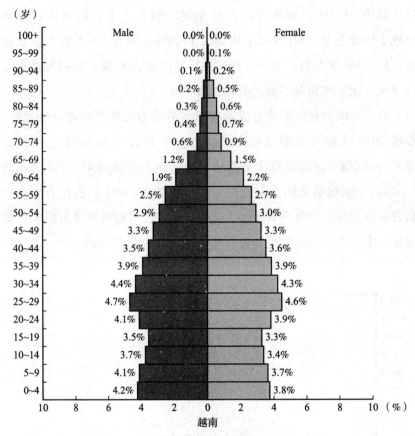

图 3 - 1 中国与越南人口年龄结构（2018 年）

资料来源：作者根据世界银行、华经产业研究院数据整理。

表 3 - 2   我国与越南人口及劳动力成本结构

国家名称	人口年龄结构	人口成本结构
中国	2018 年数据：0～15 岁 17.8%；15～59 岁 64.3%；60 岁以上 17.9%	2019 年城镇非私营企业员工月平均 7541 元（人民币）；城镇私营企业员工月平均 4467 元（人民币）
越南	2018 年数据：0～15 岁 23.1%；15～59 岁 65.5%，34 岁以下占一半；60 岁以上 11.4%	按照 2019 年上半年数据进行汇率换算，越南劳动力平均月收入 2022 元（人民币）

资料来源：作者根据世界银行、华经产业研究院数据整理。

第七，与东盟等国相比，我国税收优惠和土地使用租金等政策效应不显著。税收和土地使用政策是企业转移的重要选择标准，各地在税收和土地租金政策上的不同也影响该地产业转移是否具有吸引力。为了了解我国所得税和土地使用租金等情况，以越南为代表，将我国所得税租金政策和越南进行比较（见表3－3）。整体来看，越南在税收优惠、土地租金政策、折旧政策上有较大的减让力度，对于吸引外资企业转移具有较大的吸引力。相比较之下，我国税收优惠和土地使用租金政策等政策效应并不特别显著。

表3－3　　　　　　　　　越南与中国外资相关政策比较

项目	越南	中国
税收优惠	（1）对于在社会经济条件特别困难地区、经济区和高技术区的企业，从事高科技、科学研究和科学工艺、国家重大基础设施建设、软件产品生产的企业在15年内税率为10%；对于符合上述条件的新设立企业，免四年，九年减半 （2）对于从事教育培训、职业训练、医疗卫生、文化、体育和环境行业的企业无期限税率为10%；上述行业新设企业免四减九 （3）对于条件困难的社会经济地区的企业在10年内税率为20%；新设企业免二减四 （4）对农业服务合作社和人民借贷基金按20%征收	（1）《关于完善企业境外所得税收抵免政策问题的通知》，增加不分国（地区）别不分项的综合抵免方法，消除部分企业存在抵免不够充分的问题。并适当扩大抵免层级，由三层扩大至五层 （2）《关于境外投资者以分配利润直接投资暂不征收预提所得税政策问题的通知》，对境外投资者从中国境内居民企业分配的利润，直接投资于鼓励类投资项目，凡符合规定条件的，实行递延纳税政策，暂不征收10%的预提所得税 （3）《关于将技术先进型服务企业所得税政策推广至全国实施的通知》，对中国境内经认定的技术先进型服务企业，减按15%的税率征收企业所得税，符合规定的职工教育经费支出部分可以在税前扣除

续表

项目	越南	中国
土地租金政策	在四类开放性园区投资的投资商，可根据《外国新投资法》、土地法和税法的规定，减免土地租金、土地使用费、土地使用税	（1）如果外商投资企业的土地用途符合土地利用总体规划，则企业享有优先使用建设用地的权利 （2）鼓励外商投资企业通过出让、租赁、评估投资或参股等手段获得土地使用权。如果外商投资企业通过出让手段获得土地使用权，则企业将免缴场地使用费和国有土地使用税 （3）如果外商投资企业通过转让获得土地使用权，企业在场地使用费方面可不同程度减免
折旧优惠政策	快速折旧优惠对于投资优惠领域、地区投资项目和效益高的经营项目固定资产可采用快速折旧法进行折旧；最大折旧率可比固定资产折旧制度规定的折旧率高一倍	根据外商投资企业所得税法规定，外资企业固定资产残值率不低于10%

资料来源：由作者根据相关文献整理得到。

第八，与东盟等国相比，我国关税水平相对优势不显著，与欧美关系较远。国际产业转移中，规避关税是一个重要指标。商务部研究院发布的《中国开放发展报告2019》显示，目前我国贸易加权平均税率为4.4%，而越南相继与欧洲、美国签订协议，致力于打造零关税投资优惠（见表3-4）。相较之下，越南关税水平相对优势明显，企业为了规避风险、减少关税，可能选择重新布局。同时，随着我国与美国贸易摩擦的演变，世界贸易局势不明朗，而越南推行政治改革，意识形态上与欧美更近，易于获得欧美的认可，也为越南承接国际产业转移带来了优势。

表 3 - 4 　　　　　　　　　　我国与越南关税情况对比

国家名称	关税水平	意识形态与欧美关系
中国	我国开放发展报告（2019）显示平均加权税率为 4.4%	我国与美国产生贸易摩擦，与欧美关系较远
越南	相继与欧洲、美国签订协议，致力于打造零关税投资优惠	推行政治改革，意识形态上与欧美更近，易于获得欧美认可

资料来源：作者根据相关资料整理。

（三）产业转移的机遇

近年来，新型冠状病毒疫情突发加剧了经济社会的不确定性，美国凭借自身霸权地位，动用国家力量维护美国在产业上的竞争力，国际经贸摩擦也明显增多。尽管如此，新的时期有利于我国制造业转移的因素仍然在增加，抓住制造业转移的良好机遇，加快推进我国制造业转移对于推动我国经济转型发展具有极大带动作用。

第一，新型基础设施建设的机遇。近些年，基础设施建设在带动我国经济发展的过程中起到了突出作用。2018 年 12 月 19 日，中央经济工作会议将 5G、人工智能、工业互联网、物联网定义为"新型基础设施建设"。到 2019 年 7 月 30 日，中央政治局会议明确提出"加快推进信息网络等新型基础设施建设"。2020 年 3 月，中共中央政治局常务委员会召开会议提出，加快 5G 网络、数据中心等新型基础设施建设进度。随即各地也陆续发布自身关于推进新型基础设施建设行动方案。中央和各地积极推进新型基础设施建设，为中西部地区获取更多信息基础设施、融合基础设施、创新基础设施投资提供了机会，还能够强化中西部地区自身产业基础，提升对产业转移的吸引力。

第二，"一带一路"建设的机遇。通过强化与"一带一路"沿线国家的政策沟通、设施联通、资金融通、民心相通，深化与亚欧大陆的经济联系。推进"一带一路"政策，能够强化"一带一路"经过区域与外界的经贸联系，有助于外资企业了解中国、了解中国"一带一路"沿线地区发展实际，为"一带一路"中国境内沿线地区带来更多的产业投资机会，也能将"一带一路"的成果外溢到中国沿线地区。

第三，新时期中国协调区域发展的机遇。近些年，我国越发重视区域经济发展，将区域协调发展放在更高的战略地位。2018 年 11 月 18 日《中共中央　国务院关于建立更加有效的区域协调发展新机制的意见》明确提出，要统筹发达地区和欠发达地区的发展，以承接产业转移示范区、跨省合作园区等为平台，支持发达地区与欠发达地区共建产业合作基地和资源深加工基地。2019 年 12 月 15 日习近平总书记在《求是》杂志刊文《推动形成优势互补高质量发展的区域经济布局》，明确提出按照客观经济规律调整完善区域政策体系，发挥各地区比较优势，促进各类要素合理流动和高效集聚，增强创新发展动力，加快构建高质量发展的动力系统，增强中心城市和城市群等经济发展优势区域的经济和人口承载能力。推动区域协调发展，题中之义是推动东部与中西部产业之间的融合沟通，形成区域带动产业发展的合理有序格局。

第四，推动东北全方位振兴、推进西部大开发形成新格局、推动东部崛起的战略机遇。党的十八大以来，我国先后在区域板块上有新的制度安排，形成了新时期关于各个区域发展的新的战略方案。2019 年 12 月 15 日习近平总书记在《推动形成优势互补高质量发展的区域经济布局》中专门提出要推动东北全方位振兴，推动东北地区建设现代产业体系，加快推进国有企业改革，培育东北发展新活力。2020 年 5 月 17 日，《中共中央国务院关于新时代推进西部大开发形成新格局的指导意见》对西部大开发进行了新的战略安排，其中有专门针对产业转移的制度安排。2019 年 5 月 21 日，习近平总书记在与中部六省座谈中提出"推动中部地区崛起工作，在八个方面下更大功夫"，明确要求中部地区要开展产业转移，形成区域发展带动力。国家在重大区域战略中推进产业转移，要求做好产业转移工作，实际上为产业转移工作提供了新的动力支持。

第五，东部地区产业结构调整的机遇。随着东部地区经济发展，产业"腾笼换鸟"的需求日益迫切，引导产业有序转移、带动区域产业转型升级的欲望日益迫切。尽管一些研究表明，东部地区大规模产业转移尚未发生，但东部地区产业转移的可能性和可行性已逐渐具备。合理推动东部地区产业转移，强化中西部和东北地区自身发展的吸引力，能够给我国产业转移带来新一轮的发展机会。

第六，各地承接产业转移积极性强带来的机遇。各地为了在区域竞争中占据一席之地，地方官员为了提升自身经营区域政绩，会积极推进产业转移工作开展。笔者在一些中部省区调研时发现，有的地方提出人人招商的口号，集合全民力量招商引资，推进项目建设，带动区域发展。这不是个例，西部四川、河南、宁夏等地也都积极加入招商引资活动中，推动产业转移。各地重视推动产业转移的竞争，给区域产业转移带来新的发展活力。

（四）产业转移的挑战

第一，各地锦标赛式竞争态势加剧。中西部地区在承接产业转移过程中各地之间竞争日益激烈。为了获取相对有限的产业项目，各地之间开展激烈竞争，地区获得产业项目的难度越来越大。比如，华为大数据中心项目最初选址在内蒙古和贵州之间抉择。决策过程中，最终贵州以其充足的水电资源、良好的气候区位优势、数据产业园区集聚、人才资源等优势获得了该项目投资。随着各地经济基础逐渐强化，中西部在获取产业转移项目中的竞争压力逐渐增加，如何在复杂的竞争关系中获取产业转移项目也凸显各地智慧。

第二，招商引资与本地契合度不高。各地获得产业转移项目的有效途径是招商引资。然而一些地区未充分考虑本地实际，未能及时制定产业转移规划，在招商引资中针对性不强，招引项目与本地衔接和配套能力相对不足，使得带动区域发展的动能不足。招引项目中，同质性较高，反而可能加剧地区企业竞争同等资源，也可能挤压企业发展空间。

第三，国家在用地指标、环保等方面管控得越发严格。近年来，我国在国土管控上越发严格，对土地供应规模、土地用途审批等出台了更严格的规定；环境保护一票否决制，各地环保环评压力大，企业环境规制逐渐加强。这些政策措施强化了对转移企业的约束，增加了企业成本，使得中西部地区对企业转移的吸引力受到一定影响。

第四，周边国家承接产业的竞争力日益加强。近些年越南制造（Made in Vietnam）悄悄流行，优衣库、部分手机产品也越来越多地出现越南制造（Made in Vietnam）标签，阿迪达斯、彪马等鞋类产品中的中国制造（Made in China）逐渐被替换。这一趋势间接表明越南等周边国家承接产业的能力逐渐增强。越南在经济改革中，出台大量税收、土地、折旧、关税减免等政策，吸引对外投资，也取得了积极成效（见表 3－5）。以 2019 年为例，中美贸易摩擦加剧，仅中国对越南投资就达到 2018 年的 1.65 倍，其 FDI 到位资金、新签投资项目都有极大的增长。从投资领域看，越南加工制造业吸收外资最多，较大的一部分是从我国转出或者其他国家新设的，无疑吸引了原本可以转入我国中西部的投资；从投资地区看，韩国、中国香港地区、新加坡历来都是我国承接产业转入的重要投资方，这些地区对越南投资加大也分割了原本可以转入我国中西部的投资市场。种种数据都表明，以越南为代表的东盟国家在承接产业转移方面的吸引力大逐渐增大，对我国中西部承接产业造成了一定的压力。

表 3 - 5 　　　　　　　　　　　**2019 年越南吸收外资情况**

项目名称	相关数据
外国投资者新注册资本、追加资本和合资购买股权总额	380.2 亿美元，同比增长 7.2%，创 10 年来新高
FDI 到位资金	203.8 亿美元，创下有史以来新高
全国新签投资项目	3883 个，增长 27.5%
投资领域	加工制造业是吸引外资最多的领域，协议资金达近 245.6 亿美元，占协议总额的 64.6%
投资地区	韩国以 79.2 亿美元协议资金居首位，占协议总额的 20.8%。中国香港地区以 78.7 亿美元协议资金位居第二，新加坡以 45 亿美元协议资金排名第三，占协议总额的 11.8%

资料来源：作者根据相关资料整理。

以上分析表明，我国产业转移的优势与劣势、机遇与挑战同时存在，但是优势比较显著，需要合理引导；机遇众多，需要善加利用；劣势现实存在，需要认真审视；挑战客观存在，需要慎重应对。但是，产业转移的优势大于劣势，机遇大于挑战，有助于推动我国产业转移合理有序运行，推动区域转型发展。

二、推动产业有序转移的战略意义

推进产业转移，需深度总结、重新梳理其对我国发展的战略意义。以往的政策文件和学者们对产业转移价值进行表述时较多从产业转移现实需求、带动重大区域发展战略、有助于政策价值的角度来阐述，但把产业转移提升到国家战略的角度，从更高的层次来阐释制造业产业转移价值的相对缺乏。由此本部分尝试将制造业产业转移提升到更高战略层次，表达制造业产业转移的战略意义。

（一）产业转移对经济发展的战略推动力已经被实践广泛证明

回顾国际产业转移演进轨迹，一国大量承接产业转移能在较快时间内提升本国生产力水平。19 世纪 20 年代，美国经由承接英国纺织和钢铁产业，强化创新和改革，工业生产迅速超越了英国。第二次世界大战后，日本和德国凭借承接美国钢铁、纺织等产业转移，产业迅速发展，产业逐渐做大做强。20 世纪六七十年代，"亚洲四小龙"承接来自美国、日本、欧洲等地的产业转移，经济实力大幅提升，成为电子、资金密集等产业发展的基地（叶琪、黄茂兴，2018），见表 3-6。

表 3-6　　　　　　　　　产业转移演进轨迹

序号	发生时间、转移对象、产业类型
第一次产业转移	19 世纪 20 年代，纺织、钢铁产业从英国转移到美国
第二次产业转移	第二次世界大战后，纺织、钢铁产业从美国转移到日本、德国
第三次产业转移	20 世纪六七十年代，纺织、玩具、日化、服装等产业从美国、日本、德国转移到"亚洲四小龙"等地
第四次产业转移	20 世纪八九十年代，纺织、服装、玩具、电器、普通机械等产业从美国、日本、德国、"亚洲四小龙"等地转移到中国东南沿海

资料来源：作者根据相关资料整理。

回顾我国的发展，也极大受惠于承接产业转移。适逢国际产业第四次转移浪潮良好国际背景，中国的"经济特区"和沿海城市借助于中国政府在土地、财政、税收、基础设施等方面的政策支持，通过

"三来一补"的方式承接国外产业转移,并逐渐发展壮大。特别是20世纪90年代中后,欧洲、美国、亚洲四小龙产业转型升级,寻找新转移地,中国凭借低廉的成本、巨大的人口红利、稳定的发展环境,天然成为承接产业场所,中国成为第四次国际产业转移浪潮的最主要承接地(陈凡、周民良,2019)。得益于承接产业转移的带动,中国经济快速发展,经济体量排名世界第二位(杨国才,2012)。伴随着经济增长,中国产业结构也发生了巨大变化,从产值看,农业产值占比由1978年的28%下降到2017年的7.7%,工业产值保持在40%~48%,服务业由1978年25%上升为2017年51.6%;从就业结构看,1978~2017年农业就业比例由71%下降到27%,工业和服务业比例分别由17%上升到28%、由12%上升到45%,中国产业结构向工业化和服务化趋势迈进,服务化趋势更加显著,产业结构变化释放的"结构红利"推动经济稳定增长(陈凡、周民良,2020)。

国际、国内实践均证明承接产业转移是推动当地经济发展的一种重要战略。之所以如此,原因在于通过承接产业转移能够极大地丰富当地的资源禀赋,改善当地区域要素配置,提升区域产业发展水平,提高区域技术、管理水平,带动区域产业结构转型升级,经济高质量发展。产业转移作为一种推动经济发展可行性和可能性的路径,在新的发展阶段需更加重视,将其放在更高战略层次,主观上重视、资源上加大投入,落实好、用好这条路径。

(二)更加重视和推动产业转移符合当下中国发展实际

经历了40余年的中高速增长,我国经济进入结构调整、动能转化、产业升级的新阶段。东部地区产业"腾笼换鸟"的需求日益迫切,中西部地区产业发展需求日益强烈,引导产业逐步由东部向中西部转移迫在眉睫。尽管一些研究表明,产业从东部向中西部的大规模转移并未到来,然而新一轮国际产业转移演变趋势日益明显。重视和引导产业大规模向我国中西部、东北地区转移，有助于抓住新一轮产业转移战略机遇，有助于中西部、东北地区形成新的发展机遇，带动区域经济整体协调高速增长。

同时，当前面临国际环境日益复杂、我国经济增长放缓的实际，中国经济需要探索挖掘新一轮发展驱动力。寻找经济发展新动能事关中国经济全面振兴、中华民族伟大复兴的大局，积极引导产业向中西部转移，抓住即将到来的新一轮产业转移的重大机遇，可能形成带动我国发展的新动能。

（三）新时期推动产业转移符合一般经济发展规律

东部向中西部产业转移既是趋势，又符合经济规律，体现了平衡发展和协调发展的优势。产业区位理论、产业周期理论认为随着不同区域因素变化，产业会在不同因素组合的地区进行转移；产业的梯度理论、反梯度理论认为产业会从高梯度向低梯度顺序转移，后发地区也可以直接发展高技术产业。这些理论都为产业转移提供了依据。当前我国各个区域因子组合已经发生变化，引导产业在不同区域转移，符合区位理论、周期理论的要求。引导中西部地区承接东部产业转移，推动中西部产业发展符合梯度理论和反梯度理论的要求。根据基本经济理论，引导产业转移符合一般经济发展规律的要求。

（四）深入推进产业转移对我国发展具有战略意义

第一，深入推进产业转移有助于我国在新的产业竞争中占据更有利地位。国际竞争本质上是产业实力竞争。我国推进产业转移，把握新一轮承接产业转移机遇，有助于巩固和提升我国产业实力，形成产业发展的强大带动力，推动我国在新一轮的产业竞争中占据有利地位。

　　第二，深入推进产业转移有助于我国形成经济发展新动能。抓住即将到来的新一轮产业转移机遇，将产业转移放在更高战略层次，引导推动产业全面转移，有助于我国东部地区提升产业质量，中西部、东北地区获得发展新机遇，从而整体上驱动我国经济发展，形成经济发展新动能。

　　第三，深入推进产业转移有助于实现我国产业全面振兴。产业实力是一个国家综合实力最关键的组成部分。深入推进产业转移，有助于我国高端产业获得更多发展空间，中低端产业全面优化发展，从而促使我国产业在产业链、价值链上更加健全，推动产业全面振兴。

　　第四，深入推进产业转移有助于推动区域协调发展。构建更加有竞争力、更加平衡、更加协调的区域发展格局是新时期我国对区域协调发展的要求。通过产业转移，为具有竞争力的区域提供新的发展空间，为相对落后的区域提供新的发展动力，缩小各区域发展差别，强化区域协调，带动区域协调发展。

　　第五，深入推进产业转移有助于产业转型升级，经济高质量发展。在产业转移过程中，引导产业链更加健全、产业系统更加完善、产业之间衔接更加紧密，能够带动产业整体提质升级，也能带动我国经济高质量发展。

　　第六，深入推进产业转移有助于实现中部崛起、西部大开发、东北崛起等重大区域发展战略。重大区域发展战略的实施需要产业支持，产业转移能够丰富区域发展基础。通过产业转移可以夯实区域产业基础、带动区域发展，推动重大区域发展战略的实施。

　　第七，深入推进产业转移有助于推动粤港澳大湾区、长江经济带的发展。粤港澳大湾区、长江经济带发展战略中都有专门针对产业转移的内容。

三、当前我国产业转移的现状

（一）我国制造业产业转移现状

为了了解我国制造业产业转移现状，需测算制造业转移相关数据。数据来源于《中国工业经济统计年鉴（2000~2018）》，2018年、2019年有些数据暂时无法获得，本次测算选取了2000~2017年的数据，以下关于区域板块、省区和产业的数据都使用类似数据。

在测算方法的选择上，笔者做了甄别。目前产业转移测度暂时没有统一的标准，数据的获取存在一定难度，为了更加稳妥地获得相对全面的数据，在测算方法上借鉴胡安俊、孙久文（2014）使用不同地区不同产业工业总产值占全国该行业的总产值比重来衡量。这一方法的优点是能够测算出不同区域产业动态变化水平，缺点是区域产业可能存在自身要素增加、占比变化的问题，使得测算存在一定的偏误可能性。然而从整体来看，目前相对较多的学者使用这种办法，这一测算数据也相对可得，得出的结论也具有相对稳定性，因此本书最终选择这一测算方式（以下涉及数据部分，均采用这一测算方式）。

1. 不同板块产业转移情况

从国内来看，我国四大板块的产业转移情况如图3-2和表3-7所示。四大板块划分参见国家统计局2011年6月13日《东西中部和东北地区划分方法》①。

---

① 东部包括北京、天津、河北、上海、江苏、浙江、福建、山东、广东和海南。中部包括山西、安徽、江西、河南、湖北和湖南。西部包括内蒙古、广西、重庆、四川、贵州、云南、西藏、陕西、甘肃、青海、宁夏和新疆。东北包括辽宁、吉林和黑龙江。

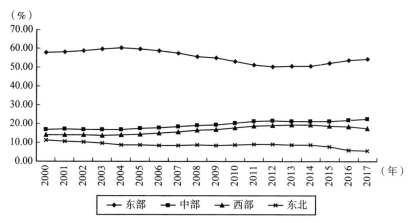

图 3 - 2　2000～2017 年我国四大板块工业增加值占比

表 3 - 7　　　　　2000～2017 年我国四大板块工业增加值占比

年份	东部	中部	西部	东北
2000	57.67%	16.89%	14.20%	11.24%
2001	58.05%	17.15%	14.09%	10.71%
2002	58.71%	17.03%	14.03%	10.24%
2003	59.82%	16.81%	13.84%	9.53%
2004	60.36%	16.88%	14.07%	8.68%
2005	59.60%	17.48%	14.22%	8.71%
2006	58.69%	17.84%	14.96%	8.51%
2007	57.50%	18.51%	15.58%	8.41%
2008	55.71%	19.07%	16.53%	8.70%
2009	55.05%	19.48%	16.88%	8.59%
2010	52.97%	20.37%	17.78%	8.88%
2011	51.19%	21.18%	18.62%	9.01%
2012	50.39%	21.51%	19.13%	8.97%
2013	50.50%	21.36%	19.24%	8.90%

续表

年份	东部	中部	西部	东北
2014	50.72%	21.39%	19.28%	8.61%
2015	52.04%	21.39%	18.78%	7.79%
2016	53.76%	21.87%	18.58%	5.80%
2017	54.36%	22.50%	17.61%	5.53%

资料来源：中国工业经济统计年鉴（2000~2018年）。

第一，整体上东部地区呈现转出趋势，具体来看，2012年以前呈现转出趋势，2012年以后有所回流。图3-2显示，2000~2017年东部地区工业增加值占全国比重呈现出先下降后逐渐上升的趋势，表明整体上东部地区制造业先转出后逐渐转入回流。具体数据见表3-7，东部地区工业增加值占比由2000年的57.67%下降到2012年的50.39%，再回升到2017年的54.36%，从2000~2012年下降了7.28%，到2017年这一比例缩小为3.31%。表明东部地区制造业在2000~2017年整体呈现转出趋势，但从2012年开始呈现回流趋势。

第二，中西部地区产业呈现明显转入状态。其一，2000~2017年中部地区工业增加值占全国比重呈现出逐渐上升的趋势，表明中部地区制造业出现不断转入趋势。具体数据也验证了这一结果。中部地区工业增加值占比由2000年的16.89%到2017年的22.50%，占比上升了5.61%，流入比例保持稳定增长。其二，2000~2017年西部地区工业增加值占全国比重呈现出先上升后逐渐下降的趋势。从具体数据看，西部地区工业增加值占比由2000年的14.20%上升到2014年的19.28%，再下降到2017年的17.61%，从2000~2014年上升了5.08%，到2017年这一比例缩小为3.41%，表明西部地区制造业在2000~2017年呈现不断转入趋势，只是2014年开始有缓慢流出。

第三，东北地区产业呈现显著转出趋势。2000~2017年东北地区工业增加值占全国比重呈现出下降趋势，表明东部地区制造业呈现转出趋势，最近几年转出加速。有具体数据可以验证，东北地区工业增加值占比由 2000 年的 11.24% 到 2017 年的 5.53%，比例下降 5.71%。

从总体来看，数据测算结果也符合基本经验判断。国内产业在不同板块之间转移，东部地区制造业整体呈现流出趋势，2012 年开始有一定程度的回流；中部地区制造业呈现不断流入趋势；西部地区制造业整体呈现流入趋势，只是有一定程度流出；东北地区呈现流出趋势。

2. 不同省份产业转移情况

将我国省区工业增加值占比及份额变化情况，按照不同年份产业份额变化情况排序，如表 3 - 8、表 3 - 9 所示。

表 3 - 8　　　　　2000～2017 年我国工业增加值占比下降的省份排序

所属区域	地区	2000 年	2005 年	2010 年	2015 年	2017 年	份额变化
东北	辽宁	5.48%	3.97%	4.55%	4.10%	2.42%	- 3.06%
东北	黑龙江	4.06%	3.15%	2.29%	1.47%	1.10%	- 2.96%
东部	上海	5.18%	4.71%	3.38%	2.60%	2.78%	- 2.40%
东部	浙江	7.64%	7.40%	6.55%	6.26%	6.46%	- 1.18%
东部	河北	5.71%	5.49%	4.95%	4.59%	4.56%	- 1.15%
东部	北京	2.19%	1.99%	1.43%	1.35%	1.42%	- 0.77%
西部	云南	1.82%	1.36%	1.35%	1.40%	1.36%	- 0.47%
西部	甘肃	0.85%	0.80%	0.83%	0.65%	0.58%	- 0.26%
中部	山西	1.94%	2.47%	2.41%	1.58%	1.91%	- 0.03%
西部	新疆	1.09%	1.12%	1.12%	1.00%	1.08%	- 0.01%
东部	海南	0.18%	0.21%	0.20%	0.18%	0.18%	0%
西部	西藏	0.03%	0.02%	0.02%	0.03%	0.03%	0%

资料来源：中国工业经济统计年鉴（2000～2018 年）。

表 3 - 9　　　　**2000 ~ 2017 年我国工业增加值占比上升的省份排序**

所属区域	地区	2000 年	2005 年	2010 年	2015 年	2017 年	份额变化
中部	安徽	2.29%	2.14%	2.80%	3.37%	3.62%	1.32%
东部	江苏	9.98%	11.01%	9.98%	10.18%	11.28%	1.30%
西部	陕西	1.63%	1.93%	2.36%	2.67%	2.88%	1.25%
中部	江西	1.41%	1.70%	2.22%	2.51%	2.58%	1.17%
中部	湖北	3.22%	2.89%	3.48%	4.19%	4.33%	1.11%
中部	湖南	2.84%	2.56%	3.26%	3.98%	3.94%	1.10%
中部	河南	5.18%	5.71%	6.19%	5.75%	6.12%	0.93%
西部	四川	2.99%	2.95%	3.85%	4.01%	3.84%	0.84%
西部	贵州	0.85%	0.83%	0.79%	1.21%	1.41%	0.56%
西部	重庆	1.64%	1.51%	1.91%	2.02%	2.18%	0.54%
东部	福建	3.69%	3.27%	3.31%	3.93%	4.20%	0.51%
西部	内蒙古	1.26%	1.72%	2.91%	2.81%	1.69%	0.44%
西部	广西	1.59%	1.48%	2.00%	2.31%	1.93%	0.34%
东北	吉林	1.70%	1.59%	2.03%	2.22%	2.01%	0.31%
东部	天津	2.04%	2.28%	2.28%	2.54%	2.28%	0.24%
东部	广东	11.57%	12.24%	11.11%	11.00%	11.70%	0.13%
西部	宁夏	0.25%	0.27%	0.33%	0.36%	0.36%	0.11%
西部	青海	0.20%	0.24%	0.32%	0.32%	0.26%	0.06%
东部	山东	9.50%	10.99%	9.77%	9.42%	9.52%	0.02%

资料来源：中国工业经济统计年鉴（2000 ~ 2018 年）。

　　第一，从产业转出情况看，10 个省市呈现转出趋势。辽宁、黑龙江、上海占前三，份额分别为 - 3.06%、- 2.96%、- 2.40%。之后依次是浙江、河北、北京、云南、甘肃、山西、新疆，份额分别

为 -1.18%、-1.15%、-0.77%、-0.47%、-0.26%、-0.03%、-0.01%。从制造业流出情况看,东北地区辽宁、黑龙江出现较大程度产业转出与东北近年来产业萎缩是相印证的。东部地区上海、浙江、北京、河北等地由于产业发展转型需要出现明显转出趋势;中西部地区云南、甘肃、山西、新疆由于本身产业转移以及本土发展环境等因素,产业有一定程度流出。

第二,从产业流入情况看,全国 19 个省市呈现流入趋势。安徽、江苏、陕西占前三,比例分别为 1.32%、1.30%、1.25%。四到十名分别是江西、湖北、湖南、河南、四川、贵州、重庆,比例分别为1.17%、1.11%、1.10%、0.93%、0.84%、0.56%、0.54%。前十名中,除了江苏是东部区域外,中部占 5 席、西部占 4 席,可以看出中部地区主要省份都呈现比较显著的转入趋势,西部地区部分区域也呈现转入趋势,说明典型的产业转入目的地仍然在中西部,中西部地区产业发展呈现比较明显的改善趋势。

3. 不同省区制造业细分行业情况

为了区分制造业不同细分行业转移变化趋势,本书按照劳动、资本、技术、资源密集型产业对以两位数作为代码的制造业进行划分。借鉴沈能等(2014)[①] 的方式,同时出于数据获取方面的考量,选择食品制造业、纺织业作为劳动密集型产业;化学纤维制造业、有色金属冶炼和压延加工业作为资本密集型产业;化学原料及化学制品制造业、专用设备制造业作为技术密集型产业;石油加工、炼焦及核燃料加工业、金属制品业作为资源密集型产业进行分析。数据来源于《中国工业经济统计年鉴(2000~2018)》,选用规模以上工业企业工业销售产值比例变化来衡量制造业产业转移情况。

---

① 沈能,赵增耀,周晶晶. 生产要素拥挤与最优集聚度识别——行业异质性的视角 [J]. 中国工业经济,2014(5):83-95.

第一，东部地区省份情况。北京和上海的劳动、资本、技术、资源密集型产业都是负值，表明北京所有制造业产业类型都呈现转出趋势；河北在化学纤维制品制造、专用设备制造、资源密集型的金属制品业，以及石油加工、炼焦及核燃料加工业呈现转入趋势，劳动密集型制造业、有色金属冶炼及压延加工业、化学原料及化学制品制造业呈现转出趋势。天津的食品制造业、有色金属冶炼及压延加工业、专用设备制造业、石油加工炼焦及核燃料加工业呈现转入趋势，另外四种产业呈现转出趋势。山东食品制造业产业、化学纤维制造业、专用设备制造业呈现转出趋势，其他都呈转入趋势。浙江除了化学纤维制造业呈现转入趋势，其他都呈转出趋势。江苏除了化学纤维制造业、化学原料及化学制品制造业、石油加工炼焦及核燃料加工业转出外，其他五种呈转入趋势。福建所有产业均呈现转入趋势。广东除了有色金属冶炼及压延加工业、专用设备制造业属转入之外，其他呈现转出趋势。海南除了石油加工、炼焦及核燃料加工业属转入趋势，其他7种产业均具有转出趋势，见表3-10。

表3-10　　　我国东部制造业细分行业工业增加值占比变化情况

地区	劳动密集型		资本密集型		技术密集型		资源密集型	
	食品制造业产业	纺织业	化学纤维制造业	有色金属冶炼及压延加工业	化学原料及化学制品制造业	专用设备制造业	石油加工、炼焦及核燃料加工业	金属制品业
北京	-3.05%	-0.80%	-0.21%	-0.51%	-1.71%	-2.32%	-3.86%	-1.32%
河北	-3.29%	-0.04%	0.82%	-1.53%	-1.19%	0.14%	1.88%	3.80%
天津	3.34%	-1.03%	-0.59%	0.08%	-3.60%	0.60%	2.22%	-0.78%
山东	-0.99%	8.77%	-8.49%	9.40%	10.28%	-2.49%	15.51%	6.13%
上海	-5.48%	-3.78%	-4.48%	-3.29%	-4.41%	-5.02%	-4.87%	-7.54%
浙江	-2.57%	-4.79%	11.74%	-2.55%	-0.99%	-5.03%	-0.85%	-4.91%

续表

地区	劳动密集型		资本密集型		技术密集型		资源密集型	
	食品制造业产业	纺织业	化学纤维制造业	有色金属冶炼及压延加工业	化学原料及化学制品制造业	专用设备制造业	石油加工、炼焦及核燃料加工业	金属制品业
江苏	-2.10%	-6.32%	6.96%	-2.12%	2.52%	-0.17%	0.20%	0.54%
福建	2.52%	3.97%	8.20%	1.12%	0.17%	0.26%	0.84%	0.55%
广东	-6.56%	-3.55%	-4.29%	0.21%	-3.13%	2.48%	-3.86%	-8.96%
海南	-0.78%	-0.07%	——	-0.04%	-0.05%	-0.04%	1.43%	-0.32%

资料来源：中国工业经济统计年鉴（2000~2018年），根据数据测算得出。

总的来看，东部地区北京、上海、广东、浙江、江苏、海南大部分制造业明显呈现转出状态；山东和福建的制造业呈现比较显著的转入趋势；河北、天津既有转入，又有转出，相对均衡。

第二，中部地区省份情况。山西除了石油加工、炼焦及核燃料加工业比例增加，其他都在降低；河南除了化学纤维制造业占比降低外，其他行业都有较明显上升；湖北化学纤维制造业、有色金属冶炼及压延加工业、专用设备制造业、石油加工炼焦及核燃料加工业比例降低，其他都有上升。湖南化学纤维制造业、石油加工炼焦及核燃料加工业占比降低，其他均有上升。安徽石油加工、炼焦及核燃料加工业占比有降低，其他均有提升。江西所有行业占比均有上升。

可以看出，中部地区劳动力资源丰富，劳动密集型产业均有较大幅度增长，承接劳动密集型产业较多。同时，河南、湖南、安徽、江西、湖北都有比较明显的承接产业转入趋势，山西承接产业转移稍显薄弱，呈现明显产业转出趋势。见表3-11。

表 3 – 11   我国中部制造业细分行业工业增加值占比变化情况

地区	劳动密集型		资本密集型		技术密集型		资源密集型	
	食品制造业产业	纺织业	化学纤维制造业	有色金属冶炼及压延加工业	化学原料及化学制品制造业	专用设备制造业	石油加工、炼焦及核燃料加工业	金属制品业
山西	- 0.12%	- 0.35%	—	- 2.34%	- 1.16%	- 0.85%	0.79%	- 0.61%
河南	1.59%	2.91%	- 3.21%	2.28%	1.13%	2.99%	0.36%	3.81%
湖北	1.94%	1.93%	- 0.95%	- 0.67%	1.62%	- 0.32%	- 0.87%	0.70%
湖南	3.07%	0.78%	- 1.29%	0.52%	1.19%	5.68%	- 1.25%	2.25%
安徽	3.58%	0.47%	0.31%	1.69%	0.85%	2.48%	- 0.40%	3.05%
江西	5.81%	2.28%	0.01%	6.00%	1.90%	0.86%	0.05%	1.71%

资料来源：中国工业经济统计年鉴（2000～2018 年），根据数据测算得出。

第三，西部地区情况。内蒙古、陕西、四川、重庆、贵州、广西、西藏多数制造业比例都有显著增加，表明这些省份显著承接了产业转移。宁夏、青海、云南多数产业比例变化较小，表明产业有承接，也有流出，与其自身经济规模有关。甘肃除了劳动密集型产业有上升，其他比例都在下降，说明甘肃制造业产业转移情况并不乐观，需要加强。见表 3 – 12。

从整体看，西部地区产业比值变化不如东部省份比值变化大，这与西部地区本有经济体量和自身发展水平紧密相关。西部省份中，四川的比值变化最为突出，承接产业转移取得明显成效，甘肃制造业存在转出趋势，需要政策引领和关注。

第四，东北地区情况。东北地区辽宁、黑龙江所有制造业细分产业占比都在降低，特别是辽宁占比下降最为厉害；吉林的纺织业、专用设备制造业、金属制品业比值上升，其他五个行业比值下降，也表明东北地区制造业确实呈现显著衰退趋势，产业转出态势显著。见表 3 – 13。

表 3-12   我国西部制造业细分行业工业增加值占比变化情况

地区	劳动密集型		资本密集型		技术密集型		资源密集型	
	食品制造业产业	纺织业	化学纤维制造业	有色金属冶炼及压延加工业	化学原料及化学制品制造业	专用设备制造业	石油加工、炼焦及核燃料加工业	金属制品业
内蒙古	0.69%	-0.28%	-0.02%	1.78%	0.87%	0.48%	1.15%	0.52%
宁夏	-0.34%	0.64%	—	-1.02%	0.02%	-0.04%	1.15%	-0.13%
青海	0.07%	0.07%	—	-0.17%	0.21%	-0.02%	0.04%	-0.03%
甘肃	0.03%	-0.26%	-0.01%	-2.65%	-0.24%	-0.45%	-2.04%	-0.13%
陕西	0.87%	-0.13%	-0.10%	2.02%	0.51%	-0.14%	1.96%	0.34%
四川	3.01%	1.12%	1.29%	-0.84%	0.49%	1.13%	2.24%	1.74%
重庆	0.44%	0.07%	-1.20%	0.09%	-0.17%	1.08%	0.14%	1.12%
贵州	0.41%	0.01%	0.01%	-1.32%	-0.05%	0.12%	0.35%	0.17%
广西	0.44%	0.21%	-0.27%	-0.67%	0.02%	0.64%	1.53%	0.54%
云南	0.57%	-0.03%	0.18%	-1.97%	-0.76%	-0.34%	0.39%	0.08%
新疆	0.26%	-0.35%	1.20%	1.43%	0.51%	-0.23%	-1.39%	-0.08%
西藏	0.17%	0.24%	0.32%	0.32%	0.26%	0.06%	0.26%	0.06%

资料来源：中国工业经济统计年鉴（2000~2018 年），根据数据测算得出。

表 3-13   我国东北制造业细分行业工业增加值占比变化情况

地区	劳动密集型		资本密集型		技术密集型		资源密集型	
	食品制造业产业	纺织业	化学纤维制造业	有色金属冶炼及压延加工业	化学原料及化学制品制造业	专用设备制造业	石油加工、炼焦及核燃料加工业	金属制品业
辽宁	-1.68%	-1.29%	-1.24%	-3.99%	-3.18%	-2.26%	-6.95%	-2.64%
黑龙江	-1.57%	-0.23%	-1.73%	-0.50%	-0.32%	-0.45%	-5.27%	-0.20%
吉林	-0.26%	0.07%	-1.73%	-0.43%	-1.34%	1.23%	-0.64%	0.60%

资料来源：中国工业经济统计年鉴（2000~2018 年），根据数据测算得出。

（二）产业转移支持政策现状

近年来随着我国产业转移工作不断推进，产业转移的配套政策体系不断健全，政策落实不断提升，政策效果也日益显著。

第一，国家陆续出台政策支持产业转移。自 2001 年国家实施西部大开发战略、2014 年实施中部崛起战略以来，国家对中西部地区产业转移的支持力度加大，倾斜性更显著。为了支持区域产业转移，我国相继出台了多项支持产业转移的政策。2010 年 9 月，国务院发布《关于中西部地区承接产业转移的指导意见》，引导产业逐步向中西部转移，此后国家为了更好地推进产业转移的步伐先后在中西部地区批复设立 9 个国家级产业转移示范区，探索产业转移的新趋势和新的发展路径。2018 年 11 月工信部发布的《产业转移指导目录》（2018年版），2019 年 7 月发改委发布的《鼓励外商投资产业目录（2019 年版)》明确了我国产业转移的指导标准和引导体系（见表 3 – 14）。国家出台政策有序引导产业转移，带动中西部地区内部消化中部地区产业转移，对形成新一轮经济发展动力具有积极意义。

表 3 – 14 我国产业转移支持政策

时间	事件或者文件	主要内容
2001 年	《关于西部大开发若干政策措施的实施意见》	从加大建设资金投入力度、优先安排建设项目等方面对实施西部大开发战略进行部署
2006 年 4 月	《中共中央国务院关于促进中部地区崛起的若干意见》正式颁布	提出将中部地区建成三基地、一枢纽，标志着"中部崛起"成为国家一项重大战略

续表

时间	事件或者文件	主要内容
2007 年 11 月	《商务部、国家开发银行关于支持中西部地区承接加工贸易梯度转移工作的意见》	协调中西部加工贸易梯度转移的重要意义
2010 年 9 月	国务院《国务院关于中西部地区承接产业转移的指导意见》	提出了中西部地区承接产业转移的方向和特色产业指导
2018 年 11 月	工信部《产业转移指导目录》（2018 年版）	对全国 31 个省区市产业转移情况进行了详细说明
2019 年 7 月	发改委《鼓励外商投资产业目录（2019 年版）》	全国鼓励外商投资产业目录和中西部地区外商投资优势产业目录

资料来源：作者根据相关资料整理。

第二，各地在政策上探索产业转移的新模式、新举措。除了国家层面积极推进产业转移的政策外，各地也积极制定新的政策或者开拓新的模式来支持产业转移工作开展。各地在政策上的探索，结合了当地的发展实际，也注重引入新的要素，成为带动一些地区产业转型升级的新机遇。一些地区借由自身产业结构调整、产业转型升级的发展机会，打破原有发展瓶颈，创造出适合本地发展的活力。例如，江西萍乡原属于资源枯竭型城市、老工业基地，2015 年以来产业调整和老工业基地改造过程中高标准调整、断臂求生，焕发新的动力。通过结构调整、分类施策、淘汰落后产能，培育和引进新的产业，形成新的产业集群，引入新的发展空间，形成产业转型升级的新载体。在一系列政策调整下，萍乡通过承接沿海先进制造业转移，形成以新一代电子信息、装备制造业产业集群，率先启动的赣湘边境区域合作园区创造了新的产业载体。湖北黄石通过早规划、设立产业发展基金、出台"黄金十条"扶持政策，引导 PCB 产业"无中生有"，扎堆集聚，逐步迈向高端，成为第三大 PCB 产业聚集基地，产业转移新成果涌现。四川自贡采取强化引导、聚焦关键领域、产业链招商等政策，培育产业园区，逐渐培育和壮大战略新兴产业，建成多个"国字号"产业集群和基地。

第三，承接产业转移示范区政策如火如荼。为了带动产业转型升级，推动产业转型发展，我国开始设立国家级承接产业转移示范区，力图在中西部通过产业转型，带动产业升级。截至 2020 年 5 月，国家发改委批复设立 11 个承接产业转移示范区，覆盖中西部 11 个省（或市）、41 个地级市（或区），已经形成一定的代表性。产业转移示范区通过国家政策给予扶持，在产业转移方向、规模和发展空间上精准发力，带动承接地产业转型升级。相关研究也表明，产业转移示范区的建设过程已经显著带动改善了区域资源配置状况、优化产业结构、推动产业转型、带动区域经济增长，成为区域发展的新动能（陈凡、周民良，2020）。例如，湘南湘西承接产业转移示范区自 2018 年 11 月批复设立以来，通过规划引领、明确政策保障、扎实推进工作，示范区成效初步显现。截至 2012 年 1 月引入重大科技创新、重大产品创新等项目 90 多个，累积投资额达到 420 亿元，引进三类 500 强产业项目 60 个，签约总投资 815 亿元。见表 3 - 15。

表 3 - 15　　　　　　　我国产业转移示范区的批复设立历程

时间	批复的示范区名称	包括范围
2010 年 1 月	皖江城市带承接产业转移示范区	合肥、芜湖、马鞍山、铜陵、安庆、池州、巢湖、滁州、宣城 9 市全境和六安市的舒城县、金安区（巢湖 2011 年调整为县级市，划归合肥市代管）主要承接长三角产业转移
2010 年 10 月	广西桂东承接产业转移示范区	梧州、贵港、贺州和玉林，主要承接粤港澳产业转移
2011 年 2 月	重庆沿江承接产业转移示范区	包含涪陵、巴南、九龙坡、璧山、永川、大足、荣昌 7 个县区

续表

时间	批复的示范区名称	包括范围
2011 年 10 月	湘南承接产业转移示范区	衡阳、郴州、永州，主要承接珠三角产业转移
2011 年 12 月	湖北荆州承接产业转移示范区	主体区为荆州市全境，辐射带动区范围为荆门市、仙桃市、潜江市、天门市全境
2012 年 5 月	晋陕豫黄河金三角承接产业转移示范区	山西省运城市、临汾市，河南省三门峡市和陕西省渭南市
2013 年 3 月	兰白经济区承接产业转移示范区	兰州市、白银市
2013 年 4 月	四川广安承接产业转移示范区	广安市
2013 年 6 月	赣南承接产业转移示范区	赣州全境及周边地区
2014 年 1 月	宁夏银川 – 石嘴山承接产业转移示范区	银川市、石嘴山市
2018 年 11 月	湘南湘西承接产业转移示范区总体方案中增加了湘西地区	在原有三个区域基础上，增加了湘西自治州、怀化市、邵阳市三市

资料来源：作者根据相关资料整理。

　　第四，新时期，国家在区域重大战略部署上助力产业转移，见表3－16。党的十八大以来，在区域发展重大战略上，都有关于产业转移的专门内容安排。不论是在西部大开发、东部崛起、东北振兴、还是在长江经济带、粤港澳大湾区建设上都对产业转移进行了专门表述。比如，2020年5月17日，中共中央、国务院发布《关于新时代推进西部大开发形成新格局的指导意见》，专门在发展高水平开放型经济、拓展区际互动合作等方面提出产业转移内容，政策对产业转移做了新的安排，也明确新时期要推动西部大开发更加良性发展，形成新的发展格局。

表 3 – 16　　　党的十八大以后区域重大战略关于产业转移的核心论述

时间	文件发布部门、名称	关于产业转移的核心论述
2012 年 8 月 27 日	《国务院关于大力实施促进中部地区崛起战略的若干意见》	大力发展内陆开放型经济。"大力发展对外贸易，推动加工贸易转型升级，支持有条件的城市建设沿海加工贸易梯度转移重点承接地。加快皖江城市带承接产业转移示范区建设，支持在湖南湘南、湖北荆州、晋陕豫黄河金三角、江西赣南等地区设立承接产业转移示范区。" 加强投资、产业政策支持与引导。"按照国家产业政策，修订《中西部地区外商投资优势产业目录》，增加特色产业条目。对符合国家产业政策的产业转移项目，根据权限优先予以核准或备案。"
2016 年 4 月 26 日	《中共中央　国务院关于全面振兴东北地区等老工业基地的若干意见》	"完善区域合作与协同发展机制，支持省（区）毗邻地区探索合作新模式，鼓励开展协同创新，规划建设产业合作园区。"
2016 年 9 月	中共中央、国务院《长江经济带发展规划纲要》	"四是引导产业有序转移。一是突出产业转移重点，下游地区积极引导资源加工型、劳动密集型产业和以内需为主的资金、技术密集型产业加快向中上游地区转移。中上游地区要立足当地资源环境承载能力，因地制宜承接相关产业，促进产业价值链的整体提升。严格禁止污染型产业、企业向中上游地区转移。二是建设承接产业转移平台。推进国家级承接产业转移示范区建设，促进产业集中布局、集聚发展。积极利用扶贫帮扶和对口支援等区域合作机制，建立产业转移合作平台。鼓励社会资本积极参与承接产业转移园区建设和管理。三是创新产业转移方式。积极探索多种形式的产业转移合作模式，鼓励上海、江苏、浙江到中上游地区共建产业园区，发展"飞地经济"，共同拓展市场和发展空间，实现利益共享。"
2016 年 12 月 20 日	国家发改委《促进中部地区崛起"十三五"规划》	"深入推进承接产业转移示范区建设，进一步提升安徽皖江、湖南湘南、湖北荆州、晋陕豫黄河金三角、江西赣南承接产业转移示范区发展水平，积极探索承接产业转移新模式。"

时间	文件发布部门、名称	关于产业转移的核心论述
2016 年 12 月	发改委《关于贯彻落实区域发展战略促进区域协调发展的指导意见》	主要在于优化产业空间布局，协调区域新发展
2018 年 11 月 18 日	《中共中央　国务院关于建立更加有效的区域协调发展新机制的意见》	统筹发达地区和欠发达地区发展。"以承接产业转移示范区、跨省合作园区等为平台，支持发达地区与欠发达地区共建产业合作基地和资源深加工基地。" 健全资源输出地与输入地之间利益补偿机制。"鼓励资源输入地通过共建园区、产业合作、飞地经济等形式支持输出地发展接续产业和替代产业，加快建立支持资源型地区经济转型长效机制。" 加强产业转移承接过程中的环境监管，防止跨区域污染转移
2020 年 5 月 17 日	《中共中央国务院关于新时代推进西部大开发形成新格局的指导意见》	发展高水平开放型经济。"建立东中西部开放平台对接机制，共建项目孵化、人才培养、市场拓展等服务平台，在西部地区打造若干产业转移示范区。对向西部地区梯度转移企业，按原所在地区已取得的海关信用等级实施监督。" 拓展区际互动合作。"支持跨区域共建产业园区，鼓励探索"飞地经济"等模式。" 继续完善产业转移引导政策，适时更新产业转移指导目录

资料来源：根据相关资料整理。

四、我国产业转移存在的问题

产业转移过程中，有一定的成效，但也看到产业存在一些具体问题。主要表现为产业转移过程中本身存在的问题、产业转移政策实施中存在的问题以及产业转移跨区域协调中存在的问题。

（一）产业转移过程中本身存在的问题

第一，各地承接产业转移无序竞争现象严重。地方政府为了引入投资、引入产业，出台产业转移支持政策，然而中西部各地在都要引入东部地区产业的背景下，争抢东部地区产业资源，出现政策之间的同质化、过度竞争的结果。笔者在广东等地走访发现，一家企业一天内可能接待中西部地区十几个地区招商团队的官员，甚至一个地区市一级、县一级、镇一级的招商官员都存在着争抢企业的情况。

第二，产业重复投资、承接产业同质化较重、产业链不健全。产业投资方面缺乏制约，各地都希望引入新兴产业，结果都建立工业园，引入和上马同质的项目和同质产业，使得产业重复投资现象比较突出。

第三，承接产业未能健全产业链。处于政绩效率考虑，地方政府官员倾向于引导容易出效果、容易拉动经济的产业，而研发投入强需要较长时间产出的产业、产业服务类税收贡献不大的产业容易被忽视，使得产业链条上部分企业重复引入，前端和后端的企业却有待于深化，产业链条不健全的现象频发。

第四，承接产业过程中环境污染等现实问题比较突出。近年来，中西部地区承接产业转移过程中的环境问题越发突出，一些地区只顾着引入产业，却忽略其环境危害，导致当地污染严重、生态环境受到破坏。

第五，转移企业用地不规范、土地利用效率不高，撂荒较多。笔者调研发现，一些地区设立产业转移示范园区，存在占用已有耕地情况，已有的园区存在利用率不高现状，只是去圈地，却忽略产业需要更加全面和细化的发展。

第六，区域承接产业转移配套服务和配套能力难以跟上。一些地区看似打着承接产业转移旗号，然而实际承接产业转移的配套服务和配套能力不足，承接产业转移的承接力不足，使得当地产业转移受到影响。

（二）我国产业转移政策实施中存在的问题

产业转移政策分为国家层面和地方政府层面政策。由于不同实施机制和不同管理主体的区别，产业转移政策在实施中也存在着一些问题，具体表现如下：

第一，国家层面对于产业转移重视程度和支持力度还有待提高。国家层面专门针对产业转移的文件和政策有两个：第一个是国务院2010年颁布的《关于中西部地区承接产业转移的指导意见》，是首个国家层面的指导文件；第二个是国家级承接产业转移示范区，2010～2014年国家陆续批复设立了10个示范区，2018年11月重新批复湘西湘南承接产业转移示范区，成为第11个示范区。其他国家层面的关于产业转移的政策，零散分布在一些大的战略和专项政策中，例如，2020年5月颁布的《中共中央、国务院关于新时代推进西部大开发形成新格局的指导意见》中有关于西部地区产业转移的相关安排。然而缺乏对产业转移更高层级的表述，对产业转移问题的支持力度不够。

第二，已有的产业转移政策有待于与时俱进、重新供给。按照相关政策情况看，《关于中西部地区承接产业转移的指导意见》从2010年颁布实施以来，此后没有专门的国家层面的政策安排。政策运行的机制、最初的实施环境与现在的实际已经大大不同，原有的指导意见已经不适应现行的执行体系，重新修订和完善这一指导意见有其必要性。同时国家级产业转移示范区政策自2014年以后基本没有继续执行，政策支持力度有限且未能及时更新，使得示范区发挥的作用未能够充分发挥。最近几年，基本没有国家层面关于产业转移的专门政策出台，产业转移政策供给不足，从全国层面制定和重新重视产业转移有极大的必要性。

第三，缺乏产业转移全国一盘棋的规划引领，缺乏协调组织体系和区域合作的安排。做好产业转移工作，全国理应一盘棋，需通盘考虑。然而在实际执行过程中，国家缺乏全国层面关于产业转移规划的引领，未能够从全局层面进行制度安排，使得国家在相关产业引领方面功能缺位，制度层面的管控相对不足，产业转移在全国运行布局不清晰，部分产业重复布局，部分企业准入不足，未能够充分带动产业协调发展。同时，各地在推动产业转移过程中，主要由地方政府出台政策，各地政策存在差异，结果是各地有政策，政策差异还比较大，加大了产业转移工作成本，不利于企业进行产业转移工作。因此需要国家层面的协调组织，支持产业转移工作全面开展。

产业转移工作也需要各地的合作，比如引入地区产业和转出区域产业可以共享机制，毗邻地区建立合作的产业转移园区，多个地区合力进行产业培育等。现有的产业转移政策上缺乏区域之间合作的制度安排，未能充分发挥合力作用，单打独斗现象比较严重，产业转移效率不高，效果也未凸显。

第四，各地产业转移政策深耕本地不足，同质化问题突出。各地在出台产业转移政策时，容易跟风选择热门行业、热门产业，缺乏对本地实际产业需求的深度调研和统一规划，结果产业转移政策同质化问题突出，实施中各地竞争较激烈，不利于本地承接产业工作的开展。

第五，环境规制、土地用途约束等政策配套不健全。强化产业转移，落实环境责任制度需要严格落实产业转移的环境规制。同时，提高现有产业转移园区土地利用率，需强化对土地用途的约束管制。现有关于承接产业转移执行的配套约束不足。

（三）产业转移跨区域利益协调中存在的问题

承接产业转移需要进行区域合作，区域合作中跨区域利益协调机制的建设异常重要，需关注区域协调中利益机制存在的问题。

第一，缺乏全国层面的推动和协调。目前产业跨区域之间的利益协调机制主要是由各个地方政府来推动的，具体实施过程中存在的一些冲突和矛盾难以由平级之间的政府来解决，需要由更高一级政府来进行协调。然而现行政策中，全国层面协调和推动跨区域利益共享合作机制缺位，一定程度上不利于政策更加细化的落地。

第二，参与跨区域协调的政府协调、沟通力度有待提高。跨区域产业转移合作一般是由两地政府主导，但两地政府在行政上没有直接隶属关系，其沟通和协调的渠道相对比较少。利益分配和冲突化解的解决机制需要深入的沟通才能解决，缺乏深入的协调和沟通机制不利于机制的推进。

第三，利益共享分配机制有待细化、执行有待更明确。根据调研，一些区域的协调和分配机制相对宽泛，未能够在具体执行细节上深化，规则的落实也有待于更加细化。同时，在利益共享的执行上也未能清晰和明确，使得利益共享机制在实施中未能够达到实际的效果。

第四，利益共享合作保障体系不健全。产业跨地区转移利益共享机制的确规定了区域之间的利益共享方案，然而在具体实施过程中还存在一些特殊情况影响到方案的执行，现有的一些区域合作过程中未能够建立健全的保障体系，这是需要关注的。

五、本章小结

新发展格局下，引导产业有序转移有助于区域产业转型升级，带动区域高质量发展。本书基于对我国产业转移的 SWOT 分析，全面梳理了我国产业转移面临的发展态势，摸清产业转移的发展趋势；结合当前发展形势，梳理了产业有序转移的必要性与重要意义；收集了省级层面的数据，测算了我国区域产业转移的现状；分析了产业转移发展中存在的问题。具体结论如下：

第一，良好的制度环境，国家政策越发重视和支持产业有序转移，各地地方政府高度重视并出台具有吸引力政策，中西部地区人才优势、科技优势、市场优势、基础条件优势、要素成本低等优势逐渐显现，使得中西部地区承接产业转移具备良好的条件。思想观念落后，行政效率不高，产业集中度不高，产业结构不合理，城市支持能力需提升，劳动力成本优势减弱是存在的劣势。新型基础设施建设、"一带一路"倡议、区域协调发展、东北振兴等国家政策支持产业转移。但要关注各地锦标赛竞争态势，与本地契合度不高，环保要求越发严格，尤其是 2020 年以来新冠肺炎疫情的出现，带来了巨大的挑战。需要关注优势，调整劣势，抓住机遇，迎接挑战，支持全面发展。

第二，产业有序转移对经济发展的战略推动力已经被实践广泛证明，承接产业转移能够极大丰富当地的资源禀赋，改善当地区域要素配置，提升区域产业发展水平，提高区域技术、管理水平，带动区域产业结构转型升级，经济高质量发展。同时，更加重视和推动产业转移符合当下中国发展实际，新时期推动产业有序转移符合一般经济发展规律，推动产业转移也有利于新的战略期推动产业转型升级与高质量发展。

第三，整体上东部地区呈现转出趋势，2012 年以前呈现转出趋势，2012 年以后有所回流；中西部地区产业呈现明显转入状态；东北地区产业呈现显著转出趋势。国家陆续出台政策支持产业转移，各地在政策上探索产业转移的新模式、新举措，承接产业转移示范区政策如火如荼，新时期国家在区域重大战略部署上助力产业转移。

第四，需要关注产业转移过程中的重点问题，比如承接产业未能健全产业链，各地承接产业转移存在无序竞争现象，产业重复投资，承接产业同质化较重。面对我国产业转移政策实施中存在的问题，需要调整产业转移跨区域利益协调机制，从而有序带动产业转移与区域发展。

第四章

区域协调发展的度量和评价

一、引　言

构建新发展格局是中国引领未来发展的新理念，是区域高质量发展的战略引领。区域协调发展是构建新发展格局系统的重要内容，也是其中的重要环节。近年来国家制定了相关国家战略支持区域发展，比如西部大开发等四大板块的战略，长江经济带发展战略等流域为基础的战略，粤港澳大湾区等区域合作发展战略，区域协调发展战略等专项战略。各项政策支持下区域经济差距有所缓和，区域市场逐渐健全，区域交通逐渐通畅，公共服务均等化有所突破，生态环境有效改善（李红锦，2018），进而带动区域协调发展。然而不能忽略的是区域之间经济差距大、产业发展不均衡、市场一体化推动难度大、公共服务均等化不足、交通基础设施不平衡等矛盾依然较为严峻（刘叶青、王凌峰，2020）。这些问题严重限制全国四大板块、省级层面及地级市区域经济社会的协调发展。区域产业转型升级的需求与当地产业发展及配套相对滞后的实际差距也是当前推动区域协调发展中存在的突出挑战。为此，进一步挖掘产业发展潜力，需要更关注区域协调发展。构建区域协调发展的目标体系，并采取措施促进调整市场、改善交通基础设施条件、要素自由流动、化解产业瓶颈、改善公共服务体系，带动区域协调发展。在此基础上，准确评价区域协调发展的现状，不仅包含四大板块或者省级层面的内容，需要进一步下沉到地级市层面评价区域协调发展，为区域协调发展提供一定的政策启示。

区域协调发展是一个综合的命题，对其协调程度度量的研究也相对丰富。纵观已有研究成果，大致可包括三类度量路径。第一种是采用区域差距度量区域协调发展情况。20 世纪 90 年代中国经济区域差距拉大，产业趋同，为了化解区域差距，我国开始强调区域协调发展（刘再兴，1993），早期的研究强调区域差距的度量及化解，采用极差、均值差、平均差等绝对差距进行度量的较为广泛（丁卫，2003）。随着时代发展，逐渐开始强调相对差和收敛差的度量，吴殿廷等（2003）采用库兹涅茨比率、基尼系数、威尔逊系数等相对差距方法测度我国 1978～2000 年省际 GDP 差距，其结论各不相同；王琴梅（2007）从差距收敛的角度强调区域协调要在结果上形成 α 趋同（即区域绝对差距的缩小），在过程上形成 β 趋同（即相对增长率差距缩小）。也有学者测度中区域人均 GDP 发现，其呈现出"线性""S""U""倒 U""W"等趋势（魏后凯、张燕，2012）。从区域差距角度衡量区域协调发展的研究各异，未能形成统一的结论。第二种是区域内部各个系统或者各种要素配置协调度的度量。这类研究以一定区域（全国、四大板块、省级、地市或者特定区域）为样本，选取经济、社会、环境等方面的配置情况来测算。例如，姚鹏、叶振宇（2019）从区域差距、区域一体化、区域协调、社会协调、资源协调五个方面构建区域协调发展指数，利用 2012～2015 年省级数据考察区域协调发展水平，呈现上升趋势；张可云、裴相烨（2019）侧重从公共服务改善角度，采用 2008～2017 年省级层面数据，测算了区域公共服务、基础设施通达、人民生活改善等指标构建的区域协调发展指数，结果表明全国层面区域协调程度变化不大，四大板块和省级区域各有特点。第三种是将区域协调发展问题与其他角度结合，进行多个维度的探讨。这类研究将区域协调发展与产业升级、产业集群、区域创新、城镇化、城市群等结合，解释其相互影响。例如，吴玉鸣、刘鲁艳（2016）从经济、社会、资源、环境四个系统，从2012年的全国288个地级市截面数据出发，评价城市工业空间布局与区域协调二者之间的关系；邓宏兵、曹媛媛（2019）从经济、社会、生态三大系统的角度构建指标，选取2012~2016年区域短面板样本，得出区域协调发展呈现波动上升趋势的结论；王必达、苏婧（2020）研究要素流动与区域协调发展的关系，研究表明要素流动推动了要素配置效率的提升，使经济呈现"协调性聚集"的特点。这类研究对于在更大视域内了解区域协调发展具有积极作用。可见，三种不同的路径由时期不同、学者不同、视角不同，方法也不同，结论也各异，可比性不强。不同的研究侧重点不同，结果往往是对同一事物或者同一指标得出不同的结论，需要去仔细甄别。

由此，结合区域发展实际及研究进展看，学者们对四大板块、省级视域以下（比如地级市）的研究较少，鲜有采用时间维度在10年及以上的面板数据；在研究区域协调发展与其他系统的关系时，较多采用区域差距来简单度量协调发展状况，鲜有能够在全面、系统度量的基础上再来探讨的。基于此本书尝试采用全国288个地级市层面的数据，从经济社会等综合视角衡量区域协调发展状况，并探索其与其他系统的关系，以期能够丰富区域协调发展的相关研究，支持区域协调发展的推进。

二、区域协调发展指标体系构建

（一）区域协调发展框架及指标体系

现有关于区域协调发展的理解中有代表性的观点如下：姜文仙、

覃成林（2009）认为区域协调发展的主体是经济的协调发展，应多加侧重；陈秀山、杨艳（2010）在关注区域经济目标的同时，将挖掘区域自身发展优势、改善区域市场体系、构建一体化市场、构建更加均等化服务、优化资源和环境能力纳入目标范围内。魏后凯、张燕（2012）将社会层面的共同发展、居民生活层面的环境改善状况放入区域协调发展指标内；张可云、裴相烨（2019）则主要考虑公共服务的视角，在前人关注的基础上将区域基础设施的通达程度纳入指标体系。可见，学术界对区域协调发展内涵的理解在发展，初始以经济为主，逐渐扩展为经济、社会、环境等多维度的考量，指标体系也越发系统，而在众多的指标中基本服务均等化和构建统一的市场更为重要。

因此，有必要对区域协调发展问题重新进行梳理：一是政策上对区域协调发展的界定和解读；二是学者们对区域协调发展的界定。以下结合政策文件和学者们的研究文献，对区域协调发展目标体系进行详细阐述，见表4-1。第一，区域经济协调发展。2018年11月18日出台的《中共中央 国务院关于建立更加有效的区域协调发展新机制的意见》（以下简称《意见》）明确提出要缩小区域差距，遏制区域分化，习近平（2019）在《求是》杂志上发表的《推动形成优势互补高质量发展的区域经济布局》也有类似的表达。参考到贾若祥等（2019），姚鹏、叶振宇（2019）等的处理办法，本书将区域经济协调发展纳入区域协调发展目标体系中。第二，产业现代化。《意见》和习近平《推动形成优势互补高质量发展的区域经济布局》均提出各地要立足发挥比较优势，发挥创新引领的作用，实际表明各地发展要注重以产业发展为支撑，推动产业现代化要求的实现。本书参考已有研究成果将产业现代化纳入目标体系（邓宏兵、曹媛媛，2019）。第三，市场一体化。《意见》中明确要求要建立一体化的市场体系，维护全国统一市场。这些表达均提出要把市场一体化作为区域协调发展目标之一，这与已有研究成果的设立方式一致。第四，"居民生活改善、基础设施通达、公共服务均等"这三个目标体系在《意见》和习近平《推动形成优势互补高质量发展的区域经济布局》中均有直接表达，且在现有研究文献中贾若祥等（2019），张可云、裴相烨（2019），李红锦（2018）等均用了这三个目标体系。第五，人与自然和谐共生。这一提法是党的十九届五中全会中对人与自然关系的表述，与《意见》和习近平《推动形成优势互补高质量发展的区域经济布局》中提出的"绿色协调""生态补偿"等措辞虽有不同，但内在精神一脉相承。结合李红锦（2018），魏后凯、张燕（2012）等已有研究中均考虑资源、生态等视角，本书在区域协调发展目标体系中将人与自然和谐共生纳入目标体系当中。

表 4 - 1　　　　　　　　区域协调发展目标体系确立

目标体系	政策文件出处	文献出处
区域经济协调发展	2018 年 11 月 18 日，《中共中央国务院关于建立更加有效的区域协调发展新机制的意见》（以下简称《意见》）提出的"缩小区域发展差距""有效遏制区域分化"	习近平《推动形成优势互补高质量发展的区域经济布局》，贾若祥等（2019），姚鹏、叶振宇（2019）
产业现代化	《意见》中提出"立足发挥各地区比较优势""科技创新"	姚鹏、叶振宇（2019），邓宏兵、曹媛媛（2019），吴玉鸣、刘鲁艳（2016）
市场一体化	《意见》在总体目标中提出"完善市场一体化发展机制""推动区域一体化发展""维护全国统一市场的公平竞争"	习近平《推动形成优势互补高质量发展的区域经济布局》，贾若祥等（2019），（李红锦，2018）
居民生活同步改善	《意见》在总体目标中提出"人民基本生活保障水平大体相当""实现全体人民共同富裕"	习近平《推动形成优势互补高质量发展的区域经济布局》，贾若祥等（2019），张可云、裴相烨（2019）

续表

目标体系	政策文件出处	文献出处
基础设施通达均衡	《意见》在总体目标中提出"基础设施通达程度比较均衡"	习近平《推动形成优势互补高质量发展的区域经济布局》，贾若祥等（2019），张可云、裴相烨（2019），李红锦（2018）
基本公共服务均等化	《意见》在总体目标中提出"实现基本公共服务均等化"	习近平《推动形成优势互补高质量发展的区域经济布局》，贾若祥等（2019），张可云、裴相烨（2019），李红锦（2018）
人与自然和谐共生	《意见》在总体目标中提出"绿色协调"、全面建立生态补偿制度等	贾若祥等（2019），姚鹏、叶振宇（2019），李红锦（2018），魏后凯、张燕（2012），邓宏兵、曹媛媛（2019）

　　从整体看，之所以在确立目标体系时，将国家出台的政策文件和已有研究结合，原因是政策文件代表了政策上的最新要求，更接近于政策前沿，体现对区域协调发展内涵理解的前瞻性；已有文献研究代表了学术界的精准理解，更具有学术严谨性，体现了区域协调发展内涵的理论性。将政策前瞻性和研究严谨性结合，确立的区域协调发展指标体系能更准确、更权威地体现区域协调发展内涵，更具有实用性。

　　依据目标体系，结合新发展格局特点确立区域协调发展机制构架。新发展格局对中国未来的发展有了新的描述，也将成为未来较长时间内推动中国发展的重要新理念之一。在新发展格局视域下，区域协调发展也需要放在更广阔的空间当中，更注重全方位的统筹观、多维度的系统观、与时俱进的时代观、布局谋篇的创新观、天人合一的生态观，通过区域经济发展、产业优化、公共服务一体化与统一市场等指标来测度协调发展程度，逐渐形成经济协调发展、产业发展现代化、市场一体化、居民生活同步改善、基础设施通达均衡、基本公共服务均等化、人与自然和谐共生的发展格局，见图 2-1。所以要更好地评价区域协调发展问题，需要考核区域协调发展目标实现程度，根据不同的目标确立对应的衡量指标。

为了保证目标体系的严谨性，目标体系确立后的表征指标均严格参考已有文献的处理方式，并保证表征指标出处是可查的、精准的。依据区域协调发展 7 个目标设计对应的表征指标，每个指标下对应 1～3 个二级衡量指标，一共利用 12 个二级指标构建新发展格局视角下区域协调发展的指标体系。第一，区域经济协调发展。现代发展经济学认为经济协调是对协调最基础的理解，理解区域经济协调的理念也需关注区域发展差别，依据贾若祥等（2019），姚鹏、叶振宇（2019）等已有研究采取人均 GDP 和区域经济增长率来表征。第二，产业发展现代化。区域的发展产业是基础，区域协调发展离不开产业振兴。在当前复杂的国际国内环境下，强化区域产业创新能力，提升区域产业竞争力，推动产业转型升级，带动产业现代化发展显得更加重要。为了更加准确地衡量区域产业现代化发展状况，参考杨萍等（2020），任艳（2020），魏后凯、张燕（2012）等类似处理，选取"第三产业占比除以第一产业占比"作为衡量指标，采用这一指标能够同时反映第三产业比例增加和第一产业占比下降的趋势，利于相对准确表征产业现代化水平。第三，市场一体化。破除市场分割的难题，推动区域要素和资源自由流动，构建统一的市场体系，是发展新格局的要求，也是推动区域协调发展的重要路径。根据魏后凯、张燕（2012），姚鹏、叶振宇（2019）的研究，选取区域人均零售总额取对数作为表征指标。第四，居民生活同步改善。让改革的成果更多惠及全体人民是构建新发展格局的要求。为了度量区域居民生活同步改善状况，结合张可云、裴相烨（2019），贾若祥等（2019）的研究，选取农村居民人均纯收入和城镇居民人均可支配收入来表征。第五，基础设施通达均衡。构建均等化的基础设施，确保区域基础设施的通达是推动区域发展的首要要求，更是带动区域协调发展的先决条件。结合张可云、裴相烨（2019）、贾若祥等（2019）的研究，考虑到本书采用地级市面板数据的获取性要求，在通达均衡指标的选取上以人均邮政业务量和人均电信业务量作为衡量指标。第六，基本公共服务均等化。基本公共服务均等化也是构建新发展格局的重要指标之一。参考张可云、裴相烨（2019）对基本公共服务均等化的测度，采用小学师生比、每万人医院卫生院床位数量、每万人公共图书馆藏书数量来分别代表当地教育、医疗、文化公共服务发展水平。第七，人与自然和谐共生。新时代下国家层面将生态文明建设提升到更高维度，未来更加重视生态环境，打造和谐共生的、可持续的发展环境是区域协调发展的重要要求。根据张超、钟昌标（2020）的研究，结合本书数据的可获取性，选取万元 GDP 工业二氧化硫排放量作为衡量指标。由此构建的指标体系如表 4 - 2 所示。

表 4 - 2　　　　　　　　　　区域协调发展指标体系

	一级指标	二级指标	二级指标文献出处	单位	属性
区域协调发展指标体系	区域经济协调发展	人均 GDP 差距	贾若祥等（2019）、姚鹏、叶振宇（2019）	元	-
		GDP 增长率	贾若祥等（2019），张超、钟昌标（2020）	%	+
	产业发展现代化	第三产业占 GDP 比重/第一产业占 GDP 比重	杨萍等（2020），任艳（2020），魏后凯、张燕（2012）	%	+
	市场一体化	人均零售品零售总额取对数	魏后凯、张燕（2012），姚鹏、叶振宇（2019）	元	+
	居民生活同步改善	农村居民人均纯收入取对数	张可云、裴相烨（2019），贾若祥等（2019）	元	+
		城镇居民人均可支配收入取对数	张可云、裴相烨（2019），贾若祥等（2019）	元	+

续表

一级指标	二级指标	二级指标文献出处	单位	属性
基础设施通达均衡	人均邮政业务量	张可云、裴相烨（2019），贾若祥等（2019）	元	+
	人均电信业务量	张可云、裴相烨（2019），贾若祥等（2019）	元	+
基本公共服务均等化	小学师生比	张可云、裴相烨（2019）	%	+
	每万人公共图书馆藏书数量	张可云、裴相烨（2019）	千册	+
	每万人医院卫生院床位数量	张可云、裴相烨（2019）	个	+
人与自然和谐共生	万元 GDP 工业二氧化硫排放量	魏后凯、张燕（2012），杨萍等（2020），张超、钟昌标（2020）	m^3	–

注："+"和"–"分别表示正向指标和负向指标。

（说明：一级指标合并列为"区域协调发展指标体系"）

（二）数据来源及处理

为了更加全面准确地测度区域协调发展状况，考虑到 2000 年的数据存在较多的缺失，本书选取了 2001~2018 年全国 288 个地级市的面板数据。主要从 EPS 数据平台获取，这些数据主要来自中国城市数据库、中国区域经济数据库。为了使研究更严谨，用综合插值来填补残缺数据。在数据处理上，对涉及价格变化的数据均进行了不变价处理。同时，为了消除极端值可能导致的结果偏误，对数据进行了千分之一缩尾处理。

（三）测度方法

考虑到分析指标类型不同、数据的属性不同，对数据进行属性统一和指标正向化。采用式（4-1）

$$x_{fi}^{*} = \frac{1}{x_{fi}} (i = 1, 2, \cdots, n) \qquad (4-1)$$

正向化处理后，为了方便数据构建量纲统一，对数据进行标准化操作。标准化后的矩阵为 $Z_{lj} = (z_{ij})_{n \times m}$，对其中每一个元素标准化采用公式（4-2）。

$$z_{lj} = \frac{x_{ij}}{\sqrt{\sum_{i=1}^{n} x_{ij}^2}} (i = 1, 2, \cdots, n; j = 1, 2, \cdots, m) \qquad (4-2)$$

同时，根据后续稳健性检验的需要，选取另一种方式作为备选。根据测度区域协调发展主要关注测度指标纵向变化，参考姚鹏、叶振宇（2019）的处理方式，以 2001 年的数据为基期，正向指标采用其他年份除 2001 年值，同时逆向值采用取倒数的方式处理。

对数据标准化处理后确定各个指标的权重，本书也尝试采用人为赋值和计算权重两种方式确立权重，正常使用中以层次分析法得出的权重为准，熵权法得出的结论作为补充。

一方面，层次分析法侧重于根据研究者对实践的了解进行赋值，其优点是比较简单直接，比较灵活，不足是不同的人赋值的结果存在差异，使得结果存在主观性。根据研究需要，一级指标中区域经济协调发展、基本公共服务均等化分别赋予权重 0.2 和 0.3，其他指标赋予权重 0.1，所有二级指标根据一级指标权重平均化，得到各自指标值。

另一方面，熵权法是根据数据本身的信息熵值确定权重，优点是忠实于数据本身的信息，能较大程度还原事情本身情况，不足是数据本身可能某些指标权重差别过大，使得灵活性不足。根据已有数据，测算属于指标的信息熵和信息效用值。

$$e_j = -\frac{1}{\ln n} \sum_{i=1}^{n} p_{ij} \ln(p_{ij}) , \quad \text{其中 } p_{lj} = \frac{z_{ij}}{\sum_{i=1}^{n} z_{ij}} ,$$

$$\sum p_{lj} = 1 (i = 1, 2, \cdots, n; j = 1, 2, \cdots, m) \qquad (4-3)$$

117

$$d_j = 1 - e_j \qquad\qquad (4-4)$$

根据信息熵的值，进而确定每一个指标的熵权。熵权计算的公式如下：

$$w_j = \frac{d_j}{\sum_{j-1}^{m} d_j}, \ \text{容易得到} \ \sum w_{lj} = 1 \qquad\qquad (4-5)$$

基于两种不同方式测算的权重如表 4 - 3 所示，考虑到不同权重赋予方式得出结论的差异，文章重点采用层次分析法，以其赋予权重测算的结果作为基准结果，以熵权法确立的结果作为备选结果。

表 4 - 3　　　两种不同方式测算的区域协调发展指标的权重

二级指标	层次分析法赋予的权重	基于熵权法确立的权重
人均 GDP 差距	0.10	0.1549
GDP 增长率	0.10	0.0013
第三产业占 GDP 比重/第一产业占比	0.10	0.3863
人均零售品零售总额取对数	0.10	0.0041
农村居民人均纯收入取对数	0.05	0.0121
城镇居民人均可支配收入取对数	0.05	0.0154
人均邮政业务量	0.05	0.2614
人均电信业务量	0.05	0.1363
小学师生比	0.10	0.0113
每万人公共图书馆藏书数量	0.10	0.1287
每万人医院卫生院床位数量	0.10	0.0271
万元 GDP 工业二氧化硫排放量	0.10	0.0004

三、区域协调发展的测度

依据区域协调发展测度指标体系，测度了区域协调发展水平。[①]以地级市的数据为基准，分别测度全国层面、四大板块层面、重点流域层面及地级市层面的区域协调发展水平。

（一）全国层面区域协调发展水平

利用层次分析法对不同指标权重赋值，得出不同区域协调发展水平的得分。具体结论见图 4-1，可见 21 世纪以来全国区域协调发展水平整体保持明显上升趋势，经历了逐步提升（2001~2013 年）、小幅下降（2014~2016 年）、持续上升（2017~2018 年）的波动提升态势。2001~2013 年全国区域协调发展保持稳步上升趋势，从数据看，2001 年区域协调得分值为 0.145，到 2013 年达到 0.292，增幅为 101.38%，保持年均 7.80% 的增速。原因在于新世纪后我国制定国家战略支持区域协调，持续发挥四大板块共同驱动的作用，同时在区域增长极、主体功能区海陆统筹等政策共同作用下，区域协调发展的水平持续提升。2014~2016 年全国区域协调发展水平保持平稳略带一定程度下滑，从数据看，协调度由 2014 年的 0.279 下降到 2016 年的 0.274。这段时间类似于一个平台期，原有区域协调发展政策的发展效力乏力，新的政策在酝酿或者出台初期，政策效应并未完全发挥。2017~2018 年保持加速上升趋势，从数据看，2017 年协调度为 0.314，到 2018 年达到 0.329，比 2016 年的低点上升了 20.07%。主

---

① 利用层次分析法和熵权法确立不同指标的权重，根据标准化后二级指标值与权重的乘积得出区域协调发展水平的得分。

要原因是 2016 年以来，我国将区域协调发展提高到更高战略层面，出台多种政策引导区域均衡发展。比如推动"一带一路"建设等对外合作战略支持区域间合作，强化"长江经济带发展战略"等流域战略带动流域区域协调，推进"区域协调发展战略"专项带动区域协调发展。在多重政策引领下，区域协调发展水平保持较快增长趋势。从整体看，随着国家在政策上越来越重视区域协调发展问题，采取诸多举措推动区域之间均衡发展，区域协调发展的水平持续提高。

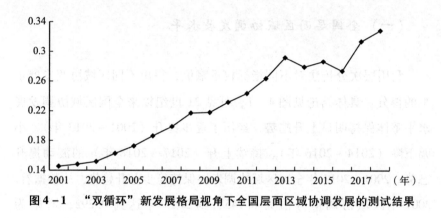

图 4 - 1　"双循环"新发展格局视角下全国层面区域协调发展的测试结果

（二）四大板块区域协调发展水平

根据板块包含的地级市协调发展水平的平均数计算每年不同板块区域的协调发展水平，全国层面及四大板块区域协调发展的得分值见表 4 - 4 和图 4 - 2。从时间趋势看，四大板块区域协调发展都呈现整体上升趋势，东部、中部、西部、东北区域分别由 2001 年的 0.1648、0.1273、0.1455、0.1417 上升到 2018 年的 0.4861、0.2716、0.2697、0.2300，增长幅度分别达到 194.99%、133.29%、85.41%、62.36%。同时，不同板块之间差距显著，并且有扩大趋势，东部地区协调发展水平提升速度快，西部地区和中部地区区域协调发展水平保持平稳增长，而东部区域协调发展水平在 2013 年后有波动趋势。

改革开放后，东部地区凭借自身优势发展较快，到新世纪经济实力已经较强，国家开始区域协调发展。东部地区凭借自身原有经济优势，通过挖掘区域发展潜力、弥补发展短板、加强区域合作等手段提高区域协调发展水平，区域内协调发展状况较好、经济增长较快。"西部大开发"战略推进后，西部地区积极引入区域外的要素资源，培育本地经济，提高区域内公共服务和生态环境水平，区域协调发展实现稳定增长。新世纪初期，中部地区发展较为落后，属于政策薄弱地带，区域发展不协调，随着"中部崛起"战略的推进，中部地区区域协调发展状况稳步提升。东北地区经济基础较好，新世纪初期区域协调发展起点较高，2013年以来东北地区经济发展相对滞后，人才流失较为严重，公共服务改善有限，生态环境改善力度不大，使得区域协调发展水平有了一定程度下滑，逐渐落后于其他三个板块协调发展水平。

表 4 - 4　　　　　　　全国及四大板块区域协调发展水平得分

区域 年份	全国	东部	中部	西部	东北
2001	0.1454	0.1648	0.1273	0.1455	0.1417
2002	0.1482	0.1683	0.1331	0.1406	0.1510
2003	0.1517	0.1756	0.1360	0.1402	0.1567
2004	0.1625	0.1926	0.1416	0.1522	0.1624
2005	0.1729	0.2124	0.1488	0.1578	0.1693
2006	0.1862	0.2425	0.1551	0.1628	0.1785
2007	0.1987	0.2666	0.1649	0.1689	0.1855
2008	0.2173	0.2829	0.2012	0.1770	0.1928
2009	0.2183	0.2989	0.1804	0.1837	0.1952
2010	0.2318	0.3195	0.1871	0.1952	0.2122

续表

区域\年份	全国	东部	中部	西部	东北
2011	0.2436	0.3409	0.1964	0.2031	0.2211
2012	0.2633	0.3821	0.2032	0.2165	0.2344
2013	0.2920	0.4513	0.2120	0.2306	0.2488
2014	0.2789	0.4687	0.1878	0.2051	0.2194
2015	0.2866	0.4741	0.1964	0.2155	0.2237
2016	0.2735	0.3906	0.2110	0.2377	0.2310
2017	0.3135	0.5098	0.2245	0.2470	0.2140
2018	0.3285	0.4861	0.2716	0.2697	0.2300

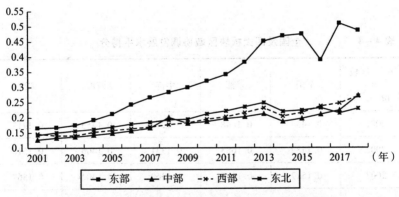

图4-2 "双循环"新发展格局视角下"四大版块"

区域协调发展的测度结果

（三）不同省份、地级市区域协调发展水平

为了便于系统了解不同省份区域协调发展水平情况，本书根据已有数据对能够获取数据的省份区域协调发展均值进行了统计

排名①。直辖市、港澳台地区数据未被统计，且由于海南省、新疆维吾尔自治区、西藏自治区、青海省样本较少，获取的数据有限，统计结果不能完全反映区域协调发展实际情况，因此最终统计中主要包含23 个省（自治区）的区域协调发展水平均值，见表 4 - 5。排名前 5 的分别是广东省（0.5061）、江苏省（0.3176）、浙江省（0.2908）、福建省（0.2832）、内蒙古自治区（0.2744），排名靠后 5 位的分别是陕西省（0.1664）、黑龙江省（0.1661）、江西省（0.1654）、广西壮族自治区（0.1636）、云南省（0.1421）。可以看出大致的趋势是

表 4 - 5　　　　　　省（自治区）区域协调发展得分情况

排序	省份	得分	排序	省份	得分
1	广东省	0.5061	13	河南省	0.1804
2	江苏省	0.3176	14	安徽省	0.1703
3	浙江省	0.2908	15	甘肃省	0.1702
4	福建省	0.2832	16	四川省	0.1698
5	内蒙古自治区	0.2744	17	河北省	0.1687
6	山西省	0.2294	18	湖南省	0.1687
7	辽宁省	0.2238	19	陕西省	0.1664
8	山东省	0.2112	20	黑龙江省	0.1661
9	宁夏回族自治区	0.2094	21	江西省	0.1654
10	吉林省	0.2004	22	广西壮族自治区	0.1636
11	湖北省	0.1934	23	云南省	0.1421
12	贵州省	0.1817			

---

① 本书获取的样本均为地级市数据，要获得省份的区域协调发展水平值，主要是通过对已有地级市区域协调发展水平测算值进行加总，再平均处理，从而得到省份关于区域协调发展的整体均值。

东部地区排名相对靠前，中西部地区排名靠后较多，表明需要更加重视中西部区域协调发展水平的提升，进行重点突破。

本书采取的是地级市样本，能够收集到地级市数据，用来衡量不同地级市区域协调发展水平。鉴于 2001～2018 年数据较多，这里选取地级市样本的区域协调发展水平平均值作为依据进行排名，列出得分前 50 名的地级市（见表 4-6）和倒数第 50 名的地级市（见表 4-7）。

表 4-6 区域协调发展水平排名前 50 名地级市

序号	城市	协调水平	序号	城市	协调水平	序号	城市	协调水平
1	深圳市	0.9532	18	武汉市	0.3965	35	温州市	0.3050
2	东莞市	0.9344	19	常州市	0.3933	36	兰州市	0.3050
3	广州市	0.8621	20	大连市	0.3825	37	青岛市	0.3000
4	厦门市	0.8235	21	宁波市	0.3722	38	泉州市	0.2976
5	苏州市	0.6340	22	沈阳市	0.3549	39	潜江市	0.2968
6	克拉玛依市	0.6193	23	济南市	0.3511	40	嘉兴市	0.2957
7	杭州市	0.6014	24	呼和浩特市	0.3496	41	西安市	0.2953
8	中山市	0.5533	25	包头市	0.3475	42	贵阳市	0.2932
9	乌鲁木齐市	0.5452	26	长沙市	0.3449	43	合肥市	0.2874
10	南京市	0.5354	27	晋中市	0.3432	44	福州市	0.2826
11	鄂尔多斯市	0.5286	28	成都市	0.3374	45	拉萨市	0.2770
12	无锡市	0.5162	29	镇江市	0.3328	46	威海市	0.2746
13	佛山市	0.4926	30	嘉峪关市	0.3305	47	西宁市	0.2746
14	珠海市	0.4826	31	银川市	0.3277	48	铜陵市	0.2741
15	郑州市	0.4773	32	海口市	0.3252	49	南昌市	0.2739
16	太原市	0.4478	33	东营市	0.3104	50	大庆市	0.2718
17	乌海市	0.4148	34	阳泉市	0.3101			

表 4 - 7　　　区域协调发展水平排名靠后的 50 个地级市

序号	城市	协调水平	序号	城市	协调水平	序号	城市	协调水平
1	昭通市	0.0933	18	周口市	0.1260	35	信阳市	0.1355
2	定西市	0.1096	19	黄冈市	0.1269	36	商丘市	0.1358
3	绥化市	0.1125	20	庆阳市	0.1273	37	汉中市	0.1370
4	阜阳市	0.1139	21	邵阳市	0.1274	38	抚州市	0.1374
5	保山市	0.1142	22	商洛市	0.1276	39	齐齐哈尔市	0.1384
6	曲靖市	0.1173	23	宜春市	0.1291	40	河池市	0.1392
7	武威市	0.1197	24	上饶市	0.1294	41	吉安市	0.1399
8	天水市	0.1205	25	赣州市	0.1296	42	娄底市	0.1400
9	宿州市	0.1216	26	永州市	0.1303	43	固原市	0.1401
10	亳州市	0.1230	27	荆州市	0.1314	44	玉林市	0.1403
11	六安市	0.1237	28	巴中市	0.1338	45	来宾市	0.1403
12	黑河市	0.1239	29	丽江市	0.1339	46	安顺市	0.1404
13	普洱市	0.1243	30	平凉市	0.1339	47	滁州市	0.1405
14	临沧市	0.1248	31	驻马店市	0.1345	48	咸阳市	0.1405
15	菏泽市	0.1248	32	安康市	0.1346	49	孝感市	0.1408
16	渭南市	0.1249	33	贵港市	0.1348	50	南充市	0.1414
17	陇南市	0.1258	34	邢台市	0.1354			

从表 4 - 6 看，前 50 名地级市中深圳市、东莞市、广州市、厦门市区域协调发展水平名列前 4 位，得分值均在 0.82 以上。均值在 0.50 以上的有 12 个，其中 9 个为东部地区城市，3 个为西部地区城市。均值在 0.30 以上的有 37 个，前 50 位均值在 0.27 以上。从样本归属看，样本中省会城市、副省级城市、国家计划单列市较多，一般城市样本较少；东部地区城市较多，中西部城市样本较少。从样本之

间差别看，样本之间区域协调发展水平也有较大差距，第 1 名深圳得分为 0.9532，是第 50 名大庆市的 3.51 倍。说明要提升区域协调发展水平，需关注排名位于前端的城市，重点从挖掘产业发展潜力、提升创新创造水平、推动区域高质量发展等方面着手打造更加均衡的、协调的区域发展格局。

从表 4-7 看，得分最低的是昭通市，平均数为 0.0933，其次是定西市 0.1096，接着是绥化市、阜阳市、保山市、曲靖市、武威市，平均数在 0.12 以下，0.12~0.13 区间的有 18 个，0.13~0.14 区间的有 16 个，0.14~0.15 区间的有 9 个，倒数 50 名均值均在 0.1414 以下。从样本归属看，中部、西部地区地级市较多，东部地区、东北地区地级市样本较少；一般地级市居多，行政等级较高的地级市较少。从样本之间差距看，倒数 50 名地级市区域协调发展水平相对集中在低水平区域，倒数第 50 名的南充市的区域协调水平值是倒数第一名昭通市的 1.5155 倍。说明提升区域协调发展水平需将弥补短板工作作为关键工作去展开，特别是国家需要加大投入力度集中扫除协调发展水平较低的城市，从改善公共服务、提升区域生态环境水平、推动区域经济稳定发展、强化产业联动等方面全方位提升区域协调发展水平。

从整体上看，不同地级市之间区域协调发展水平差异较大，例如均值得分第 1 名的深圳市的分值是倒数第 1 名昭通市的 10.22 倍。这也客观上验证了党的十九大报告提出的主要矛盾突出表现为发展不平衡、不充分的矛盾，加大力度推动后发区域发展，提升区域发展能力也显得日益迫切。另外，排名前 50 位的分布区间在 0.9533 到 0.2718，跨度为 0.6815；排名后 50 位的分布区间在 0.1414 到 0.0933，跨度为 0.048，表明排名靠前的区域跨度大，排名靠后的城市跨度小且比较集中，可见要推动区域协调发展，需要加大力度推进条件较好的城市进一步挖掘发展空间、专注改善公共服务、提升生态环境水平，且排名靠后的城市区域协调发展水平提升任务重、难度大，更需要进一步推进中西部地区地级市集中力量提升自身发展能力，加大力度支持本地产业转型升级，带动公共服务改善，提升区域协调水平。

（四）区域协调发展水平预测

2001～2018 年中国区域协调发展水平逐渐提升，那么这种趋势是否能够保持稳定，接下来的"十四五"期间区域协调发展的态势如何？本书尝试利用模型对区域协调发展趋势进行预测。利用 GM（1，1）模型预测未来 7 期（2019～2025 年）全国区域协调发展水平。第一步，对 2001～2018 年区域协调发展水平得分值与 GM（1，1）模型拟合结果进行残差检验，结果是 17 个年份的残差值都在 10% 以内，表明 GM（1，1）模型拟合结果能够较好地拟合原始数据，样本预测具备精确性前提。第二步，对 GM（1，1）模型预测的平均相对残差（$\overline{\varepsilon_r}$）和平均级比偏差（$\overline{\eta}$）进行检验，一般认为 $\overline{\varepsilon_r} < 0.1$ 和 $\overline{\eta} < 0.1$ 时，就说明预测结果对原数据预测效果较好。[1] 预测显示 $\overline{\varepsilon_r} = 0.0372$，$\overline{\eta} = 0.0365$，结果均小于 0.1，表明结果符合预期。

---

[1]　第一，残差检验。定义相对残差为 $\varepsilon_r(k) = \dfrac{|x^{(0)}(k) - \hat{x^{(0)}}(k)|}{x^{(0)}(k)} \times 100\%$，$k = 2$，3，…，$n$，进而得出平均相对残差 $\overline{\varepsilon_r} = \dfrac{1}{n-1}\sum\limits_{k=2}^{n}|\varepsilon_r(k)|$，一般认为 $\overline{\varepsilon_r} < 10\%$ 时，预测模型对原数据拟合效果非常好；$\overline{\varepsilon_r} < 20\%$ 时，预测模型对原数据拟合效果一般；$\overline{\varepsilon_r} > 20\%$ 说明预测模型对原数据拟合效果差，不建议使用 GM（1，1）预测。

第二，级比偏差检验。定义原始数据级比：$\sigma(k) = \dfrac{x^{(0)}(k)}{x^{(0)}(k-1)}$，根据预测的发展系数（$-\hat{\alpha}$）得出级比偏差 $\eta(k) = \left|1 - \dfrac{1 - 0.5\hat{\alpha}}{1 + 0.5\hat{\alpha}}\dfrac{1}{\sigma(k)}\right|$。进而得出平均级比偏差 $\overline{\eta} = \sum\limits_{k=2}^{n}\eta(k)/(n-1)$。一般认为 $\overline{\eta} < 10\%$ 时，预测模型对原数据拟合效果非常好；$\overline{\eta} < 20\%$ 时，预测模型对原数据拟合效果一般；$\overline{\eta} > 20\%$ 说明预测模型对原数据拟合效果差，不建议使用 GM（1，1）预测。

$\varepsilon(k)$ 和 $\eta(k)$ 的值越小，说明预测值 $\hat{x^{(0)}}(k)$ 与原始值 $x^{(0)}(k)$ 越靠近，当其趋近于 0 时，预测值就等于原始值。

具体预测结果如表4-8所示，结果表明，到"十四五"期间全国区域协调发展水平将保持稳定提升的趋势。已有检验的情况表明，采用GM（1，1）模型预测的区域协调发展状况符合稳健性要求。这是根据模型的预测，具体实际操作中还需要政策积极配合、着力应对内外复杂多变的形势。最近几年国家高度重视区域协调发展，积极推进区域协调发展战略，从顶层设计上将区域协调发展提升到更高维度，区域之间的发展差距确实有弥合趋势，协调程度也在提高，区域协调发展水平也整体保持稳定趋势。当然也需更关注区域协调发展中的区域不协调、不充分的问题，将弥补短板与齐头并进相结合，推动区域协调发展水平整体提升。

表4-8　　　　2019~2025年全国区域协调发展水平预测值

年份	2019	2020	2021	2022	2023	2024	2025
预测值	0.3485	0.3643	0.3800	0.3961	0.4127	0.4302	0.4486

四、本章小结

新发展格局下准确评价区域协调发展水平、摸清区域协调发展现状有助于推动区域协调发展战略的推进，带动区域高质量发展。基于分析目标，本书以2001~2018年中国288个地级市面板数据为基础，构建区域协调发展指标体系，评价了全国、四大板块、各个地级市区域协调发展水平，采用GM（1，1）模型预测了区域协调发展趋势，具体结论如下：

第一，全国区域协调发展水平整体保持明显上升趋势，经历了逐步提升（2001~2013年）、小幅下降（2014~2016年）、持续上升（2017~2018年）的波动提升态势。区域协调发展水平与国家关于区域协调发展政策支持高度相关。为了更好地推动区域协调发展，仍需更加精准的政策配比，全方位加大区域协调发展政策的支持力度，推动区域协调发展。

第二，四大板块区域协调发展都呈现整体上升趋势，同时不同板块之间差距显著，并且有扩大趋势，区域协调发展水平逐渐呈现出东区＞西部＞中部＞东北地区的"两边高中间低"格局。需要重点支持中部地区"中部崛起"战略推动，加大中部地区协调发展战略的政策支持；关注东北区域的协调发展情况，着力推动新发展格局下"振兴东北"战略的演进，改善东北发展水平；着力落实新发展格局下新一轮的"西部大开发"战略，推动西部地区加大投入，改善公共服务水平，强化区域协调发展能力；关注东部地区发展，提升东部区域产业发展潜力，把握东部区域协调发展的重点和突破口，重点突破。

第三，各个地级市区域协调发展水平都保持稳定提升趋势，同时不同地级市之间区域协调发展水平差异较大。客观上说明推动后发区域发展，提升区域发展能力显得日益迫切。前50名的地级市得分跨度大，表明关注排在前列的公司需要有侧重点，实现重点突破；排名倒数50名的地级市得分跨度小，集中分布在中西部地区，处于较低水平，表明需要集体弥补短板，加大政策支持力度，整体提升这些区域的协调发展水平。

第四，用GM（1，1）模型预测，结果显示，到"十四五"期间全国区域协调发展水平将保持稳定提升的趋势。为了让这种趋势落地，需要更加重视区域协调发展的顶层设计，针对性地将"定点突破"和"弥补短板"措施结合，保障"十四五"区域协调发展水平上一个新台阶。

第五章

产业转移对区域协调
发展影响的实证研究
——基于中国地级市的经验证据

一、引　言

新发展格局下，畅通产业、技术、人才等空间流动渠道，改善区域发展要素配置状况，对于区域高质量发展至关重要。区域产业转移是加快循环的重要方式，通过产业转移，推动区域经济循环、社会服务循环、人才循环、要素循环，各个区域能挖掘潜能、发挥自身特色，进而带动区域协调发展。发挥产业转移对区域协调发展的效应，要先论证产业转移是否能够带动区域协调发展。

国际上的经典理论虽未直接论证产业转移与区域协调发展的内在联系，却暗含着产业转移能够弥合区域发展差距的意义，只是不同理论有不同解释，例如，赤松要（Akamatsu Kaname）的雁形形态理论论述了产业由不具有边际优势的地区（国家）转向具有边际优势的地区（国家），从而缩小不同区域发展差距的观点；弗农（Vernon）生命周期理论提出产品属于不同周期能够实现区域（国家）之间配置，有助于缩小区域产品、产业发展差距。国内学者多数认为产业转移是化解区域不协调的关键出路之一（樊士德、姜德波，2014）。在发挥作用的形式或者路径上，提出将尊重市场规律与政府调控相结合（蒋寒迪，2006），或者重点发挥政府有序引导作用，强化组织体系的功能（覃成林、梁夏瑜，2010），张少军（2009）、赵蓉、赵立祥、苏映雪（2020）则从全球价值链视角入手，提出参与全球价值链的产业转移是推动产业发展和区域协调的关键因素，也有学者从要素流动（王必达、苏婧，2020）、比较优势（王欣亮，2015）、空间结构优化（张治栋、吴迪，2009）的角度解释产业转移对区域协调发展的影响，具体到区域内部看，不同区域需区别对待。长三角等东部地区需要产业外移来提升产业高度化水平，中西部地区需要承接产业转移来提升经济实力（赵峰、姜德波，2011）。也有学者分析中国产业转移过程中出现区域差距过大、产业创造能力并未完全改善、公共服务能力较弱、产业转移出现粘性、生态环境遭受破坏、产业回流现象出现等突出问题，进而得出产业转移并未有效带动区域协调发展的结论（樊士德、姜德波，2014；皮建才、仰海锐，2017）。

可见，产业转移是否带动区域协调发展理论上并未得出一致结论，仍有进一步论证的空间。同时，已有的研究中理论分析、逻辑论证和案例研究较多，经验验证的研究成果相对较少，因此需要进一步的实证经验研究支撑。加之现有经验研究中将区域协调发展等同于区域经济差距的较多，从经济、社会、生态等综合考虑的较少；构建指标评价区域协调发展状况的研究相对较多，在此基础上探讨与产业转移关系的文献较少；从样本范围看，省级数据较多，地级市的经验数据较少。基于此，为了更加清晰地厘清产业转移对区域协调发展的影响，本书尝试收集了 2003～2018 年全国 288 个地级市的样本数据，采用前文构建的区域协调发展指数作为被解释变量，分析产业转移对区域协调发展的影响，以便回答发展格局下产业转移是否带动区域协调发展的问题。

二、产业转移的度量、测算

(一) 产业转移的度量指标

要了解产业转移对区域协调发展的影响，需要首先准确度量产业转移的现状，把握产业转移的变化方向。有关于产业转移的衡量历来是研究者探索的一个难点，已有的衡量方式尚未形成完全一致的标准。国外部分研究将产业转移划定为企业变迁和产业的绝对变化（Arauzo，2008），中国由于企业变动信息不全，数据难以直接达到这样的精准度，所以我国衡量产业转移问题较多采用间接衡量的方式（胡安俊、孙久文，2014）。比较常见是采用行业集中度、区位熵、基尼系数、赫芬达尔指数等产业专业化或者聚集化指标（雒海潮等，2014；张公嵬、梁琦，2010；范剑勇，2004；冯南平、杨善林，2012；吴林海、陈继海，2018），这些方法的优势在于能比较直接地测度出具体值，具有直观性和准确性，劣势在于专业化、聚集化并不完全等于产业转移，会存在一定偏误。采用总产值、就业人员变化作为区域产业转移指标的研究比较普遍（胡安俊、孙久文，2014；孙晓华等，2018），其优势在于能够比较直接地识别出产业产值或者人口变化，进而得出区域产业的变动情况，不足之处在于导致产值或者人员变化的可能还有其他因素，从而可能存在偏误。也有学者尝试从其他视角探索，例如利用投入产出表的变化（刘红光等，2011），省外到达资金、FDI 表征（朱少康，2018），工业生产总值与全国工业生产总值增长比率（张秀生、黄鲜华，2017）。考虑到相对较多学者使用产值或者人员变化测算不同区域产业动态变化水平且地级市面板数据也相对可得，得出的结论也具有相对稳定性，更适用于本书的分析，加之从狭义口径描述的产业转移看，产业转移的主要表现是产业在不同区域、时间的变动过程，故本书初步选取不同地区不同产业工业总产值占全国该行业的总产值比例变化之差作为指标。考虑到这一指标存在忽略当地经济自然增长带来的产值变化的问题，故在最终测算中结合宏观经济因素进行。

具体看，为了弥补这一可能存在的问题，本书结合一些学者将地区经济占全国经济比重加入工业产值比重变化中的做法（吴林海、陈继海，2018），公式如下：

$$IT_{ci,t} = P_{ci,t} - P_{ci,t_0} = \frac{q_{ci,t}}{\sum\limits_{c=1}^{n} q_{ci,t}} \Bigg/ \frac{\sum\limits_{i=1}^{m} q_{ci,t}}{\sum\limits_{i=1}^{m}\sum\limits_{c=1}^{n} q_{ci,t}} - \frac{q_{ci,t_0}}{\sum\limits_{c=1}^{n} q_{ci,t_0}} \Bigg/ \frac{\sum\limits_{i=1}^{m} q_{ci,t_0}}{\sum\limits_{i=1}^{m}\sum\limits_{c=1}^{n} q_{ci,t_0}}$$

$$(5-1)$$

本书主要使用公式（5-1）来测算产业转移的变化值。考虑到不同产业之间的变动出现负值参与到回归分析当中可能影响结果，加之使用除法能够度量到不同地区的变化程度，故尝试在公式（5-1）的基础上做出一些调整，采用稍加调整的动态化方式衡量产业转移，进行稳健性分析，其度量公式如下：

$$IT_{ci,t} = P_{ci,t}/P_{ci,t_0} = \left(\frac{q_{ci,t}}{\sum\limits_{c=1}^{n} q_{ci,t}} \Bigg/ \frac{\sum\limits_{i=1}^{m} q_{ci,t}}{\sum\limits_{i=1}^{m}\sum\limits_{c=1}^{n} q_{ci,t}} \right) \Bigg/ \left(\frac{q_{ci,t_0}}{\sum\limits_{c=1}^{n} q_{ci,t_0}} \Bigg/ \frac{\sum\limits_{i=1}^{m} q_{ci,t_0}}{\sum\limits_{i=1}^{m}\sum\limits_{c=1}^{n} q_{ci,t_0}} \right)$$

$$(5-2)$$

公式（5-1）和公式（5-2）中 c 表征地区，t 表征年份，i 表征行业，$q_{ci,t}$ 表示某地某一行业的产值，$\sum\limits_{c=1}^{n} q_{ci,t}$ 表征 i 行业的产值加总，$\sum\limits_{i=1}^{m} q_{ci,t}$ 表征 c 地全部行业产值加总，$\sum\limits_{i=1}^{m}\sum\limits_{c=1}^{n} q_{ci,t}$ 表征全部行业全部地区的产值加总。$IT_{ci,t}$ 是区域产业转移的度量单元，表明除去其他因素干扰下，区域产业从基期到目标期之间的变化程度。根据公式（5-1），若

$IT > 0$，表征相比基准年度目标年度产业是转入的，IT 值代表产业转入的程度；若 $IT < 0$，表征相比基准年度目标年度产业是转出的，IT 值代表产业转出的程度。这样的测算方式能够同时兼顾产业转移的时空变化的方向，也能够度量产业转移的变化程度。

按照公式（5-1）的运作方式，需要选择产业转移测算基准期限。考虑到 2000~2002 年区域产业样本数据存在较多的缺失，可能影响测算结果的准确性，加之 2003 年以来我国南方开始出现"用工荒"，表明产业开始逐步由东南部转移，故参考吴林海、陈继海（2018）的做法，选取 2003 年作为基准期限是较佳的选择。

产业转移测算的对象是全国 288 个地级市，选取的时间维度为 2003~2018 年，经济规模用当年地区 GDP 来表征，测算方式为公式（5-1），数据主要从《中国区域经济统计年鉴》《中国城市统计年鉴》收集，部分缺失数据从各省市统计年鉴采集。测度涉及的价格、产值变量均经过不变价处理①。为了更加精确地测度不同区域的产业转移情况，使用 2003~2018 年以来各个区域产业转移的平均值来测算产业转移转入或者转出情况。

（二）产业转移的测算

使用产业转移的测算公式（5-1）测算区域产业转移情况，并对 2003~2018 年样本数据进行平均处理，得到不同层次区域产业转移的情况。

对测算得到的 288 个地级市 2003~2018 年产业转移数据，按照样本进行平均化处理，依据不同板块进行划分，得到全国及四大板块

---

① 文章中涉及价格变化的数据均进行了不变价处理。之所以这样处理，原因在于消除价格因素外的数据更能体现当年经济等指标的真实情况，更具有准确性。若未能消除价格因素，可能隐含通货膨胀因素，致使分析结论失真。

产业转移的平均值，如图 5 - 1 所示。全国及四大板块产业转移经历了由平缓增长（2003～2013 年）到加速转移（2014～2018 年）的趋势。自 2003 年东南沿海出现"民工荒"，全国范围内的产业转移逐渐展开（张公嵬、梁琦，2010）。到 2010 年 9 月国家出台《国务院关于中西部地区承接产业转移的指导意见》，并在中西部地区逐步建立国家级承接产业转移示范区，表明国家开始逐渐从国家政策层面引导产业有序转移，以期通过政策试点来探索出产业转移发展规律，带动产业转移实践发展。产业转移数据也验证了 2010 年开始产业转移增速有加快趋势。国家在政策方向逐渐强化，制定了"区域协调发展战略"等国家战略，关注产业转移问题，并专门出台推动产业转移的政策，加之前期政策的溢出效应逐步显现，产业转移从 2013 年开始逐步加速推进。

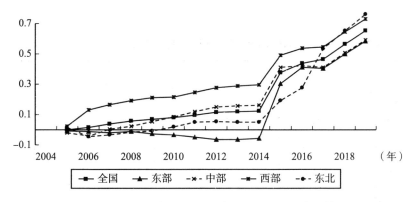

图 5 - 1　2003～2018 年全国产业转移及四大板块产业转移水平

具体到四大板块内部看，东部地区 2013 年以前属于产业转出区域，2014 年后转入趋势逐渐加速。21 世纪以来东部地区产业升级，部分产业逐步向中西部地区转移，使得东部地区较长时间内属于产业转出区域；2014 年开始国家强化经济改革，引导产业创新，加之"粤港澳大湾区建设""长江三角洲一体化"等国家战略的推动，东部地区着力培养创新创业能力，使得高端制造业、创新性产业发展较快，这些产业吸收了全国乃至世界优势资源，东部地区产业逐渐呈现加速转入趋势。中部地区在 2016 年以前属于产业转出区域，2006 年以后产业逐渐转入。主要原因在于，在进入新世纪后中部地区陷入"实力不如东部，增速不如西部"的发展困境，要求"中部崛起"呼声越来越高，2006 年国家将"中部地区崛起"作为一项国家战略开始扶持，使得中部地区发展条件改善，逐渐开始承接产业转移。西部地区产业转移保持稳步增长。2000 年国家推进西部大开发，引导西部地区吸收投资、承接产业转移，至今西部地区仍然是产业承接的重要区域。东北区域有"振兴东北"政策的支持，2005～2008 年东北地区产业和企业呈现转出趋势，但随着近几年国家开始重视东北地区的发展，产业有回流到东北的态势，进而 2014 年后东北地区产业转移加强。见表 5 – 1。

表 5 – 1　　　　　　　全国及四大板块区域产业转移情况

年份 \ 区域	全国	东部	中部	西部	东北
2004	0.0001	- 0.0080	- 0.0181	0.0221	0.0156
2005	0.0159	- 0.0140	- 0.0436	0.1303	- 0.0475
2006	0.0388	- 0.0184	0.0028	0.1632	- 0.0349
2007	0.0556	- 0.0140	0.0214	0.1885	- 0.0164
2008	0.0679	- 0.0267	0.0510	0.2103	- 0.0087
2009	0.0785	- 0.0356	0.0816	0.2138	0.0187
2010	0.0953	- 0.0516	0.1156	0.2414	0.0470
2011	0.1125	- 0.0644	0.1485	0.2749	0.0507
2012	0.1177	- 0.0655	0.1560	0.2865	0.0498
2013	0.1223	- 0.0597	0.1607	0.2923	0.0484

年份＼区域	全国	东部	中部	西部	东北
2014	0.3742	0.2993	0.4063	0.4886	0.1913
2015	0.4328	0.4065	0.4188	0.5343	0.2750
2016	0.4600	0.3991	0.4076	0.5423	0.5307
2017	0.5593	0.4958	0.5038	0.6404	0.6465
2018	0.6457	0.5806	0.5866	0.7238	0.7533

从地级市层面看，按照平均值排名，转入区域前 50 名如表 5 - 2 所示。第一，中西部普通地级市占据产业转入前 50 名的主要席位，表明中西部地区是承接产业转移的主体，普通地级市重视产业转移，依靠规模化的产业转移求发展。这与经验证据一致，自 2010 年以来，国家在中西部地区通过设立产业转移示范区、提出新时期西部大开发和中部崛起等多项国家战略支持区域发展，中西部地区基础条件改善，借助产业转移发展取得一定成效。第二，不同地区产业转移平均值差别较大，例如排名第 1 的榆林市为 1.8249，排名 50 名的铜陵市为 0.3654，前者是后者的 4.99 倍。表明不同区域承接产业转移状况存在较大差别，中西部地区普通城市可以加大产业承接力度，力争承接更大规模的产业转移。

从产业转出区域看，288 个地级市中有 53 个产业转移平均值呈现负值（见表 5 - 3）。观察这些区域可以发现：第一，产业从东部发展较好的地区转移到中西部。例如海口市（- 0.1818）、厦门市（- 0.1821）、深圳市（- 0.1409）、温州市（- 0.1327）、广州市（- 0.0902）、福州市（- 0.0669）、杭州市（- 0.0604）、青岛市（- 0.0245）、南京市（- 0.0138）、苏州市（- 0.0133）为东部地区经济发展较好的区域，也是产业腾笼换鸟需求较大、区域产业结构调整政策较明显的区域。

表 5 - 2　　　　　　　产业转移均值为正、排名前 50 的地级市

序号	城市	产业转移	序号	城市	产业转移	序号	城市	产业转移
1	榆林市	1.8249	18	铁岭市	0.6540	35	清远市	0.4238
2	延安市	1.7261	19	呼伦贝尔市	0.6055	36	庆阳市	0.4233
3	铜川市	1.4076	20	辽源市	0.5860	37	宿州市	0.4190
4	潜江市	1.3227	21	商洛市	0.5756	38	郴州市	0.4120
5	仙桃市	1.2746	22	梧州市	0.5727	39	娄底市	0.4098
6	乌兰察布市	1.2231	23	河源市	0.5592	40	吕梁市	0.4084
7	天门市	1.2220	24	防城港市	0.5071	41	汕尾市	0.4052
8	宝鸡市	1.1436	25	铜仁市	0.4974	42	泸州市	0.4023
9	渭南市	1.0491	26	白城市	0.4842	43	怀化市	0.4006
10	咸阳市	1.0387	27	北海市	0.4827	44	湘潭市	0.3956
11	中卫市	0.8254	28	赤峰市	0.4658	45	鹰潭市	0.3931
12	毕节市	0.7911	29	资阳市	0.4538	46	吉安市	0.3876
13	通辽市	0.7178	30	四平市	0.4531	47	钦州市	0.3777
14	汉中市	0.6768	31	辽阳市	0.4445	48	阜新市	0.3679
15	西安市	0.6708	32	百色市	0.4330	49	柳州市	0.3659
16	安康市	0.6672	33	菏泽市	0.4281	50	铜陵市	0.3654
17	巴彦淖尔市	0.6545	34	崇左市	0.4245			

第二，中西部产业发展较好的区域或者城市产业向周边区域转移。西部地区兰州市（－0.1399）、呼和浩特市（－0.0478）、成都市（－0.0501）、昆明市（－0.0500），中部地区太原市（－0.1118）、武汉市（－0.0082）等中西部地区较大的城市或者区域内经济条件较好的城市。第三，中西部部分普通地级市产业也呈现转出趋势。例如，中部地区黄冈市（－0.2435）、运城市（－0.1767）、南阳市

（－0.1017）、十堰市（－0.1095）、洛阳市（－0.1068）、荆州市
（－0.0854）、随州市（－0.0851）、咸宁市（－0.0746）等，西部地
区天水市（－0.0553）、嘉峪关市（－0.0586）、阳泉市（－0.0278）
等区域。

表5－3　　　　　　产业转移均值为负的54个地级市

序号	城市	产业转移	序号	城市	产业转移	序号	城市	产业转移
1	海口市	－0.1818	19	洛阳市	－0.1068	37	大庆市	－0.0669
2	伊春市	－0.2686	20	台州市	－0.1082	38	嘉峪关市	－0.0586
3	黄冈市	－0.2435	21	定西市	－0.0344	39	廊坊市	－0.0366
4	三亚市	－0.0479	22	随州市	－0.0851	40	孝感市	－0.0226
5	葫芦岛市	－0.1992	23	双鸭山市	－0.0694	41	牡丹江市	－0.0211
6	运城市	－0.1767	24	天水市	－0.0553	42	青岛市	－0.0245
7	贵阳市	－0.1402	25	咸宁市	－0.0746	43	阳泉市	－0.0278
8	兰州市	－0.1399	26	福州市	－0.0669	44	盘锦市	－0.0307
9	厦门市	－0.1821	27	呼和浩特市	－0.0478	45	信阳市	－0.0117
10	大同市	－0.1522	28	驻马店市	－0.0539	46	南京市	－0.0138
11	太原市	－0.1118	29	成都市	－0.0501	47	苏州市	－0.0133
12	深圳市	－0.1409	30	昆明市	－0.0500	48	曲靖市	－0.0099
13	温州市	－0.1327	31	杭州市	－0.0604	49	武汉市	－0.0082
14	哈尔滨市	－0.0719	32	张家口市	－0.0475	50	韶关市	－0.0074
15	南阳市	－0.1017	33	长春市	－0.0451	51	玉溪市	－0.0091
16	广州市	－0.0902	34	鸡西市	－0.0327	52	漯河市	－0.0050
17	十堰市	－0.1095	35	金华市	－0.0450	53	黄石市	－0.0042
18	荆州市	－0.0854	36	威海市	－0.0463			

三、研究设计

（一）模型设定

为了研究产业转移对区域协调发展的影响，实证研究部分采取比较普遍使用的固定效应和随机效应模型来处理面板数据。具体的模板方程估计如下：

$$Coordinate_{it} = \beta_0 + \beta_1 IT_{it} + \sum \beta_j X_{it} + \varepsilon_{it} \qquad (5-3)$$

公式（5-3）中 i 代表地区，t 代表时间，$Coordinate_{it}$ 是被解释变量，反映区域协调发展情况。IT_{it} 是核心解释变量，表征区域产业转移变化值。X_{it} 是控制变量，主要为了使结论更加稳健，控制其他变量的影响。ε_{it} 为残差项。B_1 是最核心的参数，代表产业转移与区域协调关系，当 $B_1 > 0$ 时，意味着产业转移能够促进区域协调发展；当 $B_1 < 0$ 时，意味着产业转移抑制区域协调发展；B_1 的大小则反映影响程度，B_1 越大，表明产业转移对区域协调发展影响越大，反之则越小。

（二）变量选择

为了验证产业转移与区域协调发展的关系，需选取准确的解释变量和被解释变量作为分析的依据。

被解释变量。区域协调发展水平（*coordinate*）。以往的研究中较多将区域协调发展等同于区域经济差距、区域经济协调，存在着考虑较为单一的不足，本研究中区域协调发展主要表征区域在经济、产业、社会、生态等多维视角下区域协调发展状况。根据新发展格局要求，确立区域协调发展目标体系，选取区域协调发展的 12 个二级指标，构建区域协调发展水平指数。以构建的区域协调发展水平指数来衡量区域协调发展的情况，其优势在于比较全面、准确，避免只考虑经济因素或者公共服务的单一性，也能使研究结论更加精准。稳健性分析部分选取的是熵权法施加权重后计算的区域协调发展水平指标。

核心解释变量。产业转移（*IT*）是实证研究中的核心变量，表达的是产业在不同区域的配置和变动情况。考虑到相对较多学者使用产值或者人员变化测算不同区域产业动态变化水平，且地级市面板数据也相对可得，得出结论也具有相对稳定性，更适用于本书的分析，由此，本书选取不同地区不同产业工业总产值占全国该行业的总产值比重的差别来衡量产业转移状况，以不同地区不同产业工业总产值占全国该行业的总产值比重的比值作为备选，稳健性检验部分以就业人数占全国总比例的变化来进行衡量，以便结论更加精准。

其他控制变量。为了避免变量遗漏可能带来的结果失真，根据已有的研究和文章实际需要，选取了一些控制变量。①人均资本存量（*far*）。资本存量是推动产业升级、公共服务改善、经济发展的重要要素，对于区域协调发展起到直接推动影响。参考黄新飞、杨丹（2017）的做法，选取"地区固定资产投资与当地总人口比值取对数"来表征。②外商直接投资（*fdi*）。改革开放以来中国经济取得如此巨大成绩离不开外商直接投资的作用（吴林海、陈继海，2003；雷俐等，2020），已有的研究也论证了外商直接投资对于区域经济增长、协调发展的作用（孙晓华等，2018；雷俐等，2020）。采用"年度区域实际使用外资额与 GDP 比值"来表征。鉴于本书使用的是地级市样本数据，外商直接投资需要通过对应年度美元与人民币汇率换算，再除以当年 GDP。③人力资本水平（*hum*）。随着经济的发展，地区竞争力的形成越来越依靠人力资本的作用，人力资本越集中越能够发挥人才集聚效应，越有助于创新、创造的涌现，从而带动区域发展（严立刚、曾小明，2020；胡安俊、孙久文，2014）。参考已有的研究和文章需要，采用"当地普通高等学校在校生人数与当地总人口比值"来表征。④政府参与度（*gov*）。锦标赛竞争体制下，各个地方政府都出台政策吸引产业转移，带动产业转型升级，利用政府购买提高区域公共服务的能力，利用能够掌握的资源带动当地发展（赵蓉等，2020）。因此，选取"政府预算内支付与 GDP 比值"来表征。⑤储蓄水平（*sav*）。地区储蓄额度是经济活动的重要储备，能够为经济发展提供资金支持，也能带动区域协调发展。故选取"城乡居民年末储蓄余额与 GDP 比值"表征。⑥工业化水平（*sec*）。工业化反映一个地区的产业发展水平，借鉴已有研究成果采用"第二产业增加值占 GDP 比重"来表征（黄新飞、杨丹，2017）。

（三）数据来源与描述性统计

考虑到 2000~2002 年数据缺失较多，故未将 2000~2002 纳入样本范围，本书采集的面板数据涵盖全国 288 个地级市，时间维度为 2003~2018 年，数据主要从《中国城市统计年鉴》收集。数据收集中存在部分缺失值，通过插值法处理。考虑到年度数据可能存在时间偏误，故对涉及的价格数据均经过了不变价处理。考虑到样本中有些值存在着较大的偏误，采用千分之一缩尾法处理。利用模型的计算公式对数据进行计算处理得出相应的值，具体的样本描述性统计结果如表 5-4 所示。

依据表 5-4 的显示，被解释变量 *coordinate* 的平均值为 0.235，中位数为 0.179，最小值为 0.0637，最大值为 6.045，表明样本整体分布偏左，跨度较大，数据之间差别较大，符合实证研究需要。使用熵权法计算的 *coordinate*1 平均值与中位数为 0.163，0.162，最小值为 0.0213，最大值 0.688，表明样本分布较为均匀，跨度也较大，符合实证需要。核心解释变量 *IT* 的平均数为 0.200，中位数为 0.0754，表明不同年份不同区域工业产值占全国比重差别分布集中在偏左的位置，说明较多地区工业产值占全国比重差别处于相对较低比例；*IT* 的最小值为 - 0.656，最大值为 2.644，表明不同区域工业产值占全国比重分布广泛，存在较大差别。备用的 *IT* 指标平均值与中位数为 1.254 和 1.074，最小值为 0.261，最大值为 9.978，表明样本分布较为均匀，跨度也较大，符合实证需要，其他变量表述性统计结果具体见表 5 - 4。

表 5 - 4　　　　　　　　　变量及数据描述性统计

变量性质	变量名称	含义	样本数	平均值	中位数	标准差	最小值	最大值
被解释变量	*coordinate*	层次分析法测算的区域协调发展水平	4540	0.235	0.179	0.311	0.0637	6.045
	*coordinate*1	熵权法赋予权重的协调发展水平	4608	0.163	0.162	0.0257	0.0213	0.688
核心解释变量	*IT*	产业转移：样本区域工业总产值占全国该工业总产值比重差	4553	0.200	0.0754	0.376	- 0.656	2.644
		产业转移：样本区域工业总产值占全国该工业总产值比重比（备用）	4359	1.254	1.074	0.627	0.261	9.978
控制变量	*far*	人均资本存量：人均固定资产投资取对数	4582	9.645	9.785	1.082	6.484	12.07
	fdi	外商直接投资：实际使用外资额占 GDP 比例	4532	2.048	1.262	2.644	0	45.41
	hum	人力资本：高等学校在校生人数占总人口比例	4528	1.551	0.745	2.180	0	12.55
	gov	政府参与度：政府预算内支付与 GDP 比值	4583	16.66	13.93	11.81	4.068	205.1

续表

变量性质	变量名称	含义	样本数	平均值	中位数	标准差	最小值	最大值
控制 变量	*sav*	储蓄水平：城乡居民年末储蓄余额与 GDP 比值	4583	72.51	67.93	27.20	16.25	284.3
	sec	工业化水平：第二产业增加值占 GDP 比重	4568	48.05	48.36	10.95	15.75	89.34

四、实证结论及分析

（一）基准回归结论

结合前文对产业转移和区域协调发展变量的确定，采用 2003 ~ 2018 年面板数据检验产业转移对区域协调发展的影响（见表 5 - 5）。当固定效应与随机效应结果不一致时，以固定效应结果为准；被解释变量方面同时使用层次分析法测算的区域协调发展指标和熵权法测算的区域协调发展指标①。

表 5 - 5 中模型（1）~（2）和模型（5）~（6）在未添加控制变量时，*IT* 对 *Coordinate* 和 *Coordinate*1 的影响是正向的，且在 1% 的显著性水平下显著，说明产业转移能够显著带动区域协调发展。随后模型（3）~（4）和模型（7）~（8）为考虑控制变量的回归结果，添加控制变量后模型的 R^2 显著提高，这表明引入控制变量提高了模型的可信度。加入控制变量后，不论是固定效应还是随机效应，*IT* 对 *Coordinate* 和 *Coordinate*1 的影响均为正，且在 1% 的显著性水平下显著。

---

① 为了保证回归结论的准确性，同时列出固定效应和随机效应的结果，基于 Hausman 检验模型适用于使用固定效应。

可见不论是否添加控制变量、是采用固定效应还是随机效应，IT 对 *Coordinate* 和 *Coordinate*1 影响均显著为正，说明产业转移能够显著带动区域协调发展，与王欣亮（2015）使用省际数据回归的结论基本一致。因此，在国家政策支持产业转移并配置相关手段扶持产业的情况下，产业转移改善了区域发展环境、提高了公共服务水平，一定程度上有助于推动区域协调发展。

表 5 - 5　　　　产业转移影响区域协调发展：基准回归的结论

变量	Coordinate				Ccoordinate1			
	（1）	（2）	（3）	（4）	（5）	（6）	（7）	（8）
IT	0.1175 ***	0.1109 ***	0.0594 ***	0.0506 ***	0.0258 ***	0.0246 ***	0.0076 ***	0.0069 ***
	(13.20)	(12.59)	(5.70)	(4.92)	(36.84)	(35.29)	(11.43)	(10.49)
far			0.0264 ***	0.0305 ***			0.0088 ***	0.0092 ***
			(6.80)	(8.00)			(35.27)	(37.62)
fdi			- 0.0106 ***	- 0.0103 ***			- 0.0006 ***	- 0.0006 ***
			(- 8.64)	(- 8.50)			(- 7.73)	(- 7.98)
hum			0.0407 ***	0.0400 ***			0.0032 ***	0.0029 ***
			(10.39)	(11.35)			(12.70)	(13.16)
gov			- 0.0006	- 0.0009 **			0.0000	0.0000
			(- 1.37)	(- 2.20)			(1.24)	(0.11)
sav			- 0.0012 ***	- 0.0011 ***			- 0.0001 ***	- 0.0000 ***
			(- 8.53)	(- 8.10)			(- 6.15)	(- 5.50)
sec			- 0.0050 ***	- 0.0046 ***			- 0.0004 ***	- 0.0004 ***
			(- 10.70)	(- 10.22)			(- 12.50)	(- 12.14)
$\_cons$	0.2120 ***	0.2130 ***	0.2655 ***	0.2108 ***	0.1586 ***	0.1586 ***	0.0948 ***	0.0903 ***
	(72.88)	(12.82)	(7.09)	(5.34)	(685.68)	(147.50)	(39.26)	(36.13)
效应	fe	re	fe	re	fe	re	fe	re
N	4521	4521	4457	4457	4553	4553	4479	4479
F	174.2114		112.5685		1.4e + 03		767.7498	
R^2	0.0395	0.0395	0.1592	0.1586	0.2414	0.2414	0.5622	0.5617

注：* 、** 、*** 分别代表在 10%、5%、1% 的显著性水平上显著；括号内为 t 统计量；下同。

人均资本存量（*far*）、人力资本（*hum*）对被解释变量 *Coordinate*、*Ccoordinate*1 回归系数显著为正，可见人均资本存量、人力资本能够显著影响区域协调发展。外商直接投资（*fdi*）、储蓄水平（*sav*）、工业化水平（*sec*）对 *Coordinate*、*Ccoordinate*1 回归系数显著为负，可见外商直接投资、储蓄水平、工业化水平未能显著影响区域协调发展，甚至在一定程度上起到了加剧区域发展不平衡的作用。政府参与度（*gov*）对 *Coordinate* 回归显著为负、对 *Ccoordinate*1 不显著为正且影响系数小，可以看出政府参与度对区域协调发展的作用暂时不明显。显然需要强化人均资本存量，改善区域人力资源水平，同时也需改善政府参与方式，适当引导外商直接投资，规范储蓄管理方式，优化工业化发展方式，以便于更好地推动区域协调、均衡发展。

（二）异质性讨论

1. 划分产业转入区域与产业转出区域的异质性

基准回归结论论证了产业转移能够显著带动区域协调发展，那么产业转移的转入区域和转出区域的协调发展程度是否存在差别呢。按照产业转移的测算公式，以 2003～2018 年区域产业转移测算值平均值为基准，将均值大于 0 的划分为产业转入区域，将均值小于 0 的划分为产业转出区域；同时使用备选测算公式，当均值大于 1 时为产业转入区域，均值小于 1 时为产业转出区域。为了保障结果的精准，依据 Hausman 检验结果模型适用于使用固定效应，添加人均资本存量、区域人力资源等控制变量参与回归，回归结论如表 5 - 6 所示。

表 5 - 6 产业转入区域与产业转出区域的异质性

变量	Coordinate				Ccoordinate1			
	（1）	（2）	（3）	（4）	（5）	（6）	（7）	（8）
IT	0.0678 ***	0.0168			0.0074 ***	0.0136 ***		
	(8.96)	(0.25)			(12.73)	(3.71)		
IT（备）			0.0261 ***	0.0968			0.0037 ***	0.0166 ***
			(4.85)	(1.51)			(10.09)	(4.72)
控制变量	Yes	Yes	Yes	Yes	Yes	Yes	Yes	Yes
面板效应	Fe	Fe	Fe	Fe	Fe	Fe	Fe	Fe
N	3618	839	3454	839	3636	843	3464	843
F	154.2625	23.0716	139.0011	23.4519	938.2557	94.8498	862.6123	97.0758
R^2	0.2423	0.1717	0.2317	0.1741	0.6592	0.4589	0.6511	0.4646

　　根据回归结论，模型（1）、（3）和（5）~（7）是在添加控制变量时，IT 和 IT（备用）对 Coordinate 和 Coordinate1 的不同组合回归，系数均为正向，且在 1% 的水平上显著，表明产业转移能够显著带动产业转入区域协调发展。随后模型（2）和（4）是在添加控制变量时，IT 和 IT（备用）对 Coordinate 影响为正，不具有显著性；模型（6）和（8）是在添加控制变量时，IT 和 IT（备用）对 Coordinate1 影响为正，且在 1% 的水平上显著，表明产业转移对产业转出区域协调发展具有带动作用，可是这种带动作用具有统计上的不确定性。可见，在添加控制变量后，使用固定效应回归表明产业转移能够显著带动产业转入区域协调发展，却对产业转出区域协调发展带动作用并不那么显著。可能的原因是近几年国家引导中西部地区承接产业转移，并通过协调政策鼓励区域同时注重协同发展，从而提升了本地协调发展水平。而产业转出区域并未能够有效腾笼换鸟，及时改善区域公共服务，提升区域创新创业水平，以至于未能够有效带动区域协调发

展。因此，在构建"双循环"新发展格局视野下，需要关注产业转入和转出区域的实际，针对性地提出解决方案。

2. 划分四大板块的异质性

自改革开放以来，我国东部、中部、西部、东北部四大板块呈现不同的发展格局，那么四大板块之间产业转移对区域协调发展的影响是否存在异质性呢？依据 Hausman 检验结果模型适用于使用固定效应，本书尝试使用固定效应并在添加控制变量的情况下，区分产业转移对四大板块区域协调发展的影响，具体回归结论见表5-7。

表5-7   划分四大板块的异质性

变量	Coordinate				Ccoordinate1			
	(1) 东部	(2) 中部	(3) 西部	(4) 东北	(5) 东部	(6) 中部	(7) 西部	(8) 东北
IT	0.1185***	-0.0165	0.0792***	0.0278***	0.0114***	0.0028***	0.0064***	0.0050***
	(3.45)	(-1.09)	(9.87)	(5.07)	(5.47)	(2.58)	(10.88)	(5.80)
控制变量	Yes	Yes	Yes	Yes	Yes	Yes	Yes	Yes
面板效应	Fe	Fe	Fe	Fe	Fe	Fe	Fe	Fe
N	1337	1302	1280	538	1342	1312	1286	539
F	53.1330	24.5201	70.7632	64.6621	154.3464	342.9871	963.9051	212.0019
R^2	0.2299	0.1241	0.2943	0.4766	0.4634	0.6629	0.8496	0.7487

根据回归结论，模型（1）和（5）是在添加控制变量时，IT 对东部地区 Coordinate 和 Coordinate1 的影响系数为正，且在1%的水平上显著，表明产业转移能够带动东部地区区域协调发展；模型（2）和（6）是在添加控制变量时，IT 对中部地区 Coordinate 和 Coordinate1 回归系数为不显著的负号和显著的正号，表明产业转移未能够显著带动中部地区区域协调发展。模型（3）和（7）、模型（4）和（8）

分别是添加控制变量后，*IT* 对西部地区和东北地区 *Coordinate* 和 *Coordinate*1 的影响，回归系数为正，且都在 1% 的水平上显著，产业转移显著带动西部和东北地区区域协调发展。可见，产业转移显著带动了东部、西部、东北区域协调发展，却未能够显著带动中部地区协调发展。

从不同区域回归系数看，东部最大，西部次之，东北再次之，中部最后，表明产业转移对区域协调发展的作用表现为东部 > 西部 > 东北 > 中部，呈现出东部和东北部、西部高，中部低的"两边高、中间低"的发展趋势。可能出现的原因是自 2003 年以来，东部地区开始出现"民工荒"，在逐步开展产业转移的同时也注重改善区域公共服务，提升区域产业协同能力，改善区域发展差别，使得产业转移区域协调程度逐步提升，例如广东省在区域范围内引导产业转移，推动区域内部协调方面就取得明显效果（覃成林、梁夏瑜，2010）。西部地区由于发展基础薄弱，借助于西部大开发政策积极引进产业，使得区域发展水平有了较大提升，同时注重逐步改善公共服务，使得西部地区区域协调发展水平增长较快。东北地区借助于政策引导，近几年积极调整产业结构，提高区域公共服务水平，起到了一定的效果，使得区域产业转移能够有效带动区域协调发展。中部地区整体经济发展优于东北和西部、劣于东部地区，承接产业转移的同时未能像东部地区那样及时腾笼换鸟，未能使产业更新换代，改善服务，未能像西部、东北地区那样较大程度地改善经济发展水平、提升区域发展能力，中部地区产业转移可能呈现边际递减效应，多种因素共同作用，使得产业转移对中部区域协调发展产生显著带动作用。

3. 产业转移示范区与非示范区的异质性

示范区逐渐发挥着带动区域产业转移的作用（陈凡、周民良，

2020)①。那么，产业转移示范区作为探索产业发展出路、寻找中国经济新动能的区域发展战略，它是否存在带动区域内示范区与非示范区区域协调发展的显著差异呢？本书尝试依据 Hausman 检验结果使用固定效应，并在添加控制变量的情况下，对示范区与非示范区的区域协调发展异质性效应进行回归，结论如表 5 - 8 所示。

表 5 - 8　　　　　　　　　　示范区与非示范区异质性

变量	Coordinate				Ccoordinate1			
	(1)	(2)	(3)	(4)	(5)	(6)	(7)	(8)
IT	0.0298*** (4.13)	0.0603*** (5.27)			0.0043*** (8.82)	0.0079*** (10.78)		
IT（备）			0.0136** (2.27)	0.0327*** (4.01)			0.0039*** (8.94)	0.0044*** (9.25)
控制变量	Yes	Yes	Yes	Yes	Yes	Yes	Yes	Yes
面板效应	Fe	Fe	Fe	Fe	Fe	Fe	Fe	Fe
N	463	3994	425	3868	471	4008	425	3882
F	62.8061	105.1570	61.7750	100.7097	1.4e+03	646.7247	1.3e+03	610.6815
R²	0.5085	0.1648	0.5252	0.1632	0.9583	0.5473	0.9588	0.5409

根据回归结论，模型（1）、（3）和（5）、（7）是在添加控制变量时，IT 和 IT（备）对 Coordinate 和 Coordinate1 的不同组合回归，系数均为正向，且在 1% 的水平上显著，表明产业转移能够显著带动产业转移示范区区域协调发展。模型（2）、（4）和（6）、（8）回归

① 自 2010 年开始国家发改委在中西部、东北地区批复设立国家级承接产业转移示范区（以下简称示范区），截至 2020 年 12 月 18 日国家先后批复 11 个示范区，涵盖中西部 12 个省市、40 个市（区）。本书在设置示范区样本时，由于辽西北示范的批复时间是 2020 年 12 月 18 日，而本书能够采集的数据截至 2018 年，因此在进行实证分析时暂时未将辽西北示范区所包含的地级市纳入分析样本中。

结果表明产业转移对非示范区区域协调发展具有带动作用，可见产业转移能够同时带动示范区和非示范区区域协调发展。差异在于模型（2）、（4）和（6）、（8）中核心解释变量 IT 和 IT（备）的回归系数均大于模型（1）、（3）和（5）、（7）的，表明相较于示范区，非示范区区域产业转移对区域协调发展的带动作用更大，换句话说，示范区产业转移并未对区域协调发展发挥更大作用。可能的原因是示范区在政策引导下，产业转移过程中地方政府加大固定资产投资、更加注重区域经济发展指标的变化，却忽略了改善地区公共服务、提升均等化服务水平、改善区域生态环境，导致产业转移对区域协调发展的效应在一定程度未能及时释放。由此，在接下来推动示范区政策过程中，需注重引导产业转移导向，注重带动区域协调发展导向。

4. 行政中心城市与非行政中心城市的异质性

在我国不同行政等级的城市在获取资源、政府权限等方面存在很多差别，不同等级城市的存在是否可能导致区域协调发展存在差别呢。因此，依据 Hausman 检验结果使用固定效应，并添加控制变量的情况下，本书尝试区分行政中心城市与非行政中心城市样本的区域协调发展异质性效应，结论如表 5-9 所示。

表 5-9　　　　　　省会城市与非省会城市的异质性

变量	*Coordinate*				*Ccoordinate*1			
	（1）	（2）	（3）	（4）	（5）	（6）	（7）	（8）
IT	0.1572*** (2.90)	0.0588*** (5.55)			0.0186*** (4.44)	0.0072*** (11.03)		
IT（备）			0.1197*** (2.66)	0.0312*** (4.07)			0.0143*** (4.13)	0.0040*** (9.50)
控制变量	Yes	Yes	Yes	Yes	Yes	Yes	Yes	Yes
面板效应	Fe	Fe	Fe	Fe	Fe	Fe	Fe	Fe

续表

变量	Coordinate				Ccoordinate1			
	(1)	(2)	(3)	(4)	(5)	(6)	(7)	(8)
N	423	4034	409	3884	423	4056	409	3898
F	35.0084	87.6338	33.5269	83.1944	86.6622	726.8766	81.7743	680.4103
R^2	0.3865	0.1400	0.3843	0.1383	0.6093	0.5732	0.6036	0.5666

根据回归结论，模型（1）、（3）和（5）、（7）是在添加控制变量时，IT 和 IT（备）对 Coordinate 和 Coordinate1 的不同组合回归，系数均为正向，且在1%的水平上显著，表明产业转移能够显著带动行政中心城市区域协调发展。模型（2）、（4）和（6）、（8）回归结果表明产业转移对非行政中心区域协调发展具有带动作用。可见产业转移能够同时带动行政中心和非行政中心城市区域协调发展。差异在于模型（2）、（4）和（6）、（8）中核心解释变量 IT 和 IT（备）回归系数均大于模型（1）、（3）和（5）、（7）的，表明相较于非行政中心城市，行政中心城市产业转移对区域协调发展的带动作用更大。可能的原因是行政中心城市一般为区域发展条件相对较好的城市，在发展时准入条件更高，更容易筛选有助于产业结构优化、区域公共服务改善、生态环境友好的产业，转出对当地产业发展不利的边际产业，使得行政中心城市通过产业转移逐步完成产业净化、带动产业升级，推动区域协调发展。而非行政中心城市没有相应配套条件和严格约束，使得承接产业转移过程中引导不足、对区域协调发展的积极影响未能完全展现。

（三）内生性问题及稳健性分析

1. 内生性问题

一般而言，实证分析中当解释变量和被解释变量之间存在互为因果或者遗漏变量会引起内生性的问题时，会严重影响分析结论的稳健性（孙晓华、郭旭、王昀，2018）。就本书而言，内生性问题可能存在于两个方面：其一，产业转移和区域协调发展可能存在互为因果的关系。近几年国家积极推动产业转移和区域协调发展，二者均有一些配套政策或战略支持，可能使得国家推动产业转移过程中带动产业转移，也可能国家集中推动区域均衡发展过程中带动区域产业转移，二者相互影响而难以识别。其二，产业转移过程中可能存在一些遗漏变量引发的内生性问题。比如地区不同的创新程度、地区推动发展的政策或者文化习俗，这些可能影响产业转移落地，也与区域协调发展关系密切，而这些因素都难以精准衡量。

面对面板数据中可能存在的内生性问题，使用 OLS、固定效应或者随机效应的方法不能够完全消除回归结论的无偏性，学者们尝试引入工具变量。本书中工具变量需要满足两个条件：一是与模型设定没有直接关系的外生变量，二是与区域产业转移具有紧密联系。基于胡安俊、孙久文（2014）在识别产业转移时使用从业人员数量变化来衡量产业转移状况，结合吴林海、陈继海（2018）衡量产业转移时考虑到区域经济发展更大系统，本书尝试以区域制造业从业人员变化为基础，消除掉区域人力资源占全国比重等变化的测算值作为区域产业转移的工具变量。之所以选择这样的测算方式，原因是使用就业人员变化的传统方式能够识别产业转移带来的就业变化，但同样也可能包含非产业转移的其他经济、社会等因素带来的就业比例变化。基于此，为了消除由于经济自然增长或者社会政策等因素引起的就业增长因素，加入地区就业人数占全国就业人数的比值作为工具变量。具体测算改进公式如式（5-4）和式（5-5）。

$$WB_{ci,t} = W_{ci,t} - W_{ci,t_0} = \frac{b_{ci,t}}{\sum\limits_{c=1}^{n} b_{ci,t}} \Bigg/ \frac{\sum\limits_{i=1}^{m} b_{ci,t}}{\sum\limits_{i=1}^{m}\sum\limits_{c=1}^{n} b_{ci,t}} - \frac{b_{ci,t_0}}{\sum\limits_{c=1}^{n} b_{ci,t_0}} \Bigg/ \frac{\sum\limits_{i=1}^{m} b_{ci,t_0}}{\sum\limits_{i=1}^{m}\sum\limits_{c=1}^{n} b_{ci,t_0}}$$

$$(5-4)$$

工具变量中主要使用公式（5-4）测算产业转移的变化值。考虑到不同产业之间的变动出现负值参与到回归分析当中可能影响结果，加之使用除法能够度量不同地区的变化程度，本书尝试在公式（5-4）的基础上做出一些调整，采用稍加调整的动态化方式作为产业转移工具变量，以便于备用：

$$WB_{ci,t} = W_{ci,t}/W_{ci,t_0} = \left(\frac{b_{ci,t}}{\sum\limits_{c=1}^{n} b_{ci,t}} \Bigg/ \frac{\sum\limits_{i=1}^{m} b_{ci,t}}{\sum\limits_{i=1}^{m}\sum\limits_{c=1}^{n} b_{ci,t}} \right) \Bigg/ \left(\frac{b_{ci,t_0}}{\sum\limits_{c=1}^{n} b_{ci,t_0}} \Bigg/ \frac{\sum\limits_{i=1}^{m} b_{ci,t_0}}{\sum\limits_{i=1}^{m}\sum\limits_{c=1}^{n} b_{ci,t_0}} \right)$$

$$(5-5)$$

公式（5-4）和式（5-5）中 c 表征地区，t 表征年份，i 表征行业，$b_{ci,t}$ 表示某地某一行业的就业人数，这里特指制造业就业人数，$\sum\limits_{c=1}^{n} b_{ci,t}$ 表征 i 行业的全部就业人数加总，$\sum\limits_{i=1}^{m} b_{ci,t}$ 表征 c 地全部行业就业人数加总，$\sum\limits_{i=1}^{m}\sum\limits_{c=1}^{n} b_{ci,t}$ 表征全部行业全部地区的就业人数加总。

之所以选择公式（5-4）的测算值 WB 和公式（5-5）的测算值 WB（备）作为衡量产业转移的工具变量，主要原因如下：一是与设定模型相比具有外生性。一般而言行业就业比重变化存在较强的独立性，变化的自身特点比较显著，加之 WB、WB（备）消除了区域经济结构变化、自身投资、地方政策等的影响，使得其与区域人均资本存量、政府支出等并未有直接关系，表现出较强的外生性特征，与模型误差线并无显著关系。二是经济理论和实践均表明就业结构变化与产业转移之间有较强联系。依据新经济地理学提出的内部规模递增、知识溢出的外部性观点，发达地区倾向于挖掘本地发展潜力，吸纳更多劳动力聚集（许召元、李善同，2008）。从空间视角看，产业转移会影响劳动力就业选择空间（陈建军，2009），产业转移过程中会引起人力资源配套流动、增加本土就业，使得区域人口就业结构发生改变（樊士德、姜德波，2014）。三是现有研究中较为普遍采用行业就业人口比重变化作为产业转移替代指标（张治栋、吴迪，2019），且测算更加全面、系统，将其作为衡量产业转移的工具变量具有合理性和稳健性。

采用两阶段最小二乘法进行检验，结果见表 5－10。具体到回归内部模型，（1）～（4）报告的是第一阶段回归结果，在控制其他变量影响下，工具变量 WB 和 WB（备）对 IT 影响系数分别为 0.1157、0.0672，且均在 1% 水平上显著，表明工具变量对产业转移产生显著的正向作用，弱工具变量检验的 F 值分别为 22.69、17.98，均大于10，表明弱工具变量假设不成立，即工具变量与干扰项无显著关系。加之第二阶段回归中 Wald chi^2 值均在 1% 的水平上显著，可见使用 WB 和 WB（备）作为产业转移的工具变量具有有效性，能够有效消除内生性问题。

表 5－10　　采用工具变量的两阶段最小二乘法回归结果

第一阶段回归	IT			
	（1）	（2）	（3）	（4）
WB	0.1157 *** (5.67)		0.1157 *** (5.67)	
WB（备）		0.0672 *** (5.02)		0.0672 *** (5.02)
控制变量	Yes	Yes	Yes	Yes
面板效应	Fe	Fe	Fe	Fe
F	22.69	17.98	22.69	17.98

续表

第二阶段回归	*Coordinate*		*Coordinate*1	
	（5）	（6）	（7）	（8）
IT	0.8901 *** （4.72）	0.6443 *** （3.62）	0.0698 *** （5.21）	0.0539 *** （4.26）
控制变量	Yes	Yes	Yes	Yes
面板效应	Fe	Fe	Fe	Fe
N	4457	4457	4479	4479
F	17.98	25.77	12.89	18.36
Wald chi2	4924.97	7063.11	439446.49	628824.62
Prob > chi2	0.00000	0.00000	0.00000	0.00000

注：第一阶段和第二阶段回归中控制变量为 *far*、*fdi*、*hum*、*gov*、*sav*、*sec*，具体结果限于篇幅未列出。

第二阶段回归结果显示，模型（5）~（8）中在控制其他变量后 *IT* 对 *Coordinate* 和 *Coordinate*1 的影响系数均为正，且在 1% 的水平上显著，说明使用工具变量后产业转移显著推动了区域协调发展。这意味着区域劳动就业结构变化类似于区域产业转移"风向标"，劳动力产生持续聚集情况下，可以推动区域改善政策供给，优化公共服务，升级本地产业结构，提升发展质量，进而推动区域协调发展水平提升。

同时进一步验证产业转入和产业转出区域的不同（见表 5 – 11），模型（1）、（2）和模型（5）、（6）在控制其他变量、采用两阶段最小二乘法后，*IT* 对 *Coordinate* 和 *Coordinate*1 的影响系数均为正，且至少在 5% 的水平上显著，表明产业转入区域通过产业转移有序强化政府引导、人力资源的聚集效应、资本的利用效率提升了区域协调发展水平，这与前文的结论一致。同时模型（3）、（4）和模型（7）、（8）在控制其他变量、采用两阶段最小二乘法后，IT 对 $Coordinate$ 和 $Coordinate1$ 的影响均不显著，表明产业转出区域在产业转移过程中未能够及时腾笼换鸟，未有效调整产业结构，未能改善就业结构，未能发挥政策作用，未能有效提升区域协调发展水平，这也验证了前文分析的结论。

表 5 - 11　　产业转入区域与产业转出区域的两阶段最小二乘回归结果

第二阶段	$Coordinate$				$Ccoordinate1$			
	（1）	（2）	（3）	（4）	（5）	（6）	（7）	（8）
IT	1.6698 ***	0.9016 **	380.6295	2.3286	0.1248 ***	0.0783 ***	- 4.8823	0.1676
	(3.02)	(2.18)	(0.01)	(0.43)	(3.20)	(2.66)	(- 0.03)	(0.40)
far	- 0.3477 ***	- 0.1854 **	- 55.3988	- 0.3025	- 0.0188 **	- 0.0088	0.7347	- 0.0147
	(- 2.94)	(- 2.10)	(- 0.01)	(- 0.39)	(- 2.22)	(- 1.38)	(0.04)	(- 0.24)
fdi	- 0.0014	- 0.0124	1.0954	0.0022	0.0002	- 0.0005	- 0.0149	0.0003
	(- 0.13)	(- 1.62)	(0.01)	(0.14)	(0.29)	(- 0.85)	(- 0.04)	(0.22)
hum	0.1738 ***	0.1595 ***	11.3888	0.0929	0.0132 ***	0.0123 ***	- 0.1487	0.0069
	(5.74)	(7.53)	(0.01)	(0.58)	(6.24)	(8.10)	(- 0.03)	(0.54)
gov	0.0053 *	0.0051 **	- 0.3735	- 0.0031	0.0005 **	0.0005 ***	0.0043	- 0.0001
	(1.68)	(2.31)	(- 0.01)	(- 0.57)	(2.19)	(2.94)	(0.03)	(- 0.34)
sav	- 0.0021 **	- 0.0021 ***	- 1.0988	- 0.0075	- 0.0002 **	- 0.0002 ***	0.0140	- 0.0005
	(- 2.23)	(- 3.26)	(- 0.01)	(- 0.48)	(- 2.40)	(- 3.40)	(0.03)	(- 0.41)
sec	- 0.0022	- 0.0051 **	0.9938	0.0025	- 0.0001	- 0.0002	- 0.0128	0.0001
	(- 0.71)	(- 2.26)	(0.01)	(0.18)	(- 0.28)	(- 1.48)	(- 0.04)	(0.10)
$\_cons$	3.2595 ***	2.0446 ***	484.0682	3.0384	0.3118 ***	0.2373 ***	- 6.2437	0.2953
	(3.65)	(3.07)	(0.01)	(0.45)	(4.90)	(4.95)	(- 0.03)	(0.55)
面板效应	Fe	Fe	Fe	Fe	Fe	Fe	Fe	Fe
N	1460	1460	2997	2997	1471	1471	3008	3008

2. 稳健性检验

文章在回归中采用多种方式来保障结论的稳健性，使用 IT 和 IT （备）作为解释变量，采用 $Coordinate$ 和 $Coordinate1$ 作为被解释变量，并利用 Hausman 检验识别模型选用，精准选取控制变量使得结果具备一定的稳健性。同时，内生问题的讨论进一步消除了回归中可能存在的偏误，进行以下稳健性检验。

（1）替换被解释变量的稳健性检验。基准回归中使用已经构建的区域协调发展指数作为衡量指标，稳健性检验中尝试使用新的被解释变量指标，探索产业转移对区域协调发展的影响。基于张可云、裴相烨（2019）提出基本公共服务一体化是区域协调发展的重要指标，尝试使用基本公共服务指数（*service*）来替代区域协调发展状况，采用小学师生比、每万人公共图书馆藏书数量、每万人医院卫生院床位数量三个指标相乘再开三次方衡量。早期的研究将区域差距作为区域协调发展替代指标，在稳健性验证中尝试引入人均 GDP 取对数（ln*pgdp*）衡量。"基础设施通达均衡"和"市场一体化"是区域协调发展的重要目标，分别采用"（人均邮政业务量 + 人均电信业务量）/2"（*infrastructure*）和"人均零售品零售总额取对数"（*pretsale*）衡量。由此，构建四个指标进行分析，具体结果见表 5 - 12。

表 5 - 12　　　　　　替换被解释变量的稳健性检验

变量	service		lnpgdp		pretsale		infrastructure	
	（1）	（2）	（3）	（4）	（5）	（6）	（7）	（8）
IT	1.3878 ***	1.1397 ***	0.2434 ***	0.2149 ***	111.4117 ***	93.6436 ***	0.3315 ***	0.2850 ***
	(12.17)	(9.99)	(19.28)	(17.42)	(4.64)	(3.94)	(18.57)	(16.09)
控制变量	Yes	Yes	Yes	Yes	Yes	Yes	Yes	Yes
面板效应	Fe	Re	Fe	Re	Fe	Re	Fe	Re
N	4466	4466	4476	4476	4469	4469	4477	4477
F	639.2384		6.2e+03		136.8608		3.9e+03	
R^2	0.5175	0.5130	0.9127	0.9120	0.1866	0.1863	0.8667	0.8653

模型（1）~（8）显示 *IT* 对区域协调发展不同表征指标的回归系

数均在 1% 的水平上显著为正，表明产业转移对区域协调发展的影响显著，客观上验证了基准回归结论的稳健性。同时，不同表征指标的回归系数具有较大差距，比照基准回归指标要么过大，要么过小，说明这些表征指标一定程度上验证了产业转移对区域协调发展的影响，但在衡量结果的精确性上并没有基准回归结论验证得精准，从而说明基准回归结论具有准确性。

（2）替换解释变量的稳健性检验。基准回归中采用了消除区域经济发展等客观变化因素导致产业增长因素的区域工业总产值占全国比重变化情况衡量产业转移状况。在稳健性检测中，尝试使用"区域工业总产值占全国比重"（$pind$）和"区域工业总产值占全国比重变化"（$\Delta pind$）作为产业转移的衡量指标。为了更加系统地表征替代指标，尝试使用消除区域经济占全国变化的工业总产值占全国比重（$spind$）和消除就业人口占全国变化的制造业就业人口占全国比重（$simp$），具体测算表征见式（5-6）和式（5-7）：

$$spind_{ci,t} = \frac{q_{ci,t}}{\sum_{c=1}^{n} q_{ci,t}} \bigg/ \frac{\sum_{i=1}^{m} q_{ci,t}}{\sum_{i=1}^{m}\sum_{c=1}^{n} q_{ci,t}} \qquad (5-6)$$

$$simp_{ci,t} = \frac{b_{ci,t}}{\sum_{c=1}^{n} b_{ci,t}} \bigg/ \frac{\sum_{i=1}^{m} b_{ci,t}}{\sum_{i=1}^{m}\sum_{c=1}^{n} b_{ci,t}} \qquad (5-7)$$

依据式（5-6）和式（5-7）测算的值，使用以上几个替代指标，便于识别产业转移对区域协调发展的影响，具体回归结论见表5-13。

依据表5-13，模型（1）和模型（5）中使用固定效应在选取控制变量后，$pind$ 对 $Coordinate$ 和 $Coordinate1$ 回归系数均在 1% 的水平上显著为正，表明以 $pind$ 表征产业转移时，产业转移对区域协调发展的影响显著为正；模型（2）和（6）、（3）和（7）、（4）和（8）也都分别说明 $\Delta pind$、$spind$、$simp$ 对 $Coordinate$ 和 $Coordinate1$ 回归系数均在 1% 的水平上显著为正，表明以 $\Delta pind$、$spind$、$simp$ 表征产业转移时，产业转移对区域协调发展的影响均显著为正。可见产业转移显著提升了区域协调发展水平，客观上验证了基准回归结论的稳健性。

表 5－13　　　　　　　替换解释变量的稳健性检验

变量	Coordinate				Ccoordinate1			
	(1)	(2)	(3)	(4)	(5)	(6)	(7)	(8)
pind	0.2067*** (10.45)				0.0194*** (15.38)			
$\Delta pind$		0.2067*** (10.45)				0.0194*** (15.38)		
spind			0.0594*** (5.70)				0.0076*** (11.43)	
simp				0.1023*** (7.53)				0.0080*** (9.07)
控制变量	Yes	Yes	Yes	Yes	Yes	Yes	Yes	Yes
面板效应	Fe	Fe	Fe	Fe	Fe	Fe	Fe	Fe
N	4457	4457	4457	4476	4479	4479	4479	4499
F	125.5107	125.5107	112.5685	117.0764	801.3096	801.3096	767.7498	765.4567
R^2	0.1743	0.1743	0.1592	0.1639	0.5727	0.5727	0.5622	0.5603

（3）考虑解释变量和非解释变量滞后的稳健性检验。基于区域产业转移和协调发展受到区域政策影响，政策制定、执行、发挥作用可能存在一定时间差别，使得区域产业转移和协调发展效应滞后；同时，产业转移的主体是企业，企业从决策、投资建设到增加就业、生产产品都需要一定时间，产业转移数据显现存在相对滞后的问题；加之，产业转移通过企业、政策对区域协调发展产生作用也需有一定的时间。可见产业转移和区域协调发展指标显现与实际情况可能存在一

定的滞后现象，进而可能影响回归结论的精确性。为了处理解释变量和被解释变量可能存在的时间滞后问题，本书尝试对核心解释变量和被解释变量分别采取滞后一阶处理，见表5－14。

表5－14　　　　　　　　考虑到滞后因素的稳健性检验

变量	Coordinate		Ccoordinate1		L. Ccoordinate		L. Ccoordinate1	
	（1）	（2）	（3）	（4）	（5）	（6）	（7）	（8）
$L. IT$	0. 0543 ***		0. 0071 ***					
	（4. 67）		（9. 26）					
$L. IT$（备）		0. 0285 ***		0. 0048 ***				
		（3. 35）		（8. 54）				
IT					0. 0600 ***		0. 0086 ***	
					（5. 79）		（13. 73）	
IT（备）						0. 0307 ***		0. 0057 ***
						（4. 03）		（12. 40）
控制变量	Yes	Yes	Yes	Yes	Yes	Yes	Yes	Yes
面板效应	Fe	Fe	Fe	Fe	Fe	Fe	Fe	Fe
N	4177	4023	4196	4034	4188	4028	4208	4036
F	96. 5305	92. 0864	628. 6658	593. 5744	79. 7933	74. 8853	770. 3948	709. 8363
R^2	0. 1482	0. 1469	0. 5300	0. 5254	0. 1254	0. 1227	0. 5794	0. 5696

依据表5－14，模型（1）和模型（3）是使用固定效应在选取控制变量后，$L. IT$ 对 Coordinate 和 Coordinate1 回归系数均在1%的水平上显著为正，表明以一阶滞后变量 $L. IT$ 表征产业转移时，产业转移能显著带动区域协调发展水平提升；模型（2）和（4）使用一阶滞后变量 $L. IT$（备）作为替代解释变量，与模型（1）和（3）的结论一致，客观上验证了考虑到解释变量滞后情况下产业转移依然能够显著带动区域协调发展水平提升的结论。模型（5）和（6）是使用

固定效应在选取控制变量后，*IT* 和 *IT*（备）对 *L. Ccoordinate* 回归系数均在 1% 的水平上显著为正，表明以一阶滞后变量 *L. Ccoordinate* 表征区域协调发展时，产业转移能显著带动区域协调发展水平提升；模型（7）和（8）使用一阶滞后变量 *L. Ccoordinate*1 作为替代被解释变量，与模型（5）和（6）的结论一致，客观上验证了考虑到被解释变量滞后的情况下，产业转移依然能够显著带动区域协调发展水平提升的结论。可见以上模型说明产业转移显著提升了区域协调发展水平，客观上验证了基准回归结论的稳健性。

五、研究结论及本章小结

本书选取 2003~2018 年中国 288 个地级市面板数据，在度量产业转移现状的基础上，采用固定效应、随机效应、最小二乘等方法衡量了产业转移对区域协调发展的影响及其异质性，回答了产业转移是否带动了区域协调发展以及区分不同情况下产业转移对区域协调发展影响有何不同的问题。采用地级市经验数据验证丰富了该领域研究文献。主要的结论如下：

第一，全国及四大板块产业转移经历了由平缓增长（2003~2013 年）到加速转移（2014~2018 年）的趋势。四大板块整体呈现西部和东北 > 中部 > 东部的发展趋势，从板块内部看，东部地区2013 年以前属于产业转出区域，2014 年后逐渐加速转入趋势。中部地区在 2016 年以前属于产业转出区域，2006 年以后产业逐渐转入。西部地区产业转移保持稳步增长。东北区域有"振兴东北"政策的支持，2005~2008 年东北地区产业和企业呈现转出趋势，但随着近几年国家开始重视东北地区发展，产业有回流到东北的态势，使得2014 年后东北地区产业转移加快。

第二，地级市层面产业转入区域和产业转出区域各有特点。中西部地区是产业转入主体区域，普通地级市重视产业转移，依靠规模化的产业转移求发展；不同区域承接产业转移存在较大差别，中西部地区普通城市可以加大产业承接力度，力争承接更大规模的产业转移。从产业转出区域看，产业转移存在三种并行趋势：产业从东部发展较好的地区转移到中西部，从中西部产业较好的区域或者城市向周边区域转移，中西部部分普通地级市产业也呈现转出趋势。需要把握产业转移的发展规律，进一步将政策下沉形成有针对性地方案。

第三，基准回归表明，不论是否添加控制变量、替换研究方法和解释变量和被解释变量，产业转移表征指标对区域协调发展衡量指标呈现显著正向关系，可见，产业转移能够显著带动区域协调发展水平的提升。控制变量回归显示均资本存量、人力资本能够显著带动区域协调发展，外商直接投资、储蓄水平、工业化水平未能显著带动区域协调发展，甚至在一定程度上起到了加剧区域发展不平衡的作用，政府参与度对区域协调发展的作用暂时不明显。

第四，异质性回归表明，产业转移能够显著带动产业转入区域协调发展，产业转出区域并未能够有效腾笼换鸟，及时改善区域公共服务、提升区域创新创业水平，以至于未能够有效带动区域协调发展。产业转移显著带动了东部、西部、东北区域协调发展，却未能够显著带动中部地区协调发展，从系数看，东部＞西部＞东北＞中部，呈现出东部和东北部、西部高，中部低的"两边高、中间低"的发展趋势。相较于示范区，非示范区区域产业转移对区域协调发展的带动作用更大，表明示范区未能使得产业转移对区域协调发展发挥更大作用。相较于非行政中心城市，行政中心城市产业转移对区域协调发展的带动作用更大。

第五，内生性问题及稳健性回归表明，采用 WB 和 WB（备）作为工具变量回归，验证出产业转移显著推动了区域协调发展。这意味着区域劳动就业结构变化类似于区域产业转移的"风向标"，劳动力产生持续聚集的情况下，可以推动区域改善政策供给、优化公共服务、升级本地产业结构、提升发展质量，进而推动区域协调发展水平的提升。各项稳健性检验均验证了基准回归结论的准确性。

为此，新理念背景下可以更加重视发挥产业转移对区域协调发展的作用，根据各地特点精准施策，助力区域发挥产业转移的溢出效应，强化人均资本存量、改善区域人力资源水平，同时改变政府参与方式、适当引导外商直接投资、规范储蓄管理方式、优化工业化发展方式，更好地推动区域协调、均衡发展。

第六章

产业转移影响区域协调发展的
理论机制与经验证据

一、引　　言

新发展格局非常强调"循环"的作用，"循环"一词在汉语中的解释是以特定路径、轨道运行，应用到经济发展中，则指经济系统依据特定发展路径运行。探寻经济系统合理运行的路径、轨道，需研究经济系统运行规律，厘清经济系统内部运行机制。在构建新发展格局背景下，产业转移、区域协调发展是"国内大循环"的重要议题，探索产业转移对区域协调发展的影响机制符合经济规律，也是"国内大循环"的一个重要内容。

本书前面的章节利用地级市面板数据，在构建区域协调发展、产业转移指数的基础上，研究了产业转移对区域协调发展的影响，回答了"产业转移是否带动区域协调发展"的问题。就像解析一个黑箱一样，还需要进一步解析，即回答产业转移如何影响区域协调发展的问题。回顾已有关于产业转移对区域协调发展影响的研究，国外的早期研究虽未直接提及产业转移驱动区域协调发展的机制，却暗含着不同的理论。比如，佩第（William Petty）的区位地租理论、斯密（Adam Smith）的运输成本理论等主要从绝对成本的视角出发，提出产业流动能够降低绝对成本，提升利润率，进而促进区域协调。赫克歇尔（Heckscher）和俄林（Ohlin）的要素禀赋论基于不同区域禀赋优势不同，强调产业为了寻求更好的禀赋进行转移，产业转移的动机是获取相对成本优势，客观上会起到强化不同禀赋区域协调发展的效果。后续研究中关于产业转移的可能动因和对区域产生影响的理论更加丰富，韦伯（A. Weber）的工业区位论主要关注区域运费、劳动力、市场最大化等多元因子组合形成不同优势，赤松要（Akamatsu）的雁形形态转移理论从不同区域技术差别切入，弗农（Vernon）的产品生命周期理论从产品不同生命周期展开，小岛清（Kojima）的边际扩张理论从产业的更替角度来间接回答。20 世纪 90 年代后，新经济地理学获得了长足发展，其将地理空间的经济活动纳入分析框架中做出了新的解答，提出产业转移会带来区域产业聚集，形成聚集的向心力和离心力，进而影响产业的空间分布（郝大江、张荣，2018）。回到国内看，代表性的研究观点如下：王必达、苏婧（2020）从要素自由流动视角出发，提出产业转移情况下，要素流动有助于实现区域协调发展；王欣亮（2015）认为产业转移有助于不同区域形成各自比较优势，区域比较优势不同对区域协调发展的作用也不同；孙晓华等（2018）认为产业转移会引致要素聚集，要素聚集作用于区域协调发展。除了从要素流动、比较优势、聚集效应等视角展开外，也有学者分析产业转移带动劳动力流动、价值链变化，进而影响区域协调发展的路径。

可见，现有研究在关于产业转移对区域协调发展影响机制问题上给出的解答方案各有不同，并未形成一致答案，仍有可以扩展的空间。一方面，全面系统地研究产业转移对区域协调发展影响机制的文献较少，不论是从比较优势，还是从要素聚集角度，产业转移是通过何种路径作用于区域协调发展的，落地验证影响路径都非常有必要；另一方面，关于产业转移对区域协调发展影响的更加细致的经验研究相对不足。比如，已有研究主要从省级数据研究的多，不足在于样本量较少、研究下沉不足。基于此，本书尝试从理论上厘清产业转移对区域协调发展的影响机制，并对可能性路径进行一一验证，同时将样本、数据进一步下沉到地级市，以便于丰富已有数据，让研究更具有代表性。由此，本书采用 2003～2018 年地级市面板数据，探讨产业转移影响区域协调发展的机制。可能的边际贡献如下：第一，更加全面、系统探寻到产业转移影响区域协调发展的机制，为这一领域的研究做一点边际拓展；第二，采用下沉到地级市面板的数据，让验证的结论更加精准，能支持政策实践。

二、产业转移影响区域协调发展：
理论机制与研究假设

（一）产业转移对区域协调发展作用的理论机制

在解释产业转移带动区域协调发展的机制问题上，比较典型的是"比较优势论"和"要素聚集论"。比较优势是区域发展优势的组合体现，比如禀赋优势、市场优势、成本最小化优势、交易费用低等优势。"比较优势论"认为基于要素丰富、技术等的内生元素作用，加之区域制度体系、交通环境等的外生元素作用，共同形成区域比较优势，对区域产业转移产生不同影响。而"要素聚集论"则认为产业转移带动区域要素在不同区域发生流动，不同要素流动形成优化配置效应，从而带动区域协调发展。"比较优势论"和"要素聚集论"提供了解答产业转移对区域协调发展影响机制的思路，然而不论是"比较优势论""要素聚集论"，还是其他理论，都强调更加切合实践应用才能够凸显理论对经济实践的支持。基于此，本部分结合已有研究成果，本着目标为先、服务实践为主的原则，构建产业转移对区域协调发展的理论机制。笔者认为产业转移之所以能够影响区域协调发展，是因为其会在区域内形成要素聚集效应、技术创新效应、结构升级效应、政府政策驱动效应。

1. 要素集聚效应

产业转移从形式上看是企业在不同空间内的布局变化，实质是不同要素的区域流动。产业转移历来与要素流动息息相关，伴随着产业转移的过程，要素在区域内部发生着转移，不同要素流动组合形成了区域禀赋，从而作用于区域协调发展。一般而言，区域要素分为不变要素，如土地、气候、经纬度等，可变要素，如资源、劳动力、资本。不变要素由于其相对不变性，产业转移对其影响具有隐蔽性和间接性，主要是通过作用于可变要素间接影响区域协调，估算难度也较大，这里暂时不考虑空间。可变要素伴随着产业转移发生变化，对区域发展有着不同的影响。基于禀赋理论的观点，区域之间不同要素组合的差异构成了区域要素流动的可能性（王欣亮、刘飞，2018）。企业作为掌握要素和资源的微观主体，其供给要素由市场价格配置（张治栋、吴迪，2019）。根据不同区域要素禀赋的不同，要素聚集容易形成规模效应，企业会为了寻求更大的要素价值对要素进行配置，从而伴随着产业转移过程中要素不断发生重新配置实现区域发展均衡（张辽，2016）。要素聚集主要分为资本要素和人力资本要素的聚集。产业转移会对资本要素和人力资本要素产生不同效应，从而带动区域协调发展。

第一，资本要素聚集。产业转移会带动资本要素在区域内重新配置，通过产业转移能够实现资本要素在特定地区聚集。资本要素聚集会通过以下几个渠道影响到区域协调发展：一是对区域总产出规模和需求施加作用。资本要素的聚集，会深化产业转移区域产业的分工，提升产业发展效率。进而企业能进一步扩展生产规模，提出社会产出水平。产出增加使得企业通过产业转移实现社会总产品的增加，提升企业的幸福感、消费者的效用水平（王欣亮、刘飞，2018）。二是对区域产出质量和需求质量施加影响。产业转移过程中，资本要素聚集会扩大企业生产规模，同时使得企业在管理上进行升级，在生产专业化和技术深化上加大投入，例如企业生产规模增加会催生专业服务业、专业第三方企业的发展，也会推动企业进行更加具有技术含量的研究，从而带动企业升级产品、提升产出质量，带动区域产出质量的提升。对于消费者而言能享受更加高质量的产品和服务，且并未提高价格。三是资本要素聚集会对区域"公共品"供给，区域服务水平施加影响。资本要素的聚集使得产出增加，区域改善公共服务的投入动机增加，投入成本降低，社会公共服务水平、保障体系、生态环境等都被改善，从而带动区域整体协调发展。当然，资本要素聚集可能产生一些不利因素，当产业转移后，资本过度追求利润而在并未合理引导的情况下，可能会发展高污染、高耗能等产业，也可能会产生垄断或者控制市场等行为，在短期利益驱使下，有可能破坏当地生态环境，破坏当地发展水平，从而破坏区域协调发展。因此，资本要素聚集究竟产生何种效应，取决于聚集正向力和离心力的作用。

第二，人力资本要素聚集。产业转移会引起人力资本在区域流动，人力资本的聚集会对区域协调发展产生微妙的影响。一是人力资本的聚集能够对区域要素配置和产业配置施加影响。人力资本聚集后会使区域劳动力—资本配比发生变化，使得区域要素生产率提升，引致区域更多的产品聚集，带动区域资源形成良性循环，"循环"发展带动区域向更加良性和系统化方向发展。人力资本聚集也会导致区域产业发生相应聚集，吸引对人力资本有需求的产业，带动区域产业重新配置，提升产业的规模报酬，促进产业发展，从而带动要素和产业的"良性循环"。二是人力资本聚集会对劳动效率和区域产业升级施加影响。人力资本聚集直接增加了区域人力资本存量，引发创新成果转化，知识和技术要素逐渐丰富，带动区域知识溢出、劳动力效率提升。也会引发区域原有产业升级，新的产业发展和配置提升，第三产业或者高端产业发展效率提升（罗勇根等，2019）。三是人力资本提升对区域发展质量、公共服务等施加影响。人力资本的聚集首先会带动区域企业、产品供给增加，消费者消费水平和消费质量提高，公共服务水平逐渐改善，从而带动区域形成更加良性、协调的发展态势。同时，如果人力资本要素聚集未能充分发挥其作用，可能导致区域人力资本效应不能发挥良性作用，造成人力资本的浪费，无法带动区域协调发展，甚至可能扩大区域差距。可见，人力资本聚集究竟产生怎样的影响，需要关注区域人力资本要素的正向和负向影响。

为了理解产业转移带动要素聚集对区域协调发展的影响，参考张辽（2013）设置的模型，设置生产函数 $Coordinate_{it} = A_{i,t}K_{i,t}^{\alpha}H_{i,t}^{\beta}Trans_{i,t}$，$A_{i,t}$ 为技术和创新作用，$K_{i,t}$ 为资本要素的作用，$H_{i,t}$ 为劳动要素的作用，$Trans_{i,t}$ 为产业转移的增长效应。设定产业转移的效应为 F，F 可以归纳为技术、资本、劳动力要素的函数。由此区域协调发展的结果可以整理为：$\ln(Coordinate_{it}/Coordinate_{it-1}) = (r_1+1)\ln(A_{i,t}/A_{i,t-1}) + (r_2+\alpha)\ln(K_{i,t}/K_{i,t-1}) + (r_3+\alpha)\ln(H_{i,t}/H_{i,t-1})$。

从该公式可以看出产业转移带动区域本地劳动要素和资本要素发挥聚集效应外，还会引致本地要素组合发生催化效应，从而带动区域要素组合变化，对区域协调发展产生影响。不同要素的作用系数会对区域协调发展产生不同的影响。

2. 技术创新效应

创新是区域发展的重要动力。区域产业转移，会影响区域技术创新：一是产业转移会对创新相关技术、产业提出需求，进而影响区域创新产业发展。随着产业转移的发生，新的技术应用需求被催生。产业转移后，区域对于软件开发、信息技术、创新性服务等的需求会直接增加。区域会加速升级和发展一些创新性产业，形成区域新技术、新产业集群，形成区域发展新增长点。二是产业转移会提高区域产业创新、专业化水平，从而提升区域产业产量和质量。产业转移加速发展，产生升级本地产业发展优势的需求，带动区域要素改善，从而带动区域本土产业转型升级，对区域产业产生良性影响。三是产业转移会带动区域创新要素聚集，改善区域协调发展的要素禀赋。随着产业转移，创新的资金要素聚集，创新的人才要素聚集，创新的体制机制逐步改善，使得区域创新形成良性发展，直接提高了区域协调发展的要素禀赋。四是产业转移有助于改善区域创新的制度环境，优化区域协调发展的体制机制。产业转移过程中，地方为了良性发展，会逐渐改善区域制度环境，从而带动区域创新能力和创新水平的发展。当然，区域创新要素发挥作用需要一定的规模基础。假设产业转移过程中企业创新固定成本为 FT，创新含量产品单位价格为 p，可变成本为 v，企业提供创新的临界点位 $q = FT/(p-v)$。当产业转移过程中，创新要素未能够聚集达到一定规模时，企业创新成本高于创新的收益，企业就不会有创新动力，这也是有些工业区创新能力不足的原因。同时，创新过程可能会导致垄断和无序竞争，从而不利于区域协调发展。

3. 结构升级效应

产业转移对区域协调发展的影响还表现为产业转移的结构升级效应。产业转移会带动区域内产业结构优化升级，从而带动区域产业转型升级。具体而言，一方面，产业转移会带动区域健全产业链条，提升产业链、供应链水平，打造区域产业发展的优势条件，从而带动区域产业提升优势，弥补短板，优势互补，形成良性发展的格局。另一方面，促使区域产业进行技术改造、更新换代。同时，随着要素聚集，原有区域可能催生新的产业带动区域形成良性的发展，扩大区域发展空间。产业转移对区域产业体系的改造，会带动产业向更加系统、良性的方向发展，从而推动产业升级、区域协调。当区域内产业转入地和转出地良性协同，会促使产业在转入地和转出地得到良性发展，从而形成产业的协同演进。但如果产业未能形成良性协同，会使产业转出地的交通拥挤状况未能改善、土地更加紧缺、劳动力工资高涨，阻碍产业转出区域产业的良性发展；产业转入地未能形成规模化效应，与当地产业融合度不够，与要素的匹配度不足，又反过来影响区域的良性、协调发展。

4. 政府政策驱动效应

发挥产业转移对区域协同发展的作用，离不开政府政策的驱动。产业转移过程中，政府政策作用于区域协调发展有以下几种路径：第一，产业转移会增加区域政府收入，有更多资金支持区域公共服务改善。产业转移过程中，地方政府的税收或者土地出让等收入会有所增加，政府可以购买、投资提高区域公共服务水平，更新区域发展的公共设施。第二，产业转移会提高区域固定资产投资水平，会减轻地方政府官员的考核压力，地方政府官员有主动更新当地发展软件硬件、改善区域发展环境的动机。从而带动区域协调发展。第三，产业转移是地方获得发展资源的重要手段，地方官员和地方企业都有带动区域发展的需求和动力。产业转移过程中，政府积极发挥作用，带动区域良性发展。此外，产业转移中，地方政府还可以改善区域生产要素配置，提升产业对外竞争力，发挥区域经济中心作用，从而带动区域协调（高云虹等，2013）。当然腐败也会增加交易费用，阻碍产业转移过程的顺利进行。产业转移过程中审批不严、环境规制措施执行不严，会导致污染产业的进一步发展，不利于生态环境，甚至会影响区域良性发展。政府引导不利，还有可能使得区域发展陷入发展陷阱、陷入恶性循环的路径依赖，不利于区域协调发展。因此，产业转移过程中，政府作用究竟如何需要关注政府的作用方式和范围。

可见，产业转移影响区域协调发展的机制可以描述如下：伴随着产业转移，资本、人力资本、技术等要素在特定范围流动，并在部分产业转移区域形成聚集，要素聚集容易出现聚集效应。当区域产业聚集带动本地产业发展，技术创新效应、产业升级效应作为一种反馈机制出现。同时产业转移本质上是一个发展问题，产业转移过程中政府政策的持续驱动会带动区域朝着协调的方向发展。

（二）产业转移对区域协调发展的影响机制假设

综合前文描述，产业转移通过要素聚集效应、技术创新效应、结构升级效应、政府政策驱动效应四个途径对区域协调发展产生影响，见图 6 - 1。中间轴的上半部分描述的是产业转移带动区域协调发展的正向机制；下半部分描述的是产业转移阻碍区域协调发展的负向机制。产业转移是否带动区域协调发展，取决于正向机制与负向机制各

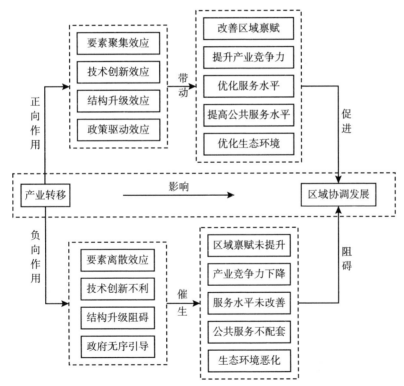

图 6 - 1　产业转移影响区域协调发展：理论机制与基本框架

资料来源：作者自制。

自作用的大小。改革开放以来，伴随着经济的发展，区域发展的要素禀赋逐渐丰富，产业结构升级明显，技术创新水平有了良性改善，区域政府工作效率有较大提升。因此，尽管产业转移带动区域协调发展存在正向和负向两种力量冲突，但基于理论机制和实践观察，加上前文部分论证了产业转移能够带动区域协调发展。本部分提出的假设如下：

假设1：产业转移能够发挥区域资本要素聚集效应，推动区域协调发展；

假设2：产业转移能够发挥人力资本的要素聚集效应，推动区域协调发展；

假设3：产业转移能够通过区域技术创新效应，正向作用于区域协调发展；

假设4：产业转移能够发挥产业转型升级效应，提升区域协调发展水平；

假设5：产业转移过程中能够发挥政府政策驱动效应，带动区域协调发展。

三、研究设计

为了研究产业转移对区域协调发展的影响机制，对理论和假设部分提出的四个效应一一进行检验。为对前面章节提出的面板数据模型，进行改进处理，从而得出估计模型如下。

（一）模型设定

为了研究产业转移对区域协调发展的影响，实证研究部分采取比较普遍使用的固定效应和随机效应模型来处理面板数据。具体的模板方程估计如下：

$$Coordinate_{it} = \beta_0 + \beta_1 IT_{it} \times P + \sum \beta_j X_{it} + \varepsilon_{it} \quad (6-1)$$

i 代表地区，t 代表时间，$Coordinate_{it}$ 是被解释变量，反映区域协调发展情况。$IT_{it} \times P$ 是核心解释变量，表征区域产业转移与对应路径的交互项。P 是资本聚集（cap）、人力资本（hum）、技术创新（inn）、结构转换升级（str）、政府作用（gov）等不同的路径。X_{it} 是控制变量，主要为了使得结论更加稳健、控制其他变量的影响[①]。ε_{it} 为残差项。B_1 是最核心的参数，也是实证研究最关注的结果，表征产业转移通过特定路径对区域协调发展的影响，$B_1 > 0$ 时，意味着产业转移能够带动特定路径作用促进区域协调发展；当 $B_1 < 0$ 时，意味着产业转移抑制特定路径，不利于区域协调发展；B_1 的大小则反映影响程度，B_1 越大，表明产业转移对区域协调发展影响越大，反之则越小。

（二）变量选择与数据

为了验证产业转移与区域协调发展的关系，需选取准确的解释变量和被解释变量。（1）被解释变量。选取前文构建的区域协调发展水平指数和熵权法施加权重后计算的区域协调发展水平指标进行表征。（2）核心解释变量。IT 的变量选择参考前文。产业转移与具体路径的交互项，主要为采用 $IT_{it} \times Cap$、$IT_{it} \times Hum$，验证产业转移与资本要素、人力资本要素的交互作用，采用 $IT_{it} \times Inn$、$IT_{it} \times Str$ 验证技术创新效应和产业结构转型升级效应的交互作用，$IT_{it} \times Gov$ 验证产业转移与政府作用的交互作用。（3）其他控制变量。依据前文确定，测算方式见前文。

本章数据来源同第四章，关于区域创新专利的数据均来源于中

---

① 选取的控制变量主要有外商直接投资水平、储蓄水平、工业化水平等。

国专利局，根据专利局统计的区域专利申请量与原有数据匹配进行测算。

四、产业转移影响区域协调
发展机制的实证研究

以下采用获取的地级市面板数据，依次验证和识别产业转移带动区域协调发展的机制。

（一）产业转移与要素集聚

产业转移会引致要素流动，要素流动容易在区域形成聚集，要素聚集情况下会通过企业、政府等主体活动对区域协调发展施加影响。因此，产业转移和要素聚集的交互作用可能是推动区域协调发展的一种作用机制。要素聚集一般而言主要包括资本要素、劳动要素两种要素的流动和聚集。这里主要对资本要素和人力资本要素的作用机制分别进行检验。

本书主要使用产业转移变量和资本要素交互项（$IT_{it} \times Cap$）来反映产业转移过程中资本要素聚集引致区域协调发展的作用机制。资本是区域发展的重要资源，资本要素聚集能带动区域投资、促进区域经济发展，从而带动区域协调发展。结合已有研究，本书选取"地区固定资产投资与当地总人口比值取对数"来表征（胡安俊，孙久文，2014）。根据变量的设定，若交互项 $IT_{it} \times Cap$ 系数显著为正，就表明产业转移能够有效带动资本要素集聚，提升区域协调发展水平。为了保障结果的稳健性，采用 Coordinate 和 Coordinate1 作为被解释变量，分别选取 IT、IT（备）作为解释变量，以及 IT 和 IT（备）的滞后一阶与 Cap 交互项作为工具变量，并考虑在控制变量的前提下进行回归，结果见表6-1。

表6-1　　　产业转移对区域协调发展影响的资本要素

变量	Coordinate				Ccoordinate1			
	(1)	(2)	(3) 2SLS	(4) 2SLS	(5)	(6)	(7) 2SLS	(8) 2SLS
$IT \times Cap$	0.0122*** (17.00)		0.0102*** (12.51)		0.0025*** (46.22)		0.0021*** (33.49)	
IT（备）× Cap		0.0081*** (14.50)		0.0078*** (13.03)		0.0016*** (38.58)		0.0017*** (37.12)
控制变量	Yes	Yes	Yes	Yes	Yes	Yes	Yes	Yes
面板效应	Fe	Fe	Fe	Fe	Fe	Fe	Fe	Fe
N	4489	4323	4208	4052	4511	4337	4227	4063
F	141.6400	119.5259	56.64	59.70	612.5313	443.5322	39.04	46.82
R^2	0.1189	0.1057	0.1108	0.0966	0.3674	0.3041	0.3459	0.3079
第一阶段 F 值			48.00	10.91			48.36	10.91

根据表6-1中模型（1）、（2）和（5）、（6）估计结果，在考虑控制变量因素后，产业转移与资本要素的交互项 $IT_{it} \times Cap$ 对 Coordinate 和 Coordinate1 的不同组合回归系数均在1%显著性水平上显著为正，由此验证产业转移有助于推动区域资本要素聚集，从而显著提升区域协调发展水平。模型（3）、（4）和（7）、（8）反映的是工具变量的两阶段最小二乘法，第一阶段回归F值分别为48.00、10.91、48.36、10.91，拒绝"弱工具变量"，加之第一阶段回归系数均显著为正[①]，说明选取的工具变量是有效的。工具变量回归结果也都显示产业转移与资本要素的交互项 $IT_{it} \times Cap$ 系数均在1%显著性水平上显著，由此

---

① 出于表格设计考虑，这里没有详细列出第一阶段回归系数，备索。

可见产业转移有助于区域资本要素聚集，从而提高区域协调发展水平，进而验证了假设1的正确性。

为了验证产业转移对区域协调发展影响中人力资本要素的作用，使用产业转移与人力资本要素的交互项 $IT_{it} \times Hum$ 作为替代指标。人力资本聚集可以改善区域发展要素，带动区域发展（严立刚、曾小明，2020）。选取"当地普通高等学校在校生人数与当地总人口比值"来表征。根据变量的设定，若交互项 $IT_{it} \times Hum$ 系数显著为正，就表明产业转移能够有效带动人力资本要素集聚，提升区域协调发展水平。回归结果见表6-2。

表6-2　　　　产业转移对区域协调发展影响的人力资本要素

变量	Coordinate				Ccoordinate1			
	(1)	(2)	(3) 2SLS	(4) 2SLS	(5)	(6)	(7) 2SLS	(8) 2SLS
$IT \times Hum$	0.0599 ***		0.0573 ***		0.0092 ***		0.0086 ***	
	(15.06)		(13.13)		(27.04)		(23.45)	
IT（备）$\times Hum$		0.0428 ***		0.0430 ***		0.0067 ***		0.0066 ***
		(19.81)		(18.48)		(39.11)		(35.64)
控制变量	Yes	Yes	Yes	Yes	Yes	Yes	Yes	Yes
面板效应	Fe	Fe	Fe	Fe	Fe	Fe	Fe	Fe
N	4457	4293	4177	4023	4479	4307	4196	4034
F	125.3319	168.1814	60.06	58.08	243.1138	453.5020	37.09	38.87
R^2	0.1074	0.1435	0.1088	0.1385	0.1884	0.3105	0.1964	0.2986
第一阶段 F 值			11.21	10.81			11.21	10.82

根据表6-2中模型（1）、（2）和（5）、（6）估计结果，在考虑控制变量因素后，产业转移与人力资本要素的交互项 $IT_{it} \times Hum$ 对

$Coordinate$ 和 $Coordinate1$ 的不同组合回归系数均在 1% 显著性水平上显著为正，由此验证产业转移能有助于推动区域人力资本要素聚集，从而显著提升区域协调发展水平。模型（3）、（4）和（7）、（8）工具变量回归结果也都显示产业转移与人力资本要素的交互项 $IT_{it} \times Hum$ 系数均在 1% 显著性水平上显著，由此可见产业转移有助于区域人力资本要素聚集，从而提高区域协调发展水平，进而验证了假设 2 的正确性。

（二）产业转移与技术创新

技术创新是区域发展的重要驱动力量，产业转移可能推动技术创新进而带动区域协调发展，这是第二种可能性机制。这里主要对技术创新的作用机制进行检验。本书主要使用产业转移变量和技术创新交互项（$IT_{it} \times Inn$）来反映产业转移过程中技术创新带动区域协调发展的作用机制。技术创新既是一种可聚集的要素，又是区域发展的重要资源，技术创新能力能够解决区域发展瓶颈问题，挖掘区域发展潜力，提高公共服务水平，提升发展质量，从而带动区域协调发展。结合已有研究，选取"当年地区专利申请数量"来表征（袁航与朱承亮，2020）。根据变量的设定，若交互项 $IT_{it} \times Inn$ 系数显著为正，就表明产业转移过程能够有效带动区域技术创新，提升区域协调发展水平。为了保障结果的稳健性，采用 $Coordinate$ 和 $Coordinate1$ 作为被解释变量，细致的回归结果见表 6 - 3。

根据表 6 - 3 中模型（1）、（2）和（5）、（6）的估计结果，在考虑控制变量因素后，产业转移与技术创新的交互项 $IT_{it} \times Inn$ 对 $Coordinate$ 和 $Coordinate1$ 的不同组合回归系数均在 1% 显著性水平上显著为正，由此验证产业转移能推动区域技术创新发展，从而显著提升区域协调发展水平。模型（3）、（4）和（7）、（8）中工具变量回归结果也都显示产业转移与人力资本要素的交互项 $IT_{it} \times Inn$ 系数均在 1% 显著性水平上显著，由此可见产业转移有助于区域技术创新能力的提升，从而能提高区域协调发展水平，进而验证了假设 3 的正确性。

表 6 - 3　　　　　产业转移对区域协调发展影响的技术创新

变量	*Coordinate*				*Ccoordinate*1			
	(1)	(2)	(3) 2SLS	(4) 2SLS	(5)	(6)	(7) 2SLS	(8) 2SLS
$IT \times Inn$	0.0087 ***		0.0203 ***		0.0011 ***		0.0022 ***	
	(6.27)		(6.69)		(12.53)		(11.14)	
IT （备）× Inn		0.0057 ***		0.2454 ***		0.0007 ***		0.0185 ***
		(5.81)		(3.36)		(12.36)		(3.41)
控制变量	Yes	Yes	Yes	Yes	Yes	Yes	Yes	Yes
面板效应	Fe	Fe	Fe	Fe	Fe	Fe	Fe	Fe
N	4425	4285	4146	4285	4439	4299	4157	4299
F	112.9188	109.4667	51.69	2.94	768.1699	734.3805	42.53	1.80
R^2	0.1605	0.1606	0.1403		0.5645	0.5612	0.5208	
第一阶段 F 值			15.67	24.31			15.69	20.51

（三）产业转移与结构转型升级

产业结构转型升级是区域高质量发展的重要内容。产业转移带动区域产业结构转型升级，进而带动区域协调发展是第三种可能性机制。这里对产业结构转型的作用机制进行检验。本书主要使用产业转移变量和结构转型升级交互项（$IT_{it} \times Str$）来反映产业转移过程中结构转型升级带动区域协调发展的作用机制。结构转型升级有助于区域优化发展动能，理顺发展关系，带动区域协调发展。结合陈凡、周民良（2020）的研究，本书做简要调整，使用"第三产业就业人数/

（第一产业就业人数 + 第二产业就业人数）"作为产业结构转型升级的表征指标。根据变量的设定，若交互项 $IT_{it} \times Str$ 系数显著为正，表明假设 4 成立，为了保障结果的稳健性，采用 Coordinate 和 Coordinate1 作为被解释变量，进行严格约束下回归，见表 6 – 4。

表 6 – 4　　　产业转移对区域协调发展影响的结构转型升级作用

变量	Coordinate				Ccoordinate1			
	(1)	(2)	(3) 2SLS	(4) 2SLS	(5)	(6)	(7) 2SLS	(8) 2SLS
$IT \times Str$	0.0489***		0.0447***		0.0106***		0.0101***	
	(9.26)		(7.94)		(23.89)		(21.05)	
IT（备）× Str		0.0066***		0.0047**		0.0016***		0.0015***
		(3.29)		(2.31)		(10.19)		(8.22)
控制变量	Yes	Yes	Yes	Yes	Yes	Yes	Yes	Yes
面板效应	Fe	Fe	Fe	Fe	Fe	Fe	Fe	Fe
N	4484	4318	4203	4047	4506	4332	4222	4058
F	87.1960	65.9879	56.40	56.07	201.4661	79.2740	35.27	31.90
R^2	0.0768	0.0613	0.0679	0.0527	0.1605	0.0725	0.1491	0.0668
第一阶段 F 值			11.27	11.61			11.26	11.61

根据表 6 – 4 中模型（1）、（2）和（5）、（6）估计结果，在考虑控制变量因素后，产业转移与结构转型升级的交互项 $IT_{it} \times Str$ 对 Coordinate 和 Coordinate1 的不同组合回归系数均在 1% 显著性水平上显著为正，由此验证产业转移能推动产业结构转型升级，从而显著提升区域协调发展水平。模型（3）、（4）和（7）、（8）中工具变量回归结果也都显示产业转移与结构转型升级的交互项 $IT_{it} \times Str$ 系数均在 1% 显著性水平上显著，由此可见产业转移有助于区域结构转型升级，

从而提高区域协调发展水平，进而验证了假设 4 的正确性。

（四）产业转移与政府政策驱动

政府是产业转移和区域协调发展的重要参与者。产业转移与政府政策驱动作用联系紧密，产业转移中发挥政府政策驱动效应，能带动区域协调发展是第四种可能性机制。这里主要对政府政策驱动的作用机制进行检验。本书主要使用产业转移变量和政府政策驱动交互项（$IT_{it} \times Gov$）来反映产业转移过程中政府政策驱动带动区域协调发展的作用机制。地方政府有序引导产业转移，有助于区域增加本地核心竞争力，提升发展硬本领，有助于改善公共服务，从而带动区域协调发展。结合已有研究，选取"地方财政支出占 GDP 比重"来表征（李静、窦可惠，2016）。根据变量的设定，若交互项 $IT_{it} \times Gov$ 系数显著为正，就表明产业转移过程能够有效带动地方政府有序引导、提升区域协调发展水平。为了保障结果的稳健性，采用 $Coordinate$ 和 $Coordinate1$ 作为被解释变量，进行严格约束回归，见表 6 - 5。

根据表 6 - 5 中模型（1）、（2）和（5）、（6）估计结果，在考虑控制变量因素后，产业转移与地方政府作用的交互项 $IT_{it} \times Gov$ 对 $Coordinate$ 和 $Coordinate1$ 的不同组合回归系数均在 1% 显著性水平上显著为正，由此验证产业转移能推动地方政府合理作用的发挥，从而显著提升区域协调发展水平。模型（3）、（4）和（7）、（8）的第一阶段回归 F 值分别 11.11、11.50、11.11、11.50，可以拒绝"弱工具变量"的假设。工具变量回归结果也都显示产业转移与政府政策驱动作用的交互项 $IT_{it} \times Gov$ 系数均在 1% 显著性水平上显著，由此可见产业转移有助于政府政策驱动效应的提升，从而提高区域协调发展水平，进而验证了假设 5 的正确性。

表 6 – 5 产业转移对区域协调发展影响的地方政府作用

变量	Coordinate				Ccoordinate1			
	（1）	（2）	（3）2SLS	（4）2SLS	（5）	（6）	（7）2SLS	（8）2SLS
$IT \times Gov$	0. 0038 *** （9. 70）		0. 0034 *** （8. 14）		0. 0009 *** （28. 94）		0. 0009 *** （25. 67）	
IT（备）× Gov		0. 0016 *** （8. 79）		0. 0013 *** （7. 22）		0. 0004 *** （27. 32）		0. 0004 *** （25. 11）
控制变量	Yes	Yes	Yes	Yes	Yes	Yes	Yes	Yes
面板效应	Fe	Fe	Fe	Fe	Fe	Fe	Fe	Fe
N	4489	4323	4208	4052	4511	4337	4227	4063
F	89. 9328	84. 1947	56. 55	57. 00	271. 7835	248. 5015	37. 71	39. 01
R^2	0. 0789	0. 0769	0. 0699	0. 0665	0. 2049	0. 1967	0. 1914	0. 1921
第一阶段 F 值			11. 11	11. 50			11. 11	11. 50

（五）稳健性考虑

在验证文章结论时，考虑到可能存在的偏差，本部分做了稳健性安排，以保证结论更加稳健。其一，在解释变量、被解释变量的选择上，均使用了两种逐一分别验证，以解决可能存在刻意选择变量导致结论存在偏误的问题，确保变量选择上具有稳健性；其二，在面板回归模型的选择上，均使用固定效应、随机效应两种回归方式，并利用 Hausman 检验识别模型选用，以解决可能存在刻意选择方法导致结论失真的问题，确保方法选择上具有稳健性；其三，在工具变量的选择上，均使用了工具变量的两阶段最小二乘法进行回归分析，确保解决可能存在的内生性问题。加之采用了对变量进行控制等具体处理方式，使得整体上看，本部分的回归结论具有较强的稳健性，也客观验证了前文的回归结论是有效、可信的。

五、研究结论及本章小结

探索产业转移对区域协调发展的影响机制符合经济规律，也是"国内大循环"的一个重要内容。本书采用 2003～2018 年地级市面板数据，探讨产业转移带动区域协调发展的议题，厘清产业转移对区域协调发展影响的理论路径和经验证据。可能存在边际贡献如下：第一，更加全面、系统地梳理产业转移对区域协调发展的影响机制，有助于理解这种影响何以产生；第二，采用下沉到地级市面板数据，验证产业转移何以影响区域协调发展的结论，从而更利于产业转移带动区域协调发展的政策实际操作。主要的结论如下：

第一，考虑控制变量因素和工具变量后，产业转移与资本要素的交互项 $IT_{it} \times Cap$ 对 $Coordinate$ 和 $Coordinate1$ 的不同组合回归系数显著为正，由此验证产业转移有助于推动区域资本要素聚集，从而显著提升区域协调发展水平。可见，产业转移能够推动区域吸引更多资本要素，改善发展禀赋基础，推动区域自身造血能力提升。

第二，考虑控制变量因素和工具变量后，产业转移与人力资本要素的交互项对 $Coordinate$ 和 $Coordinate1$ 的不同组合回归系数显著为正，由此验证产业转移有助于推动区域人力资本要素聚集，从而显著提升区域协调发展水平。可见，产业转移过程能够推动区域吸引更多优质人才，带动区域发挥智力作用，活跃经济。因此，产业转移政策落地时，需要更重视其与人力资本的相互作用，利用人力资本优势带动区域发展。

第三，考虑控制变量因素和工具变量后，产业转移与技术创新的交互项对 $Coordinate$ 和 $Coordinate1$ 的不同组合回归系数显著为正，由此验证产业转移有助于推动技术创新效应的发挥，从而显著提升区域协调发展水平。可见，产业转移能够推动区域发挥技术创新作用，推动专业化、干中学效应的发挥，发挥技术的外溢功能。因此，产业转移政策落地时，需要更重视发挥其技术创新效应，利用技术创新带动区域发展。

第四，考虑控制变量因素和工具变量后，产业转移与结构转型升级的交互项对 $Coordinate$ 和 $Coordinate1$ 的不同组合回归系数显著为正，由此验证产业转移有助于推动区域结构转型升级，从而显著提升区域协调发展水平。可见，产业转移能够推动区域吸引更多优质产业，带动区域"腾笼换鸟"。因此，产业转移政策落地时，需要更重视发挥结构转型升级效应，利用结构转型效应带动区域发展。

第五，考虑控制变量因素和工具变量后，产业转移与地方政府引导作用的交互项对 $Coordinate$ 和 $Coordinate1$ 的不同组合回归系数显著为正，由此验证产业转移有助于推动区域地方政府发挥良性作用，从而显著提升区域协调发展水平。可见，产业转移能够帮助区域吸引更多税收、提供更好公共服务、改善区域发展环境，带动区域均衡发展、协调发展。因此，产业转移政策落地时，需要更重视其政府政策的驱动效应，利用政府政策驱动作用带动区域发展。

为此，可以在推动区域产业转移过程中，精准地把握区域资本要素、人力资本要素流动和聚集趋势，采取针对性措施扶持引导要素聚集，发挥要素的聚集效应。还可以更关注区域技术创新问题，引导企业在转移过程中采用新技术、新设备、新理念，带动转出地和转入地技术协同合作。通过发挥结构效应对不同要素进行组合配置，发挥各自要素的价值，带动区域良性发展。地方政府是产业转移和区域协调发展的重要引路方，需要推动地方政府合理利用税收和政府支出带动区域协调发展。

第七章

推动区域协调发展的政策建议
——基于产业转移视角

一、重视区域协调发展的"新发展格局"背景及影响

自 20 世纪 90 年代以来，区域协调发展开始纳入政府的关注视野，我国围绕区域协调发展战略目标不断调整政策关注点，经历了由关注局部发展战略到总体发展战略，由关注经济差距到公共服务均等化、交通基础设施均等化、生态文明发展、深入对外开放的多维度变化，由关注国外为主或者国内为主单一格局到构建新发展格局的深入调整过程。当前在国际、国内局势日益复杂化的大变局和新冠肺炎疫情突发事件的背景下，更加重视发挥产业转移对区域协调发展的作用是应对极端发展环境的战略调整，是主动作为的重要表现。将产业转移作为区域协调发展战略基础的主要原因如下。

第一，新型冠状病毒在世界蔓延，对地区发展冲击显著，正加剧世界的不稳定。当前，新型冠状病毒在全世界蔓延，且没有减弱趋势，世界经济受到了较大冲击，主要发达经济体经济萧条，比如美国经济萎缩 3.5%，德国经济增速下降 4.9%，法国经济萎缩 8.3%；新兴经济体也都到冲击，俄罗斯经济增速下降为 -3.1%，巴西经济

增速下降为 -4.55%。① 各国经济增长受到较大冲击，我国发展也面临着更加不确定的外部环境，产业链条受到冲击，经济发展需要转向为挖掘国内发展潜力。

第二，周边国家承接产业的竞争力日益加强，一定程度上压缩了中国产业转型升级的空间。以越南为例，近些年越南制造悄悄流行，优衣库、部分手机产品也越来越多地出现越南制造标签，阿迪达斯、彪马等鞋类产品，中国制造（Made in China）逐渐被替换。这一趋势间接表明越南等周边国家承接产业的能力逐渐增强。越南在经济改革中，出台大量税收、土地、折旧、关税减免等政策，吸引对外投资，也取得了积极成效。以 2019 年为例，中美贸易摩擦加剧，仅中国对越南投资就达到 2018 年的 1.65 倍，其 FDI 到位资金、新签投资项目都有极大的增长。② 从投资领域看，越南加工制造业吸收外资最多，较大一部分是从我国转出或者其他国家新设，无疑吸引了原本可以转入我国中西部的投资；从投资地区看，韩国、中国香港地区、新加坡历来也是我国承接产业转入的重要投资方，对越南投资加大也分割了原本可以转入我国中西部的投资市场。种种数据都表明，越南为代表的东盟国家在承接产业转移方面的吸引力逐渐强化，对我国中西部承接产业造成了一定的压力。有序引导产业向中西部转移，释放转移效应，具有积极意义。

第三，西方国家在高科技方面进一步打压中国，为解决高科技产业"卡脖子"问题，提高产业链自主性、安全性越发迫切。近来以美国为首的国家，在芯片、5G、航空发动机、高端制造等领域全方位对中国进行打压，在部分基础产业上断供、制裁，使得我国产业发展面临产业链条断裂、产业技术受制于人的风险。为此，中国要进一步提升制造业发展能力，特别是高端制造业产业转型升级需求越发迫

---

① 数据资料是笔者根据各国发布的统计报告——整理列出的。
② 数据根据越南统计局发布的报告整理计算得出。

切，有序引导产业转移，形成更加健全、有技术含量的产业体系是发展的必然要求。

第四，我国正处在推动经济高质量发展、推进区域协调发展、新时期西部大开发战略、振兴东北战略、中部崛起战略、长江经济带高质量发展战略等多维度、多层次国家战略密集落实阶段。要更大程度落实、发挥国家战略带动经济发展作用，需要重视这些战略背后的产业支撑，有序引导产业转移，优化资源区域配置，形成全国范围内有重点、有层次的产业转移链条，这对区域发展至关重要。

第五，当前国家对提升产业自主创新能力的重视程度空前提升，将创新摆在国家发展格局的核心位置。充分发挥创新的作用需要全面强化创新与制造业产业的支撑作用，需要在全国范围内优化产业、人员、资本、创新要素的配置，有序引导产业在全国范围配置。协调产业发展能力是创新发展的需要，也是解决中国当前发展难题的关键途径。

产业转移首先伴随着区域要素的流动，资本、人力资本、创新等要素会随着产业转移在不同区域重新配置，改变不同区域发展禀赋，一方面通过产业转移带动要素禀赋变化，推动区域经济发展，另一方面提升区域自身造血能力，带动区域后发赶超。随着全国范围内资源重新配置，势必引致区域要素联系、产业联系、经济联系、人文联系、公共服务联系日益紧密，区域协调发展水平也会进一步提升。因此，新的发展环境下，有序引导产业转移，势必从各个方面对区域协调发展产生新的影响。第一，深入推进产业转移有助于我国在新的产业竞争中占据更有利地位。国际竞争本质上是产业实力竞争。我国推进产业转移，把握新一轮承接产业转移机遇，有助于巩固和提升我国产业实力，形成产业发展的强大带动力，推动我国在新一轮的产业竞争中占据有利地位。第二，深入推进产业转移有助于我国形成经济发展新动能。抓住即将到来的新一轮产业转移机遇，将产业转移放在更高战略层次，引导推动产业全面转移，有助于我国东部地区提升产业质量，中西部、东北地区获得发展新机遇，从而整体上驱动我国经济发展，形成经济发展新动能。第三，深入推进产业转移有助于实现我国产业全面振兴。产业实力是一个国家综合实力最关键的组成部分。深入推进产业转移，有助于我国的高端产业获得更多的发展空间，中低端产业全面优化发展，从而带动我国产业在产业链、价值链更加健全，推动产业全面振兴。第四，深入推进产业转移有助于产业转型升级、经济高质量发展。在产业转移过程中，引导产业链更加健全，产业系统更加完善，产业之间衔接更加紧密，能够带动产业整体提质升级。第五，深入推进产业转移有助于重大国家战略实施。重大区域发展战略的实施需要产业支持，通过产业转移夯实区域产业基础，从而能够直接支撑国家战略的实施。第六，深入推动产业转移有助于改善区域公共服务、优化发展软环境，增强区域软实力。产业转移会有助于区域在改善自身服务水平上下功夫，引导区域营商环境改善，从而优化区域发展格局。

因此看，产业转移有助于新发展格局的形成，深入推进产业转移有助于推动区域协调发展。构建更加有竞争力、更加平衡、更加协调的区域发展格局是新时期我国对区域协调发展的要求。通过产业转移，为具有竞争力的区域提供新的发展空间，为相对落后的区域提供新的发展动力，缩小各区域发展差距，强化区域协调发展。

二、注重区域协调发展的视域调整

新发展格局是根据当前中国发展的内外形势，在战略上进行的主动调整。这种主动调整立足于中国社会区域差异大、发展不平衡的实际，在全方位、系统化考量的基础上，从战略上、思路上进行重构，具有独特的视域调整，体现出新阶段的统筹观、系统观、时代观、创新观、生态观。因此，在发展新格局下，区域协调发展也凸显出一系列的不同视域调整。

第一，更加注重全方位的统筹观。充分发挥产业转移作用，促进区域更加稳定、均衡发展，不仅是单一考虑产业转移对区域协调发展的作用，需要将其放到更大的发展视域，更广范围、更大空间去探讨，注重从全局视角统筹各方，调动各方积极性主动性。具体来说，一则从更高维度、更广阔的视角，定位产业转移对区域协调发展的作用。从国家战略高度制定区域协调发展的思路，关注经济协调、产业协调、市场协调、居民生活协调、基础设施协调、公共服务协调、人与自然协调的全方位的协调，挖掘产业转移对各个部分协调的影响路径。二则从更加细致和专业化的角度，统筹区域协调发展。回顾产业转移、区域协调发展在我国的实践，厘清产业转移的国际趋势，探索产业转移的一般规律，梳理产业转移对区域协调发展的探索，总结我国区域协调发展中的难题，从符合科学性、理论性、全面性的角度提出符合当下实际发展的区域协调发展措施。三则从兼顾全面、突出重点的角度，协调区域发展目标。产业转移对区域协调发展的影响是多方面、多角度、多路径的。不同的方式和角度之间存在着一些差别。统筹区域发展需要关注不同视角进行全面协调，也需要突出重点，从重点领域突破、改善，以便形成有高度、有维度、有针对性地发展措施，助力区域协调发展目标的实现。

第二，更注重多维度的系统观。区域协调发展的课题不是一个简单的问题，而是涉及多方面、多维度的复杂问题。随着时代的发展，系统观越来越多地集合经济、管理、自然科学、社会等多个领域的集成成果，推动区域协调发展也需应用系统观的思路解决复杂问题。一方面关注区域协调中存在的关键问题，研究具体问题的科学解决方案，不断在逻辑上验证解决方案，最后在执行中逐渐完善和调整。另一方面集合解决复杂问题所需的各方资源。从人才、资本、创新等要素聚集角度，发挥要素的聚集效应；根据产业转移对区域经济、人才、产业、公共服务、市场一体化等关键领域产生的不同影响，构建产业转移对区域协调发展影响系统，细化思路制定对应措施；测度全国、不同板块、不同省份、不同地级市、不同县等地域维度的协调发展水平，关注不同系数影响，提出不同区域的定量化、系统化的政策建议。

第三，更注重与时俱进的时代观。当今时代变化是主旋律，国际局势、国内形势瞬息万变，我国社会经济环境变化也越来越快。这要求政策、发展战略不再满足于原有的解决方案，需要在思路上及时拥抱变化，在行动上及时调整，在实践中根据需要寻找不同的解决方案。一方面，注重将新的理念、新的思路应用到区域协调发展实践中。例如结合新发展格局特点，提出符合时代特征的区域协调发展解决方案；考虑到产业发展的安全性、自主性，引导产业在全国范围内合理布局调整。再比如，长江经济带高质量发展的战略措施，对产业转移与区域发展提出新的要求，就符合我国产业发展的实际需要。另一方面，注重调整心态，拥抱变化，在变化中探索出路。将产业转移作为区域协调发展战略的重点符合当前国际国内形势的要求，注重在产业转移过程中推动产业创新、维护产业链条完整、带动产业在不同区域集聚，符合区域重点发展、协调自身的发展要求。新的发展环境可能是有利的，也可能是不利的，需要拥抱这种变化，关注变化，这样才有可能探索出符合区域协调发展规律的新思路。

第四，更注重布局谋篇的创新观。在目标制定、执行目标步骤和具体节点中注重创新观。围绕着中国发展的长远目标，在不同阶段、不同发展战略中，强调创新观，重视创新产业转移思路。例如，当前在国家等重点战略中，都有关于产业转移内容的安排，需注重结合新的思路，解决实际问题。同时，面对部分产业"卡脖子"的问题，需更加重视创新发展，加强产业技术创新方向的引导，从而带动产业集中力量进行突破，解决发展中最为关键的问题，利用创新发展实现新的突围。

第五，更注重和谐共生的生态观。"和谐共生"是当前针对区域人与自然关系的新表述，这一描述更加重视人与自然的平等关系、和谐关系，从理念上改变了原有的人定胜天、征服改造自然的观点，强调更加尊重自然、敬畏自然、和谐友好的关系。在这样的价值导向下，新时期产业转移实践中，一则需要更加注重生态性，引入产业、转出产业都需要在保护中求发展，在充分利用已有资源的前提下，提高效率；二则需要更加重视与资源、环境的协调，注重与企业、政府、人的平等协调，注重经济、社会、生态的平等和谐，注重在发展中培育平等、健全、良性的心态，也需要更加重视发挥不同要素的组合效应，充分调动各方力量，让区域协调发展更具有可持续性和长远性。

不同的视域反映不同的发展理念，新的理念应用有助于优化区域发展环境，也有助于充分发挥产业转移的聚集效应、创新效应、结构转型和政策驱动效应，推动区域协调发展。

三、全面厘清区域协调发展趋势，
把握协调发展规律

前面梳理了区域协调发展的指数得分，并对不同区域协调发展水平进行了动态评价。结合已有区域协调发展研究成果，本书认为发挥产业转移在区域协调发展中的作用，需要结合区域协调发展的政策进行调整。

第一，更加全面理解区域协调发展的内涵和外延，明确区域协调发展的目标导向。以往部分研究将区域协调发展等同于区域经济差距缩小，在理论上持这样的观点。当仅仅将区域协调发展等同于区域经济差距缩小理念时，会导致在政策导向上存在偏误，全面、准确理解区域协调发展的内涵和外延，有助于厘清区域协调发展实际，针对性地提出政策建议，有助于区域协调、高质量发展。在推动区域协调发展战略过程中，除了关注经济趋势外，还要关注产业现代化，有助于产业的协调；关注市场一体化，有助于形成全国一体化市场；关注居民生活同步改善，有助于让人民共享改革发展成果；关注基础设施通达均衡，有助于提供更加便利的生产、生活基础设施；关注基本公共服务均等化，有助于社会的公平性和正义性；关注人与自然和谐共生，有助于形成平等、敬畏、友好的关系。在良性的目标导向下，可以支持产业转移更有方向性，政策落实范围更加准确，实施过程、实施结果具有针对性和可行性。

第二，更加全面把握区域协调发展的整体趋势，注重顶层设计，把握政策的稳定性和延续性。前文研究结果预测"十四五"期间区域协调发展水平也将维持上升趋势。这一结果表明，进入新世纪以来，我国区域协调发展的政策设计、政策落实取得了阶段性的成果，具有较好的政策效应，带动区域协调发展水平提升。在"内循环为主体"的新格局构建中，需要延续原有较好的执行成果，总结经验，并加以改进。同时，"十四五"提出要强化区域协调发展的顶层设计，明确区域协调发展目标体系，整合区域协调发展的相关资源，带动全国区域协调发展实践，需要将"定点突破"和"弥补短板"措施相结合，厘清哪些政策上可以有改进，并进行定点调整，哪些政策可以弥补短板，在政策设计、落实时予以调整，优化政策导向。

第三，缓解不同区域协调发展的差距，针对性定点解决。不同板块之间测算结果表明，从整体上看，东部的协调发展水平优于西部、中部，排名最后是东北地区，同时地级市样本数据表明不同区域内部区域协调发展差距也较大。提高区域协调发展水平，需要全面了解不同区域协调发展情况。例如，从板块角度，中西部、东北地区协调发展水平具有较大的提升空间，政策上可以更加注重新时期"西部大开发""中部崛起""振兴东北"等战略的落实，根据不同板块进行政策调整，弥补板块之间的差别，提供更多的可能性。具体来说，可以推动中西部、东北地区加大投入构建更加全面、系统的一体化的市场体系；改善基础设施条件，强化"新基建"基础设施，提升基础设施的"软件、硬件实力"；创新分配方式，改善发展方式，提升中西部区域居民收入，提高居民福利水平，从而带动区域整体收入水平和发展水平的良性提升；提高区域公共服务水平，加大公共服务投资、增加居民参与公共服务的体验，提升居民公共服务的享受感；构建人与自然和谐共生的思想体系，调整区域环境规则，严格落实环境惩罚机制，在人对自然保持尊重、敬畏的同时，保留一份稳定和平静的心态。

第四，更加注重将区域协调发展的政策下沉，注重收集更加基层的资料。本研究下沉到地级市的分析，发现地级市之间、更低级别区域之间协调发展水平差异很大，协调发展水平较高的前50名地级市与测度得分靠后的50名地级市呈现出较大的不同。需要做到以下两点：一方面需要区域协调发展水平较高的区域进一步提升协调发展水平。要打破区域协调发展就是区域之间均等化的认知，树立针对不同区域形成特定发展策略的思路，结合具体地级市或者县区，制定符合当地实际区域协调发展的政策体系。针对排名靠前的区域，结合其在区域协调发展得分项上的具体得分确定区域协调发展的政策思路。另一方面，要注重弥补短板工程。特别是排名靠后的区域，其区域协调发展水平仍然存在着比较低的情况，并且排名靠后的差距不多，因此要推动区域协调发展，更重要的是提升这些地区的协调发展水平。可以建议实施"补短板工程"，将这些区域纳入名单，并进行专门的政策扶持，通过政策引导，促进资源集聚、要素聚集，发挥要素聚集作用，带动区域协调发展。

因此，结合区域协调发展实际，整合相关资源，在更高的维度、更广阔的视角、更强大的支持下，采取更加有力的措施带动区域协调发展水平提升，在"十四五"期间整体上一个新台阶，促进"内循环为主体"的格局形成。

四、准确把握产业转移规律，引导区域向协调方向发展

本书从理论和实证角度验证了产业转移对区域协调发展的作用。要发挥产业转移对区域协调发展的正向带动影响，需关注产业转移发展的趋势，把握产业转移动态，厘清产业转移的发展规律。结合前文对产业转移趋势动态的研究成果，特提出以下政策建议。

第一，强化全国和各大区域层面产业转移趋势的把握，从更高维度制定协调措施。有序引导产业向中西部转移，既是我国把握产业转移规律的需要，又是带动产业转型升级、探索经济高质量发展的必由路径。产业转移指数测算结果表明，目前产业转移已经经历了由逐渐平缓增长到加速增长的趋势，"十四五"期间，我国产业转移也将有加速趋势，需要精准了解产业转移趋势，把握产业转移空间布局变化。为了探索区域产业转移趋势，建议在全国范围内进行产业转移的统计工作，对产业转移问题进行全国一盘棋的调动，确保能够在把握产业转移规律的基础上，利用政策进行有序引导。同时，把握不同板块之间产业转移新趋势，注重不同板块之间的协调。四大板块之间产业转移趋势存在较大差别，中西部地区既是产业转移主力承接地区，又是未来可以挖掘的重点区域，东北部区域近几年有回流趋势，东部地区开始呈现产业转入趋势。可以结合中西部地区经济发展特点和情况，制定促进产业向中西部地区发展的政策举措；结合东北部区域回流的特点，采用产业集群的方式，吸引符合东北部区域产业集群的产业聚集；东部地区开始出现产业转入趋势，特别是一些新的产业开始向东部区域靠拢，可以利用东部地区要素、人才优势，进一步带动东部地区产业转型升级，推动东部地区产业协调发展。

第二，重视普通城市产业转移工作的引导，制定符合普通城市产

业转移的政策措施。根据产业转移指数测算结果，中西部地区普通地级市占据产业转移前50名的主要席位，可以看出中西部地区的普通城市成为承接产业转移的主力军。近年来，各个地级市也重视区域内的产业转移工作，将产业转移作为区域发展的重要手段。笔者在中西部一些城市调研过程中发现，各地设立"招商小分队"，采用定点招商、产业招商等方式引导产业转移，产业转移在各地也出现本地化发展趋势。然而各地的自主行动也存在着过度竞争带来的资源重复配置、缺乏统一行动引导带来的产业结构趋同和要素紧缺等问题。要更好地规避这些问题，需要一方面从国家层面制定城市承接产业转移的引导政策，鼓励区域产业转移协同发展。例如，可以对区域定点招商、产业招商时设置产业负面清单、政策负面清单，规避地方政府官员为了区域固定资产投资等考核指标增长，而降低区域环境等要求。国家层面的产业负面清单能够在一定程度上引导产业符合发展方向，从而带动产业形成良性循环；国家层面的政策负面清单，可以引导地方在符合政策的空间内行动，引导各地政策更好地发挥作用。另一方面，强化国家层面对区域承接产业的引导，鼓励区域发展优势产业。全国各个地区产业布局不同，产业区域集群也存在着不同。为了更好地带动区域发展，需要关注区域内产业已有集群基础、产业发展的边际优势，充分挖掘本土优势带动区域发展。

第三，将产业转移"全国一盘棋"的设计，与各地产业特点相结合。现有产业转移更多地强调区域实践，以各地自己探索为主，国家在产业转移方面的引导较少、协调不足，有必要强化国家层面的引导。因此，建议在"十四五"期间更多发挥中央政府在产业转移方面的引导作用，鼓励将产业转移纳入"全国一盘棋"，进行协调管理。产业的发展需要调动各种资源，利用全国乃至世界范围内资源，从而发挥产业的整体效用。同时，要更好地把握全国范围的产业转移动向。产业向中西部转移、中心城市向周围转移是我国当前产业转移的阶段特点，从全国层面协调的角度，引导产业在国家范围内协调，从而带动产业在区域之间协调发展，这是产业转移更好发挥作用的需要。为此，要把握产业转移路径，国家出台政策顺势引导，发挥产业的协调作用。另外不同区域发展基础不同，产业聚集、产业支撑要素也各有差别，要更好地带动产业转移，需要结合各地产业本身的特点，发挥地区本土产业协调和协作的带动作用。

为此，促进区域产业转移需准确把握产业转移发展趋势，结合不同区域、不同地区产业转移形势，推动产业在不同地区更好地发挥作用。

五、充分发挥产业转移对区域
协调发展的促进作用

（一）推动在更高战略层次上支持产业转移工作

新时期推动产业转移需要有更高的战略定力，需要从更高层次来规划产业转移的发展，从全国层面多下功夫、多提供政策供给，确保产业转移工作能够更好地落在实处。

第一，升格承接产业转移工作，可将其上升为一项国家战略。现行的承接产业转移政策，多作为一种政策引导，对各地产业转移不具有约束力，这使得产业转移多为区域自主探索。新的时期，要带动产业转移工作向更高层次推动，从战略上重视，从措施上予以支持，确保这一政策能够真正落到实处。

第二，有必要理清当前产业转移形势，更加重视产业转移工作。当前新一轮大规模产业转移浪潮即将开始，能否把握产业转移机遇对我国发展至关重要。建议在国家层面深入认识当前国际国内产业转移形势、产业转移对于各国发展的带动力，在意识上更加重视产业转移

工作，在行动上更加支持产业转移工作，在政策上更加倾斜承接产业转移工作。

第三，国家层面出台新的针对承接产业转移政策文件。根据2010年《关于中西部地区承接产业转移的指导意见》文件表述，结合当前新的形势、新时代国家发展要求，将产业转移工作纳入新时代中国经济协调发展的大局中，大幅提高政策定位，强化政策的针对性，提高政策支持力度。

第四，推动建设全国中长期产业转移发展规划。产业转移需要有更加长远的规划，在国家层面强化规划，顶层设计，全国统筹，区域协调，逐步落实。

第五，设立全国层面产业转移的专门管理机构，构建全国产业转移合作机制。在国家层面设立专门机构，用于制定和出台全国产业转移的相关文件和管理规范，引导和鼓励产业转移，协调跨区域产业转移中的相关问题。建立全国产业转移的合作机制，形成全国合作协调、化解冲突、利益共享的沟通体系和争端处理体系。

第六，适度扩大承接产业转移示范区的数量和规模，加大对示范区的支持力度。把示范区建设成为产业转移的示范和桥头堡，切实发挥示范带动作用，可以扩大国家级承接产业转移示范区的建设规模，加大政策支持，引导产业向示范区聚集，让示范区作用真正落到实处。

第七，酝酿产业转移新的支持政策。可以借鉴我国高新区的相关政策安排，梳理国内外关于产业转移政策的支持体系，酝酿出台新的支持产业转移的政策，从而更好地带动产业转移向更高层次发展。

第八，鼓励各地根据实际，制订符合本地实际的产业转移方案。产业转移要落到实处，很大程度上需要各地在深度调研的基础上出台具有本地特色的解决方案。鼓励具有区域特色、区域独特风格的产业转移方案，带动产业转移更加稳健的发展。

第九，加强对先进建设经验的总结和推广。产业转移需要及时总结和归纳已有的建设经验。跨区域产业转移工作处于探索期，挖掘已有先进做法，并利用相关平台总结、推广，有助于这一机制良性运作，发挥其应有的效应。例如，安徽宿迁和江苏南通等共建跨区域产业转移园区时就全方位总结了苏州工业园区的建设经验，将高质量生产和高品质生活有机结合，形成新的发展典范。

（二）聚焦关键要素作用，推动产业和区域协调发展

本书理论和实证分析表明产业转移显著带动了我国区域协调发展，且结论也符合稳健性检验。

第一，需更加重视发挥产业转移在区域协调发展中的作用。本书回答了产业转移对区域协调发展影响的命题，但需要将成果更好地应用于区域协调发展实际中。新时期政策上应更加倾斜区域协调问题，解决区域发展不平衡、不充分的问题越发必要。因此，针对已有分析结论，在"十四五"期间出台区域协调发展战略相关文件、配置资源、政策引导等方面应尽量支持产业在区域之间转移，鼓励区域之间通过企业转移、飞地经济等方式来进行产业协作，从而形成鼓励产业转移、推动区域协调发展等战略协同体系。

第二，针对不同区域采用因地制宜的政策举措。根据文章实证中的异质性检验，产业转移在不同区域对区域协调发展影响存在不同，所以，落实产业转移带动区域协调发展的政策中也需要在不同区域差异化对待。例如，利用针对东部地区产业转移对区域协调发展作用发挥系数最大，影响大的特点，建议加大腾笼换鸟的力度，逐步鼓励人才、创新、资本等要素聚集，给新兴产业创造更好的发展环境。针对示范区或者非示范区的不同，需要更加注重反思产业转移示范区中产业转移对区域协调发展的影响，从而在应对举措上进行调整，推动示范区产业政策调整，更好地带动区域协调发展。针对行政中心城市和非行政中心城市的差别，可以鼓励区域注重要素更加均等化、资源配

置更加合理化，鼓励资源从行政中心城市辐射到周围区域，并为此提供相应便利。

第三，鼓励区域在产业转移过程中改善区域资本存量。实证研究表明，产业转移带动区域内资本存量的发展，能够带动区域协调发展。为了更好地发挥产业转移带动区域协调发展的作用，可以建议区域在产业转移过程中将产业的资本要素聚集到本地产业，改善当地资本要素配置状况。一方面，推动区域加大招商引资力度，重点向制造业、符合本地未来发展产业倾斜。招商引资是吸收外来资源的重要手段，也是产业转移、资本聚集、产业聚集的重要手段。新发展格局下，产业发展需朝着有利于提升产业竞争力、提高本地产业发展潜力的方向发展，招商引资需重视引资质量，多引入一些符合本地发展潜力的产业，提升本地固定资产投资的水平和潜力。另一方面，培育有助于资本存量发展的软环境。改善区域发展环境，从有助于产业转移、有助于发展区域资本存量角度，探索产业带动区域发展路径，从当地文化环境、行政服务环境、公共基础设施环境等角度出发，形成有助于资本改善的格局。产业转移过程中，资本要素聚集，也需将资本要素投向合适的方向。比如引入资本要素提高当地产业发展水平，带动区域产业发展，推动区域公共服务改善。

第四，鼓励区域在产业转移过程中改善区域人力资源情况。人才是发展的智力要素，产业转移中选准产业定位、制定合理的产业发展战略、执行产业发展定位都需要人才的支持。实证研究也表明产业转移过程中改善区域人力资源的配置，充分发挥人力资源的作用，有助于带动区域协调发展。由此，首先建议珍视人才。人才要发挥作用，需要有良好的社会氛围，所以应鼓励更多的人关注人才，形成良性的人才运作基础，营造有利于人才发展的氛围。其次，鼓励人才资源在全国范围内合理、有序流动。借助产业转移政策的落实，鼓励企业在转移产业过程中吸纳企业员工随迁，吸引更多类似的人才进入企业发展。既能发挥人才的学习效应和干中学效应，也能吸引更多类似产业入驻，从而带动产业、人才形成良性循环。最后，借由产业转移培育更多的人才。在产业转移过程中，企业会吸收相应人才资源，人才也会随要素聚集，利用产业转移、产业转型升级的契机，打造符合产业发展方向、符合产业未来发展特点的人才基础，鼓励人才资源聚集和示范效应的发挥。

第五，鼓励区域在产业转移过程中发挥技术创新的作用。技术创新是新发展格局下带动区域发展的重要方式。要推动区域协调发展，需要在产业转移过程中更加重视技术创新的作用。可以在产业转入和转出区域制定产业转移技术创新引导目录，引导产业在转移过程中技术创新，通过转移强化配置，提升创新要素，改善产品品质和质量。在产业转移过程中，将是否具有科技含量、是否具有未来发展潜质、是否是高新技术等要素纳入考虑范围，从而推动创新要素聚集和发挥作用。同时，有序引导产业加快创新驱动，在全国范围内形成创新发展格局。例如，鼓励东部地区推动创新发展，实现创新引领作用，发挥创新带动、示范效应；培育中西部地区创新资源，鼓励中西部地区创新要素聚集，培育符合当地发展的体制机制、创新系统、创新平台，从而带动区域创新动能建设，带动区域创新体系发展。另外，在推动创新发展过程中，将创新要素引入不同区域、不同发展体系，从而加快创新要素的融入，加快创新要素的应用，带动创新发展。鼓励创新要素在高校和科研院所孵化，在企业投入使用，同时在不同区域通过企业联动，发挥创新循环的作用。

第六，鼓励区域在产业转移过程中实现区域产业转型升级。产业转型升级是我国产业发展的目标之一，也是赢得国际竞争的需要。当前我国处在产业转型升级的深度调整时期，在产业转移过程中注重发挥其对区域产业转型升级的作用，从而作用于区域协调发展是一条较好的路径。为此，一方面各地需以产业转移为契机，服务于当地产业转型升级的目标，将其作为重点工作来抓。产业转入区域应结合本地产业实际，设置能够符合本地特点的承接产业目录，承接产业需符合当地产业转型升级的特点，同时又能够代表产业发展方向。以承接优势产业、具有发展前景产业作为改造本地产业、推动产业转型升级。产业转出区域可以设置产业承接方向和产业转出方向，推动本土产业向更加高端化、前沿化、尖端化发展，也带动产业腾笼换鸟，利用区域合作将一些产业转入合作区域，扩展产业的发展空间，带动转出区域产业整体提质升级，让产业有更好的生存空间。另一方面，借助于重要的区域发展战略，加快产业转型升级的速度。将产业转移作为一项重要内容，促进产业转型升级的发展和提升实施空间。

第七，鼓励区域在产业转移过程中发挥政府的有序引导作用。作用机制分析表明，产业转移过程中政府政策有助于支持区域协调发展。中央政府和地方政府在产业转移过程中都起到不可或缺的作用。建议中央政府做好引导、协调、统筹、调度工作。可以利用产业规划引领，设置国家承接产业转移协调机构和规划机构，并在"十四五"期间进行专题把握和引领，弥补原有的忽略产业转移工作的一些缺憾。同时，进行全局调度和统筹，建设全国范围的组织体系，优化区域发展空间。地方政府可以在产业转移过程中做好协调引导工作，接引产业入驻本地，带动本地区域协调发展。

从整体看，在推动区域产业转移过程中，需要精准地把握区域资本要素、人力资本要素流动和聚集趋势，采取针对性措施进行扶持引导，发挥要素的聚集效应。同时应关注区域技术创新问题，引导企业在转移过程中采用新技术、新设备、新理念，带动转出地和转入地技术协同合作，提升区域创新能力。关注产业结构转型升级效应，通过发挥结构效应对不同要素进行组合配置，从而发挥要素各自的价值，带动区域良性发展。地方政府是产业转移和区域协调发展的重要引路方，可以通过合理采用利用税收和政府支出的方式促进区域协调发展。

（三）推动产业跨地区转移利益共享合作机制建设

产业转移过程中，引导产业合理转移、提高产业转移的效率、强化跨区域的合作是一种必要趋势。我国各地在跨区域转移合作方面有了一些探索，例如发展飞地经济，需要更加明确建立产业跨地区的利益共享合作机制。

1. 厘清建设产业跨地区转移利益共享合作机制的重要意义

第一，产业跨地区转移利益共享合作机制符合经济理论的内核。产业的共生理论要求不同区域可以通过利益共享、资源组合的方式，形成一个共生共赢的有机系统；梯度理论和反梯度理论也要求产业在低梯度和高梯度之间转移，区域之间合作和引导，带动产业协调发展。基于经济学理论，建设跨地区的利益共享合作机制具有比较深刻的理论渊源，也能够丰富和发展经济理论，服务于优化区域产业转移格局、带动区域发展的大局。

第二，产业跨区域利益共享合作机制符合新时代区域协调发展的要求。当前我国处在新时代背景下，有序引导我国产业向中西部转移，对于挖掘产业发展潜力，探寻中国经济发展动力系统至关重要。产业跨区域利益共享合作机制有助于区域强化合作，缩小区域经济、人才、管理、技术等方面差异，从而协调区域发展。例如，山东淄博与宁夏石嘴山市合作建立淄博石嘴山工业园，工业园通过项目引领、产业转移实现了两地互赢、协调发展的结果。

第三，产业跨区域利益共享合作机制有助于区域共赢。以安徽皖江承接产业转移示范园为例，组织苏浙沪政府将产业转移到示范园、全权负责组织及管理，安徽作为产业转入地提供土地、资金等支持，最终利益共享。皖江承接产业转移示范园的建设缓解了相对成熟地区边际产业转移压力，对于产业转入地也有积极影响。不仅有助于推动皖江地区税收、财政体系的发展，还能全方位培养产业跨区域的协调性人才，提升管理能力，提高技术水平等。

2. 注重强化产业跨地区转移利益共享合作机制的举措

第一，厘清产业跨地区转移利益共享合作机制的指导思想。为了带动产业跨地区转移，提高区域产业整体竞争能力和竞争实力，推动产业跨地区转移利益共享合作机制应有明确的指导思想：要严格遵循新时代中国经济高质量发展的目标，遵循基本经济规律，按照利益共享、合作共赢、市场导向、注重创新、合理保障的原则，使参与各方优势互补、经济和社会共赢发展。

第二，注重高水平的规划引领，全方位的完善机制。产业跨地区转移利益共享合作机制需要规划的引导。从规划的角度，有短期（1~2年）、中期（3~5年）、长期（5~10年）的安排，弄清每一个时期的任务重点、细化分解、执行安排、保障体系等。例如，安徽在发展皖江承接产业转移示范区的过程中通过省级层面制度安排，与上海、浙江、江苏等地政府进行协调，构建示范区跨区域产业合作发展规划，保障了示范区跨区域产业转移合作的发展。

第三，建立组织协调体系。针对产业跨区域合作中的一些体制机制问题，建立对应的利益协调体系，对于执行中出现的问题区域之间通过协商合理解决。

第四，创新产业跨区域转移利益共享合作的制度安排。其一，强调跨区域转移的主导权归属。建议将跨区域转移主导权交给东部地区的政府、开发区或者有实力的企业，引导东部地区在合作区域内设立管理机构，全权负责产业转移合作区域的日常管理、利益分配、人才培训、技术支持等工作。其二，明确中西部地区进行跨区域产业转移合作的权利和义务。中西部地区进行跨区域产业转移合作的权利包括跨区域产业转移的利益共享、税收、就业、人才、管理和技术的溢出等；义务包括提供必要的税收减免、土地支持、人才的教育、住房等方面的协助；提高自身行政管理的水平、提高行政管理和审批效率，带动区域之间协调发展；完善区域基础设施、商贸物流体系，发展会计、法律和专门的生产服务业，确保产业转移协调良性发展。其三，建立区域之间联席和沟通机制，安排解决问题的相关制度。例如，在区域之间建立定期联席会议、设立联系和沟通的组织部门和直接负责人，引导专人对跨区域产业转移的企业进行定点跟踪服务。

（四）畅通产业转移"内部消化渠道"，提高中西部和东北地区承接产业转移的吸引力

1. 深度挖掘产业自身潜力，发挥中西部和东北地区的产业优势

第一，挖掘我国产业门类齐全的优势。产业转移过程中应发挥我国产业门类齐全的优势，挖掘产业本有的基础和潜力，引导各地在注重专门化、专业化产业转移的同时，尽可能延长产业链条，健全产业体系，发挥产业链的功能作用。

第二，注重发挥产业集群的优势。我国各地都在积极培育产业集群，产业转移中应注重培育特色产业集群，优化产业的发展体系。中西部承接产业转移过程中，深入挖掘本地特色的产业基础和产业集群至关重要，这样能够引领产业开拓新的发展空间。

第三，注重发挥已有的人才和科研资源的优势。较东部地区而言，中西部地区人才、科研相对缺乏，然而中西部地区的人才和科研资源在一定区域和一些领域内具有独特的优势。产业转移过程中，将已有的科技资源与自身发展做嫁接，强化联系，能够有助于产业提升自身竞争能力。

第四，注重挖掘后发优势。中西部地区虽然发展条件相对滞后，然而在现有的政治环境下，中西部地区已有的政治条件和发展条件良好，符合后发优势的特征，应着力发挥产业的后发优势，带动产业实

现跨越赶超。

第五，注重发挥当地资源、生态环境优势。中西部地区有些地区资源禀赋好，有些地区生态环境优，应围绕本地特有的资源和环境优势下功夫，产业转移过程中将产业引入和当地生态相结合，有助于优化资源和环境配置，提升产业效率。

2. 着力改善区域营商环境，强化中西部和东北地区产业转移的吸引力

第一，清理阻碍区域营商环境改善的体制机制。中西部和东北区域营商环境需要做减法，特别是清理一些阻碍营商环境改善的体制机制。提升营商的软件和硬件水平。同时，着力改善营商服务水平，提升执法人员、区域服务人员的服务水平和质量，提高区域营商水平。

第二，落实减税降费政策，缓解企业负担。中西部和东北地区要发展，更多地需要减轻企业负担。为此，一方面已有的税收费用做到应免尽免，尽可能全然落实；严格监察这些政策的落实，出现负面案例，严格查处；另一方面，争取给予中西部和东北地区更大的减税降费空间，特别是对一些高技术产业、紧缺型产业，通过减免税收带动这一产业的发展。

第三，切实尊重和保障产权，维护法治精神。中西部和东北地区应切实尊重和保护私有产权，建立产权侵权预警、维护和执行机制，对破坏产权、破坏法治的行为从重打击。加大力度保护企业家私有财产，维护非公有制企业家的合法权益，尊重和保护企业家的创新行为，形成全社会尊重企业家精神、爱护企业家精神的氛围。

3. 优化产业转移园区，升级承接产业载体

第一，强化产业园区的能力建设，提升产业园区的便利化水平。

推动产业园区建设需要强化产业园区的承接能力建设。一是提升园区软硬件基础设施水平，提供水、电、路、网络、物流等基础设施，为企业提供一站式服务，确保基础设施高效运作；二是提升产业园区服务水平，不仅包含政务服务，还包含发展平台孵化器、技术支撑平台等延伸服务；三是以改善园区用地情况，改变厂房出租使用等模式，为企业提供便利化服务。

第二，吸收多方面经验建设园区。在中西部和东北地区探索多种模式，只要符合当地实际，能够支持承接产业良性发展，就可以灵活采用，比如公司承包的产业运行模式、科研机构主导的产业园区模式、飞地经济产业园区模式、反向飞地产业园区模式等。引入社会资本，吸引全国范围的资本或者外资，以及吸引优势资源建设产业园区，带动产业园区良性发展。探索将产业园区与城市发展相结合，打破园区与城市的功能布局分割，尝试将二者融合发展。

第三，深化园区开放合作，拓展园区发展空间。打破产业园区的外延，尝试将园区放到更大的格局和空间中尝试。一是强化中西部和东北区域承接产业园区与东部地区产业园区的合作。尝试学习东部地区产业园区先进经验，也可引入东部地区优秀的企业来参与合作，通过联合招商、合作运作等方式强化彼此的联系，建立沟通联动平台，提高中西部和东北区域园区开放水平；二是强化中西部和东北区域产业园区与周边区域的合作。与周边地区结合共建产业集群，可以构建一园一品，形成产业上下游产业链条，建设产业载体，形成一个全面、系统的产业基础；三是借由区域国家战略，优化产业园区资源配置。目前中西部和东北地区有诸多的国家战略，例如，国家发布的进一步推进西部大开发的战略、长江经济带发展战略、新时代区域协调发展的战略。可以适当借助这些政策机遇，发展和带动产业园区建设。

六、关注区域协调发展的
关键环节，重点突破

（一）聚焦区域协调发展的关节环节

围绕构建新的发展格局，发挥产业带动区域协调发展的作用，需要关注产业转移过程中的重点领域和关键环节，定点突破。

第一，聚焦弥补短板工作。区域要协调发展，需要弥补短板，特别要关注区域协调发展程度低的区域。根据区域协调发展指数的得分情况，当前中西部地区还有较多区域普遍协调发展水平不高，自身区域协调发展能力不强。这些区域较多是中西部经济发展相对落后、交通基础设施不畅通、靠近边境的区域。政策上也需要关注这些区域的发展，建议采取不同的措施来化解。一方面，针对区域发展相对滞后的问题，引导这些区域重点解决发展问题，借助于政府的政策引导，鼓励区域加大吸收产业转移、吸引人才的力度，引进资源，本地吸收，再造资源，推动这些区域后发赶超。另一方面，在配置基础设施、挖掘本地消费潜力等方面入手。政策引导除了解决发展不平衡的问题，还需在均等化公共服务、改善基础设施、改善地区发展环境上下功夫，让这些区域的人们共享改革发展成果，带动区域普遍良性发展。

第二，充分发挥城市群、都市圈的带动作用。一方面发挥区域增长极的引领、带动作用。比如，珠江三角洲、长江三角洲、京津冀城市群是中国经济发展前沿、科技创新前沿，发挥着引领产业、发展经济的龙头作用，但比照世界范围内纽约、伦敦等城市群看，还有较大发展空间。为此，借助于高质量发展的新形势，利用粤港澳大湾区战略、长江三角洲一体化战略、京津冀协同发展战略的协调作用，带动产业在范围内提升竞争力、培育创新和增长极，带动区域整体更加良性协同发展。另一方面，鼓励在全国范围内构建更多且具有发展潜力的产业组织体系，例如推动成渝城市群、武汉城市群、长沙和合肥城市群发展，带动中西部一些大型城市辐射到更广范围，利用区域辐射，带动区域更加良性和一体化发展。

（二）把握时代机遇，提升区域协调发展内生动力

"国内国际双循环相互促进"是新发展格局的重要支持。可见充分发挥产业转移在区域协调发展作用还需兼顾国际和国内两个方位，引导产业进入更广泛的视野。

第一，以构建人类命运共同体为指导，借由"一带一路"建设指导，鼓励将视域放到更加广阔的发展空间。发展不仅仅需要自身资源，还需要借助全球资源来带动区域协调发展。当今世界是一个链接日益紧密的世界，面对日益复杂多变的国际环境，更加需要走向世界，借由更多资源带动自身整体发展，提升发展品质。借由"一带一路"倡议，引入更具优势的资源，鼓励区域合作，带动区域连接，推动产业竞争力提升。

第二，从世界最优秀的企业、最优秀的城市入手，建设技术领先、产业协调的产业增长体系。尽管当前长江三角洲、粤港澳大湾区、京津冀城市群都发展迅速，然而比照世界优秀城市还存在着不少差距，例如整体经济发展实际相对缺乏，芯片、航空发动机、电子元件等产业不具备优势。

第三，推动中国企业在各个领域提升竞争力，健全产业链条。随着国际环境的竞争日益激烈，与我国相邻的东南亚地区也相继承接更多产业转移。为此，要推动区域协调发展，需要健全区域发展软实力，推动产业更加良性协调和发展。将产业放到全球视域，在产品生

命的每一个周期带动生态良性协调发展。

（三）确保产业转移与区域协调发展中的安全可控

产业转移与区域协调发展过程中需更加关注产业安全问题，避免产业"卡脖子"现象，推动产业自主化和创新化发展。为了保障产业安全可控，可以注意从以下几个方面入手：

第一，高度重视产业安全可控，将产业安全可控提高到产业发展的关键一环中。在思想意识上要把安全可控真正当成一件重要的事情来抓。我国在推动产业转移时要真正从产业安全可控入手，关注产业发展动向，关注产业安全。

第二，集中力量，强化关键技术的研发和攻坚工作。产业转移过程中，要注重关键技术的研发和攻坚工作，关注关键产业攻坚克难工作。可以引导部分关键产业在中西部落户，集中现有的优质企业开展攻克工作，强化各个企业之间的协同，聚集创新；政府做好具体服务工作，强化引流作用，引导企业向关键领域和重点方面聚集，把牢产业安全可控原则。

第三，健全产业链条，积极向前端和后端扩展。产业转移不应仅限于产业链条本身，还需要关注产业链条的全过程。产业转移不仅要吸收产业中端企业，更需要延展产业链条，优化产业配置，引导产业向前端和后端拓展，注重关注前端和后端突破，从而带动产业优化和升级，形成极具特色的产业体系。

第四，引导产业协同发展，优化产业布局。一个产业的发展可能会促进产业链条的健全。注重产业协同发展关键是发挥已有产业的协调和带动作用，现有的产业一旦在一个点上突破，就能够起到极大的协调和带动作用，基于此，产业在发展中应强化协同，从而实现整体突破。在空间布局上，聚集发展、聚合发展是产业发展过程中的一个关键环节，可以适当引导产业聚集，带动产业优化空间布局，优化发展格局。

第五，构建产业自主创新体系。产业转移不仅是中低端的产业转移，更需要在创新上有所突破。构建产业自主创新体系，强化产业创新能力，对于产业自主化和创新化发展具有独特作用。在产业转移过程中，引导半导体、战略新兴、数字化产业良性发展至关重要，也是产业发展中需要关注的重点。

第六，注意防范化解重大风险。要能够坚持平衡原则，平衡好增长和风险之间的关系，化解债务风险，防范系统性风险，做好具体转移中突发事件的处理工作。要建立风险预警和处理机制，从风险预判、风险评估、风险化解、风险转移等多方面入手，关注产业中的风险问题，化解可能存在的风险难题，优化产业风险管理体系，确保产业发展中的风险管控。

七、强化发挥产业转移作用，形成 区域协调发展的保障体系

（一）打针对性的政策组合拳，配齐配全产业转移、区域协调的政策体系

引导产业转移、带动区域协调，构建产业转移、区域协调的配套政策体系，可以从已有政策工具箱入手，从考核、奖励、土地、税收、投资、财政、金融、开放等方面着手，强化政策体系建设。

第一，考核政策。以考核为手段，细化考核规则，引导参与产业转移的地方政府更重视产业转移和区域协调发展工作。从考核目标、考核原则、考核细化规则、考核实现路径、考核保障体系等方面入手，引领地方官员抓产业转移、推动区域协调、促高质量发展。

第二，奖励政策。对于参与引入优质项目、促进产业转移、带动区域协调发展的单位和突出个人，给予经济奖励，符合当地晋升条件的给予相应晋升。对符合产业政策的转入企业给予一定的奖励，对高新技术产业、驰名商标等持有企业、世界500强、国家产业化龙头企业等，适当提高奖励标准。也可以鼓励各地发挥自身的灵活性和积极性，强化奖励政策的针对性、灵活性，确保奖励政策能够发挥实效。对地方通过产业转移带动区域协调发展的典型事迹进行宣传、给予特定奖励；对地方政府在产业转移过程中提高公共服务水平、强化交通基础设施建设等政策进行引导，并设置相应奖励措施。

第三，土地政策。将转入企业适当聚集于产业园区，产业园区土地的使用纳入总体规划当中；将新增用地指标适当调剂给产业转移较快的地区；集中清理占用土地而未建设的情况，突出土地集约化利用。对于符合国家产业方向的用地，给予土地利用方面的优惠政策，按照条件进行费用减免。

第四，税收和财政政策。严格落实国家对于区域产业发展的已有税收政策，例如中部崛起、西部大开发政策包含的税收政策。整合各方税收政策，有关高新技术的政策、研发费用减免政策、环境保护减免等政策，同时争取国家或者各级政府对产业转移的税收支持。地方政府可以在自身的权限内给予税收减免、返还等支持。利用财政手段支持产业转移，细化执行规则，更好地优化财政准则，利用财政手段支持发展。

第五，金融政策。引导银行对符合产业方向的产业加大信贷支持，提高开户、结算、理财等方面的专门金融服务水平；鼓励金融机构对高新技术企业、具有独立自主技术和创新性的企业等的支持；探索技术、专利等无形资产质押途径，运用信贷资金予以支持；支持企业通过发行债券、上市等渠道进行融资。政府也可以尽可能充当执行者的角色，引导金融发展。

第六，人才政策。从人才的引入、激励、保障等方面入手，强化人才服务，引导人才扎实工作，发挥积极作用。为人才制定专门的配套政策，在医疗、教育、入住等方面给予组合支持，形成人才支持体系。

（二）健全产业配套甄选、引入机制，建设产业接引配套体系，促进产业协调发展

第一，优化产业配套协调机制，优化产业招商引入体系。建立产业配套协调指导机构，设立产业配套协调办公室，引导产业协调配套工作，做好产业配套跟踪服务。完善招商引资工作体制，配备齐全的人员结构，建立政府各个部门的联动机制，统筹工作，强化项目信息共享、项目协调、跟踪服务等工作。加强重大项目的交流和沟通、联动和协调，利用重大项目作为契机，推动产业链招商、全面招商。

第二，围绕比较优势项目和产业链招商配备资源。各地有适合本地的比较优势产业、招商引资项目中也有相应的配套资源，引领招商队伍深耕本地的企业产业配套情况，挖掘产业配套招商信息，支持企业和产业延长"产业链"，强化产业链条，推动配套产业链条的完善。

第三，优化招商组织方式，带动项目落地。一些地区实行全民招商的方式，也可以推进以商招商、科技招商，调动已有的资源拓展招商信息、带动招商良性发展；可以利用信息化、数字化等建设线上招商平台、科技招商服务体系。强化招商的落地机制，引导项目定期跟踪落地，及时协调项目中出现的问题。

（三）完善服务体系，强化服务化保障能力，建设区域协调的保障体系

第一，优化政务服务水平，构建公共服务平台。各地在产业转移过程中需要提高政府政务服务和公共服务水平。在政务服务上，优化

当地政务环境，严格查处拖沓、违规等行为，引导当地建设一体化公共服务平台，使转移企业能够及时获得所需要的公共服务信息，对接咨询、投资等相关服务机构，全面协调技术转化、成果交易等工作。

第二，完善交通网络，建设物流体系。优化各地交通基础设施，打通铁路、公路、机场等主干交通网络，优化产业转移园区公路、水电等基础设施建设，构建全面的交通服务网络；建设物流体系，建设产业转移物流园、快运服务体系，引导形成高效率、智能化、数字化的物流体系。

第三，发展信息化、数字化网络建设。配备专业化的网络基础设施，特别是对新引入的产业强化网络信息化建设，接入当地信息服务平台，提供事项一体化办理服务。同时，构建数字化对口配套体系，引导企业布局电子商务，提升服务配套水平。

第四，强化中介和专业服务机构建设。建设专门的会计、金融、咨询等服务机构，让转入企业都能及时获得相应的专门化支持；引导企业使用专门化的中介服务，利用中介机构协调企业自身建设，强化与其他企业的交流和沟通。通过中介服务体系，带动行业和协会良性发展。

第五，健全社会保障体系，保障企业和员工合法权益。对于转入企业来说，社会保障是比较重要的。需要做好企业社会保障工作，优化社会保障水平和健全社会保障服务。

第八章

研究结论及展望

一、研究结论

探讨产业转移对区域协调发展的影响符合区域高质量发展的需要。笔者从理论和实践两个角度探讨产业转移对区域协调发展的影响及其机制，主要回答如何评价和认识区域协调发展、产业转移是否带动了区域协调发展、产业转移何以推动区域协调发展等重要问题。本研究尝试在理论梳理的基础上，采用地级市层面数据，重新界定及评价区域协调发展、产业转移状况，验证产业转移对区域协调发展的影响，厘清产业转移对区域协调发展的影响机制，提出利用产业转移推动区域协调发展的政策建议，得出主要结论如下：

第一，研究梳理产业转移和区域协调发展理论。理解产业转移需要从更加细致、准确的角度，把握产业转移趋势和规律，并结合国家重大发展战略，探索产业转移的发展空间。理解区域协调发展需结合新的理念，结合新发展格局下全方位的统筹观、多维度的系统观、与时俱进的时代观、布局谋篇的创新观、和谐共生的生态观，根据不同的目标维度，确定区域协调发展的内涵体系，即经济协调发展、产业现代化、市场一体化、居民生活同步改善、基础设施通达均衡、基本公共服务均等、人与自然和谐共生。

第二，在区域协调发展的度量和评价方面，以 2001～2018 年中国 288 个地级市面板数据为基础，构建区域协调发展指标体系，评价了全国、四大板块、各个地级市区域协调发展水平，发现全国区域协调发展水平整体保持明显上升趋势，经历了逐步提升（2001～2013年）、小幅下降（2014～2016 年）、持续上升（2017～2018 年）的波动提升态势；四大板块区域协调发展都呈现整体上升趋势，同时不同板块之间差距显著，并且有扩大趋势，区域协调发展水平逐渐呈现出东区＞西部＞中部＞东北地区的"两边高中间低"格局。同时，各个地级市区域协调发展水平都保持稳定提升趋势，同时不同地级市之间区域协调发展水平差异较大。可见，加大力度推动后发区域发展，提升区域发展能力也显得日益迫切。GM（1，1）模型预测结果显示，到"十四五"期间全国区域协调发展水平将保持稳定提升的趋势。为了让这种趋势落地，需要更加重视区域协调发展的顶层设计，针对性地将"定点突破"和"弥补短板"措施相结合，保障"十四五"区域协调发展上一个新台阶。

第三，在产业转移对区域协调发展影响的研究上，选取 2003～2018 年中国 288 个地级市面板数据，在度量产业转移现状基础上，采用固定效应、随机效应、最小二乘等方法衡量产业转移对区域协调发展的影响及其异质性，回答了产业转移是否带动了区域协调发展的问题以及区分不同情况下产业转移对区域协调发展的影响有何不同的问题。研究发现全国及四大板块产业转移经历了由平缓增长（2003～2013 年）到加速转移（2014～2018 年）的趋势。四大板块整体呈现西部、东北＞中部＞东部的发展趋势；从产业转入区域看，中西部地区是承接产业转移的主体，普通地级市重视产业转移，依靠规模化的产业转移求发展；从产业转出区域看，产业转移存在三种并行趋势，产业从东部发展较好的地区转移到中西部，从中西部产业较好的区域或者城市产业向周边区域转移，中西部部分普通地级市产业也呈现转出趋势。

基准回归表明，不论是否添加控制变量、更换测算方法和修改衡量指标下，产业转移表征指标对区域协调发展衡量指标呈现显著正向关系，可见，产业转移能够显著带动区域协调发展水平的提升。这一结论在多项稳健性检验和内生性问题探讨的基础上依然成立。异质性回归表明，产业转移能够显著带动产业转入区域协调发展，产业转出区域未能够有效带动区域协调发展；产业转移显著带动了东部、西部、东北区域协调发展，却未能够显著带动中部地区协调发展，从系数看，东部最大，西部次之，东北再次之，中部最后，表明产业转移对区域协调发展的作用表现为东部＞西部＞东北＞中部；相较于示范区，非示范区区域产业转移对区域协调发展的带动作用更大，表明示范区未能使得产业转移对区域协调发展的作用得到更大的发挥。相较于非行政中心城市，行政中心城市产业转移对区域协调发展的带动作用更大。

第四，从理论机制与经验证据上产业转移带动区域协调发展。研究发现，考虑控制变量因素和工具变量后，产业转移与资本要素的交互项、产业转移与人力资本要素的交互项、产业转移与技术创新的交互项、产业转移与结构转型升级的交互项、产业转移与地方政府引导作用交互项的回归系数显著为正，由此验证产业转移有助于推动区域资本要素聚集、推动区域人力资本要素聚集、发挥技术创新效应、推动区域结构转型升级、发挥政府政策驱动作用，从而显著提升区域协调发展水平。可以在推动区域产业转移过程中，精准把握各种影响路径，促进区域协调发展。

二、研究展望

本书依据产业转移与区域协调发展目标体系，采用因子分析、熵权法、固定效应、工具变量等方法，验证了产业转移与区域协调发展的关系。本研究在理论和实践的探索方面取得了一些成效，但也还有可以研究的空间，主要如下：

第一，从产业转移和区域协调发展理论研究角度，尝试着进行了梳理。至于如何构建产业转移与区域协调发展的理论体系，并利用数理推导来解释，如何构建更加精准的评价体系，评价和衡量产业转移状况，系统动态地反映区域产业转移现状，以及区域产业转移如何在国家重大战略中更好发挥作用等问题，都可以在研究中进一步深入。

第二，从产业转移和区域协调发展的经验验证角度，构建了区域协调发展的指标体系，衡量区域协调发展。然而区域协调发展的衡量角度不一样，结论也各异，选取测度指标是否完全精准，仍然有待于后续检验。本书选取地级市数据进行研究，但还可以进一步扩展到地级市的各个行业，或者延展到县区级，这是本书后续探索方向。另外，以现有产业转移示范区为案例，分析产业转移示范区的区域协调发展效应也是一个研究方向，能有效支持政策的执行和落地。

当然，限于自身水平有限，在这一选题上也有很多不完善、不健全之处，比如数理推导较少、数据获取并不全面、分析视角也有局限性。后续的研究中，也将进一步深入探讨，以便更深入地理解相关问题。

附录一：全国 288 个地级市区域 协调发展水平均值排名①

全国 288 个地级市区域协调发展水平均值排名

排名	省份	地级市	协调水平	排名	省份	地级市	协调水平
1	广东省	深圳市	0.9533	17	内蒙古	乌海市	0.4148
2	广东省	东莞市	0.9344	18	湖北省	武汉市	0.3965
3	广东省	广州市	0.8621	19	江苏省	常州市	0.3933
4	福建省	厦门市	0.8235	20	辽宁省	大连市	0.3825
5	江苏省	苏州市	0.6340	21	浙江省	宁波市	0.3722
6	新疆	克拉玛依市	0.6193	22	辽宁省	沈阳市	0.3549
7	浙江省	杭州市	0.6014	23	山东省	济南市	0.3511
8	广东省	中山市	0.5533	24	内蒙古	呼和浩特市	0.3496
9	新疆	乌鲁木齐市	0.5452	25	内蒙古	包头市	0.3475
10	江苏省	南京市	0.5354	26	湖南省	长沙市	0.3449
11	内蒙古	鄂尔多斯市	0.5286	27	山西省	晋中市	0.3432
12	江苏省	无锡市	0.5162	28	四川省	成都市	0.3374
13	广东省	佛山市	0.4926	29	江苏省	镇江市	0.3328
14	广东省	珠海市	0.4826	30	甘肃省	嘉峪关市	0.3305
15	河南省	郑州市	0.4773	31	宁夏	银川市	0.3277
16	山西省	太原市	0.4478	32	海南省	海口市	0.3252

---

① 本书以 2001～2018 年全国 288 个地级市为样本，构建区域协调发展指数，测算了地级市区域协调发展水平。由于将全部协调发展指数得分列出难度较大，这里对测算值进行均值化后排序列出，便于了解地级市协调发展水平。

排名	省份	地级市	协调水平	排名	省份	地级市	协调水平
33	山东省	东营市	0.3104	57	四川省	攀枝花市	0.2554
34	山西省	阳泉市	0.3101	58	辽宁省	鞍山市	0.2542
35	浙江省	温州市	0.3050	59	浙江省	绍兴市	0.2517
36	甘肃省	兰州市	0.3050	60	辽宁省	本溪市	0.2509
37	山东省	青岛市	0.3000	61	浙江省	金华市	0.2487
38	福建省	泉州市	0.2976	62	辽宁省	盘锦市	0.2480
39	湖北省	潜江市	0.2968	63	广东省	惠州市	0.2447
40	浙江省	嘉兴市	0.2957	64	山东省	烟台市	0.2404
41	西安省	西安市	0.2953	65	广东省	江门市	0.2393
42	贵州省	贵阳市	0.2932	66	江苏省	泰州市	0.2363
43	安徽省	合肥市	0.2874	67	宁夏	石嘴山市	0.2354
44	福建省	福州市	0.2826	68	广东省	汕头市	0.2321
45	西藏	拉萨市	0.2770	69	安徽省	芜湖市	0.2303
46	山东省	威海市	0.2746	70	海南省	三亚市	0.2291
47	青海省	西宁市	0.2746	71	浙江省	湖州市	0.2281
48	安徽省	铜陵市	0.2741	72	广东省	揭阳市	0.2276
49	江西省	南昌市	0.2739	73	湖北省	仙桃市	0.2242
50	黑龙江省	大庆市	0.2718	74	福建省	三明市	0.2230
51	浙江省	舟山市	0.2703	75	广西	南宁市	0.2211
52	江苏省	扬州市	0.2685	76	辽宁省	辽阳市	0.2207
53	江苏省	南通市	0.2650	77	吉林省	白山市	0.2201
54	云南省	昆明市	0.2632	78	吉林省	吉林市	0.2199
55	山东省	淄博市	0.2615	79	黑龙江省	哈尔滨市	0.2198
56	吉林省	长春市	0.2604	80	安徽省	马鞍山市	0.2197

续表

排名	省份	地级市	协调水平	排名	省份	地级市	协调水平
81	河北省	石家庄市	0.2167	105	江苏省	淮安市	0.1929
82	浙江省	衢州市	0.2163	106	湖北省	鄂州市	0.1924
83	辽宁省	抚顺市	0.2159	107	湖南省	湘潭市	0.1919
84	吉林省	辽源市	0.2134	108	广东省	潮州市	0.1916
85	辽宁省	营口市	0.2111	109	湖南省	株洲市	0.1914
86	浙江省	台州市	0.2098	110	福建省	漳州市	0.1911
87	江西省	新余市	0.2073	111	山东省	莱芜市	0.1907
88	河南省	三门峡市	0.2059	112	河南省	焦作市	0.1907
89	河北省	唐山市	0.2049	113	江苏省	盐城市	0.1898
90	广西	柳州市	0.2031	114	山西省	长治市	0.1897
91	辽宁省	丹东市	0.2029	115	山西省	大同市	0.1896
92	山东省	泰安市	0.2025	116	广西	桂林市	0.1894
93	湖北省	天门市	0.2023	117	安徽省	黄山市	0.1892
94	浙江省	丽水市	0.1993	118	西安省	榆林市	0.1886
95	甘肃省	金昌市	0.1988	119	宁夏	吴忠市	0.1885
96	江苏省	徐州市	0.1982	120	山西省	朔州市	0.1881
97	湖北省	宜昌市	0.1978	121	江苏省	连云港市	0.1874
98	河南省	洛阳市	0.1977	122	广东省	肇庆市	0.1870
99	山西省	晋城市	0.1977	123	内蒙古	呼伦贝尔市	0.1868
100	河北省	秦皇岛市	0.1970	124	山东省	潍坊市	0.1863
101	湖北省	黄石市	0.1966	125	西安省	铜川市	0.1863
102	吉林省	通化市	0.1956	126	福建省	南平市	0.1856
103	河北省	廊坊市	0.1938	127	贵州省	铜仁市	0.1851
104	福建省	龙岩市	0.1933	128	广东省	韶关市	0.1849

排名	省份	地级市	协调水平	排名	省份	地级市	协调水平
129	广西	防城港市	0.1842	153	山西省	吕梁市	0.1675
130	福建省	莆田市	0.1841	154	河南省	安阳市	0.1668
131	甘肃省	酒泉市	0.1836	155	河南省	平顶山市	0.1666
132	黑龙江省	牡丹江市	0.1836	156	四川省	绵阳市	0.1666
133	江西省	景德镇市	0.1807	157	四川省	自贡市	0.1664
134	山西省	临汾市	0.1807	158	广东省	湛江市	0.1660
135	辽宁省	锦州市	0.1792	159	江西省	鹰潭市	0.1660
136	江苏省	宿迁市	0.1784	160	四川省	乐山市	0.1656
137	云南省	玉溪市	0.1773	161	广东省	阳江市	0.1647
138	广西	北海市	0.1766	162	陕西省	延安市	0.1646
139	山东省	滨州市	0.1759	163	陕西省	宝鸡市	0.1642
140	内蒙古	巴彦淖尔市	0.1757	164	广东省	梅州市	0.1641
141	四川省	德阳市	0.1750	165	山东省	日照市	0.1639
142	河南省	新乡市	0.1730	166	湖北省	十堰市	0.1636
143	山东省	枣庄市	0.1727	167	内蒙古	通辽市	0.1635
144	黑龙江省	伊春市	0.1722	168	安徽省	淮北市	0.1623
145	江西省	萍乡市	0.1710	169	河北省	沧州市	0.1622
146	河南省	许昌市	0.1709	170	吉林省	四平市	0.1621
147	广东省	云浮市	0.1700	171	湖北省	随州市	0.1621
148	四川省	雅安市	0.1700	172	吉林省	白城市	0.1618
149	吉林省	松原市	0.1697	173	湖北省	襄阳市	0.1617
150	河南省	鹤壁市	0.1695	174	辽宁省	葫芦岛市	0.1616
151	贵州省	遵义市	0.1684	175	湖南省	岳阳市	0.1612
152	福建省	宁德市	0.1681	176	广西	梧州市	0.1610

续表

排名	省份	地级市	协调水平	排名	省份	地级市	协调水平
177	河南省	漯河市	0.1605	201	黑龙江省	鹤岗市	0.1544
178	山东省	德州市	0.1604	202	广西	百色市	0.1540
179	广东省	清远市	0.1603	203	四川省	广元市	0.1539
180	湖北省	荆门市	0.1603	204	甘肃省	张掖市	0.1536
181	安徽省	宣城市	0.1601	205	湖南省	张家界市	0.1534
182	安徽省	淮南市	0.1597	206	安徽省	安庆市	0.1532
183	安徽省	池州市	0.1596	207	河北省	张家口市	0.1530
184	湖南省	郴州市	0.1591	208	辽宁省	阜新市	0.1530
185	山东省	济宁市	0.1587	209	黑龙江省	七台河市	0.1525
186	山东省	临沂市	0.1585	210	安徽省	蚌埠市	0.1524
187	山东省	聊城市	0.1584	211	河北省	保定市	0.1522
188	内蒙古	赤峰市	0.1584	212	河南省	开封市	0.1520
189	黑龙江省	鸡西市	0.1579	213	河北省	承德市	0.1519
190	四川省	宜宾市	0.1572	214	广西	崇左市	0.1512
191	黑龙江省	双鸭山市	0.1568	215	广西	钦州市	0.1504
192	河南省	濮阳市	0.1567	216	辽宁省	铁岭市	0.1502
193	四川省	泸州市	0.1558	217	四川省	广安市	0.1502
194	贵州省	六盘水市	0.1552	218	湖南省	衡阳市	0.1501
195	宁夏	中卫市	0.1551	219	黑龙江省	佳木斯市	0.1494
196	山西省	运城市	0.1549	220	四川省	眉山市	0.1487
197	广东省	茂名市	0.1549	221	辽宁省	朝阳市	0.1482
198	江西省	九江市	0.1549	222	贵州省	毕节市	0.1481
199	山西省	忻州市	0.1545	223	广东省	河源市	0.1478
200	湖南省	常德市	0.1545	224	河北省	邯郸市	0.1472

续表

排名	省份	地级市	协调水平	排名	省份	地级市	协调水平
225	湖北省	咸宁市	0.1470	249	黑龙江省	齐齐哈尔市	0.1384
226	河南省	南阳市	0.1470	250	江西省	抚州市	0.1374
227	广东省	汕尾市	0.1461	251	陕西省	汉中市	0.1370
228	四川省	达州市	0.1460	252	河南省	商丘市	0.1358
229	湖南省	怀化市	0.1458	253	河南省	信阳市	0.1355
230	四川省	内江市	0.1452	254	河北省	邢台市	0.1354
231	甘肃省	白银市	0.1452	255	广西	贵港市	0.1348
232	广西	贺州市	0.1446	256	陕西省	安康市	0.1346
233	内蒙古	乌兰察布市	0.1444	257	河南省	驻马店市	0.1345
234	四川省	遂宁市	0.1443	258	甘肃省	平凉市	0.1339
235	四川省	资阳市	0.1440	259	云南省	丽江市	0.1339
236	湖南省	益阳市	0.1426	260	四川省	巴中市	0.1338
237	河北省	衡水市	0.1418	261	湖北省	荆州市	0.1314
238	四川省	南充市	0.1414	262	湖南省	永州市	0.1303
239	湖北省	孝感市	0.1408	263	江西省	赣州市	0.1296
240	陕西省	咸阳市	0.1405	264	江西省	上饶市	0.1294
241	安徽省	滁州市	0.1405	265	江西省	宜春市	0.1291
242	贵州省	安顺市	0.1404	266	陕西省	商洛市	0.1276
243	广西	来宾市	0.1403	267	湖南省	邵阳市	0.1274
244	广西	玉林市	0.1403	268	甘肃省	庆阳市	0.1273
245	宁夏	固原市	0.1401	269	湖北省	黄冈市	0.1269
246	湖南省	娄底市	0.1400	270	河南省	周口市	0.1260
247	江西省	吉安市	0.1399	271	陕西省	渭南市	0.1249
248	广西	河池市	0.1392	272	安徽省	巢湖市	0.1249

排名	省份	地级市	协调水平	排名	省份	地级市	协调水平
273	山东省	菏泽市	0.1248	281	云南省	曲靖市	0.1173
274	黑龙江省	黑河市	0.1239	282	云南省	临沧市	0.1173
275	安徽省	六安市	0.1237	283	甘肃省	陇南市	0.1149
276	安徽省	亳州市	0.1230	284	云南省	保山市	0.1142
277	安徽省	宿州市	0.1216	285	安徽省	阜阳市	0.1139
278	甘肃省	天水市	0.1205	286	黑龙江省	绥化市	0.1126
279	甘肃省	武威市	0.1197	287	甘肃省	定西市	0.1096
280	云南省	普洱市	0.1196	288	云南省	昭通市	0.0937

附录二：全国 288 个地级市产业转移均值排名①

排名	省份	地级市	产业转移	排名	省份	地级市	产业转移
1	陕西省	榆林市	1.8249	18	内蒙古	呼伦贝尔市	0.6055
2	陕西省	延安市	1.7261	19	吉林省	辽源市	0.5860
3	陕西省	铜川市	1.4076	20	陕西省	商洛市	0.5756
4	湖北省	潜江市	1.3227	21	广西	梧州市	0.5727
5	湖北省	仙桃市	1.2746	22	广东省	河源市	0.5592
6	湖北省	天门市	1.2220	23	内蒙古	乌兰察布市	0.5242
7	陕西省	宝鸡市	1.1436	24	广西	防城港市	0.5071
8	陕西省	渭南市	1.0491	25	贵州省	铜仁市	0.4974
9	陕西省	咸阳市	1.0387	26	吉林省	白城市	0.4842
10	宁夏	中卫市	0.8254	27	广西	北海市	0.4827
11	贵州省	毕节市	0.7911	28	内蒙古	赤峰市	0.4658
12	内蒙古	通辽市	0.7178	29	四川省	资阳市	0.4538
13	陕西省	汉中市	0.6768	30	吉林省	四平市	0.4531
14	陕西省	西安市	0.6708	31	辽宁省	辽阳市	0.4445
15	陕西省	安康市	0.6672	32	广西	百色市	0.4330
16	内蒙古	巴彦淖尔市	0.6545	33	山东省	菏泽市	0.4281
17	辽宁省	铁岭市	0.6540	34	广西	崇左市	0.4245

---

① 本书使用排除区域经济等因素的区域产业产值变动指标测算产业转移情况，具体公式见第四章。测算范围是 2003～2018 年全国 288 个地级市样本。由于将全部产业转移值变化情况列出难度大，这里以样本为单位进行均值化处理之后列出，作为第四章数据的补充，便于了解区域产业转移情况。

续表

排名	省份	地级市	产业转移	排名	省份	地级市	产业转移
35	广东省	清远市	0.4238	59	山西省	忻州市	0.3327
36	甘肃	庆阳市	0.4233	60	四川省	广元市	0.3249
37	安徽省	宿州市	0.4190	61	辽宁省	丹东市	0.3247
38	湖南省	郴州市	0.4120	62	福建省	宁德市	0.3206
39	湖南省	娄底市	0.4098	63	广东省	潮州市	0.3179
40	山西省	吕梁市	0.4084	64	湖南省	岳阳市	0.3154
41	广东省	汕尾市	0.4052	65	宁夏	石嘴山市	0.3149
42	四川省	泸州市	0.4023	66	江西省	九江市	0.3144
43	湖南省	怀化市	0.4006	67	安徽省	亳州市	0.3142
44	湖南省	湘潭市	0.3956	68	辽宁省	朝阳市	0.3115
45	江西省	鹰潭市	0.3931	69	云南省	保山市	0.3086
46	江西省	吉安市	0.3876	70	江西省	上饶市	0.3056
47	广西	钦州市	0.3777	71	广东省	阳江市	0.3051
48	辽宁省	阜新市	0.3679	72	安徽省	淮南市	0.3030
49	广西	柳州市	0.3659	73	辽宁省	锦州市	0.3002
50	安徽省	铜陵市	0.3654	74	山西省	晋城市	0.2991
51	四川省	南充市	0.3622	75	江苏省	宿迁市	0.2948
52	吉林省	白山市	0.3618	76	四川省	达州市	0.2938
53	江西省	宜春市	0.3610	77	安徽省	淮北市	0.2892
54	安徽省	阜阳市	0.3499	78	四川省	内江市	0.2890
55	江西省	赣州市	0.3428	79	四川省	遂宁市	0.2886
56	湖南省	长沙市	0.3383	80	云南省	昭通市	0.2850
57	湖南省	益阳市	0.3374	81	福建省	三明市	0.2832
58	广西	贵港市	0.3346	82	山东省	日照市	0.2789

续表

排名	省份	地级市	产业转移	排名	省份	地级市	产业转移
83	江西省	新余市	0.2743	107	广西	桂林市	0.2299
84	山东省	聊城市	0.2690	108	河南省	鹤壁市	0.2298
85	广东省	佛山市	0.2664	109	湖南省	永州市	0.2274
86	四川省	眉山市	0.2659	110	山东省	莱芜市	0.2244
87	辽宁省	本溪市	0.2641	111	内蒙古	鄂尔多斯市	0.2230
88	福建省	泉州市	0.2638	112	安徽省	六安市	0.2228
89	安徽省	池州市	0.2607	113	广西	河池市	0.2222
90	吉林省	吉林市	0.2589	114	吉林省	通化市	0.2217
91	安徽省	宣城市	0.2564	115	新疆	克拉玛依市	0.2197
92	宁夏	银川市	0.2532	116	福建省	莆田市	0.2193
93	福建省	漳州市	0.2493	117	贵州省	遵义市	0.2185
94	江西省	景德镇市	0.2490	118	四川省	乐山市	0.2138
95	安徽省	黄山市	0.2471	119	湖南省	衡阳市	0.2135
96	安徽省	滁州市	0.2465	120	四川省	巴中市	0.2121
97	四川省	自贡市	0.2451	121	河南省	三门峡市	0.2092
98	安徽省	安庆市	0.2443	122	四川省	广安市	0.2080
99	湖南省	株洲市	0.2423	123	福建省	南平市	0.2072
100	青海	西宁市	0.2391	124	河北省	承德市	0.2064
101	福建省	龙岩市	0.2382	125	安徽省	芜湖市	0.2062
102	湖南省	常德市	0.2374	126	山西省	朔州市	0.2058
103	广东省	揭阳市	0.2350	127	四川省	德阳市	0.2017
104	广东省	肇庆市	0.2317	128	山东省	滨州市	0.2009
105	湖北省	宜昌市	0.2316	129	广西	南宁市	0.1974
106	云南省	丽江市	0.2306	130	山西省	长治市	0.1936

排名	省份	地级市	产业转移	排名	省份	地级市	产业转移
131	安徽省	蚌埠市	0.1915	155	河北省	唐山市	0.1396
132	江西省	抚州市	0.1903	156	广西	来宾市	0.1376
133	湖南省	邵阳市	0.1890	157	四川省	雅安市	0.1366
134	新疆	乌鲁木齐市	0.1865	158	内蒙古	包头市	0.1291
135	浙江省	衢州市	0.1865	159	江苏省	扬州市	0.1283
136	内蒙古	乌海市	0.1864	160	江苏省	镇江市	0.1260
137	广西	贺州市	0.1860	161	河北省	保定市	0.1258
138	广东省	江门市	0.1843	162	山东省	潍坊市	0.1243
139	四川省	宜宾市	0.1839	163	河南省	新乡市	0.1236
140	山东省	济宁市	0.1838	164	广东省	茂名市	0.1230
141	广东省	云浮市	0.1748	165	山东省	泰安市	0.1200
142	山东省	德州市	0.1676	166	云南省	普洱市	0.1188
143	浙江省	丽水市	0.1669	167	广东省	惠州市	0.1169
144	山东省	枣庄市	0.1612	168	安徽省	马鞍山市	0.1166
145	黑龙江省	七台河市	0.1612	169	江西省	南昌市	0.1146
146	黑龙江省	齐齐哈尔市	0.1607	170	广东省	梅州市	0.1106
147	云南省	临沧市	0.1592	171	安徽省	合肥市	0.1094
148	广东省	汕头市	0.1552	172	浙江省	湖州市	0.1086
149	黑龙江省	鹤岗市	0.1527	173	贵州省	六盘水市	0.1078
150	四川省	绵阳市	0.1483	174	山西省	晋中市	0.1073
151	吉林省	松原市	0.1469	175	甘肃省	酒泉市	0.1035
152	江苏省	连云港市	0.1446	176	河南省	焦作市	0.1029
153	江苏省	泰州市	0.1426	177	辽宁省	营口市	0.1024
154	山东省	烟台市	0.1418	178	广东省	珠海市	0.0999

续表

排名	省份	地级市	产业转移	排名	省份	地级市	产业转移
179	甘肃省	陇南市	0.0993	203	广西	玉林市	0.0627
180	河北省	石家庄市	0.0971	204	河北省	邢台市	0.0624
181	江苏省	淮安市	0.0968	205	湖北省	荆门市	0.0622
182	甘肃省	白银市	0.0963	206	浙江省	宁波市	0.0620
183	江西省	萍乡市	0.0936	207	湖南省	张家界市	0.0598
184	江苏省	盐城市	0.0935	208	山东省	临沂市	0.0584
185	山东省	淄博市	0.0917	209	山东省	东营市	0.0583
186	河南省	开封市	0.0911	210	河南省	平顶山市	0.0521
187	浙江省	嘉兴市	0.0890	211	河南省	郑州市	0.0511
188	辽宁省	沈阳市	0.0884	212	河北省	邯郸市	0.0507
189	四川省	攀枝花市	0.0831	213	江苏省	南通市	0.0492
190	江苏省	徐州市	0.0830	214	辽宁省	大连市	0.0482
191	黑龙江省	绥化市	0.0821	215	辽宁省	抚顺市	0.0466
192	河北省	沧州市	0.0808	216	河北省	衡水市	0.0428
193	湖北省	襄阳市	0.0779	217	黑龙江省	佳木斯市	0.0424
194	甘肃省	武威市	0.0771	218	江苏省	无锡市	0.0384
195	甘肃省	金昌市	0.0708	219	浙江省	舟山市	0.0371
196	西藏	拉萨市	0.0669	220	黑龙江省	黑河市	0.0304
197	河南省	商丘市	0.0662	221	宁夏	固原市	0.0248
198	广东省	东莞市	0.0653	222	河南省	濮阳市	0.0231
199	宁夏	吴忠市	0.0652	223	河北省	秦皇岛市	0.0231
200	辽宁省	鞍山市	0.0650	224	贵州省	安顺市	0.0189
201	甘肃省	张掖市	0.0640	225	湖北省	鄂州市	0.0162
202	广东省	湛江市	0.0632	226	甘肃省	平凉市	0.0115

排名	省份	地级市	产业转移	排名	省份	地级市	产业转移
227	河南省	周口市	0.0114	251	甘肃省	定西市	− 0.0344
228	江苏省	常州市	0.0110	252	河北省	廊坊市	− 0.0366
229	河南省	许昌市	0.0081	253	浙江省	金华市	− 0.0450
230	山西省	临汾市	0.0059	254	吉林省	长春市	− 0.0451
231	山东省	济南市	0.0029	255	山东省	威海市	− 0.0463
232	安徽省	巢湖市	0.0021	256	河北省	张家口市	− 0.0475
233	河南省	安阳市	0.0019	257	内蒙古	呼和浩特市	− 0.0478
234	广东省	中山市	0.0011	258	海南省	三亚市	− 0.0479
235	浙江省	绍兴市	0.0001	259	云南省	昆明市	− 0.0500
236	湖北省	黄石市	− 0.0042	260	四川省	成都市	− 0.0501
237	河南省	漯河市	− 0.0050	261	河南省	驻马店市	− 0.0539
238	广东省	韶关市	− 0.0074	262	甘肃省	天水市	− 0.0553
239	湖北省	武汉市	− 0.0082	263	甘肃省	嘉峪关市	− 0.0586
240	云南省	玉溪市	− 0.0091	264	浙江省	杭州市	− 0.0604
241	云南省	曲靖市	− 0.0099	265	福建省	福州市	− 0.0669
242	河南省	信阳市	− 0.0117	266	黑龙江省	大庆市	− 0.0669
243	江苏省	苏州市	− 0.0133	267	黑龙江省	双鸭山市	− 0.0694
244	江苏省	南京市	− 0.0138	268	黑龙江省	哈尔滨市	− 0.0719
245	黑龙江省	牡丹江市	− 0.0211	269	湖北省	咸宁市	− 0.0746
246	湖北省	孝感市	− 0.0226	270	湖北省	随州市	− 0.0851
247	山东省	青岛市	− 0.0245	271	湖北省	荆州市	− 0.0854
248	山西省	阳泉市	− 0.0278	272	广东省	广州市	− 0.0902
249	辽宁省	盘锦市	− 0.0307	273	河南省	南阳市	− 0.1017
250	黑龙江省	鸡西市	− 0.0327	274	河南省	洛阳市	− 0.1068

续表

排名	省份	地级市	产业转移	排名	省份	地级市	产业转移
275	浙江省	台州市	-0.1082	282	山西省	大同市	-0.1522
276	湖北省	十堰市	-0.1095	283	山西省	运城市	-0.1767
277	山西省	太原市	-0.1118	284	海南省	海口市	-0.1818
278	浙江省	温州市	-0.1327	285	福建省	厦门市	-0.1821
279	甘肃省	兰州市	-0.1399	286	辽宁省	葫芦岛市	-0.1992
280	贵州省	贵阳市	-0.1402	287	湖北省	黄冈市	-0.2435
281	广东省	深圳市	-0.1409	288	黑龙江省	伊春市	-0.2686

参 考 文 献

［1］［德］韦伯. 工业区位论［M］. 李刚剑, 译. 北京: 商务印书馆, 2013.

［2］［美］G. M. 格罗斯曼, E. 赫尔普曼. 全球经济中的创新与增长［M］. 何帆, 等, 译. 北京: 中国人民大学出版社, 2009.

［3］［英］达尔文. 物种起源［M］. 周建, 等, 译. 商务印书馆, 2009, 43 – 44.

［4］保建. 企业区位理论的古典基础——韦伯工业区位理论体系述评［J］. 人文杂志, 2002 (04): 57 – 61.

［5］蔡昉, 王德文, 曲玥. 中国产业升级的大国雁阵模型分析［J］. 经济研究, 2009 (09): 4 – 14.

［6］蔡绍沈. 承接东部产业转移对陕西技术溢出效应的实证分析［J］. 山东纺织经济, 2013 (02): 22 – 23.

［7］曾珍香, 段丹华, 张培, 等. 基于主成分分析法的京津冀区域协调发展综合评价［J］. 科技进步与对策, 2008 (09): 44 – 49.

［8］常静, 赵凌云. 中部地区承接产业转移的环境效应的实证检验［J］. 统计与决策, 2015 (18): 141 – 143.

［9］车维汉. "雁行形态" 理论及实证研究综述［J］. 经济学动态, 2004 (11): 102 – 106.

［10］陈凡, 韦鸿, 童伟伟. 承接产业示范区能够推动经济发展吗? ——基于双重差分方法的验证［J］. 科学决策, 2017 (03): 68 – 94.

[11] 陈凡，周民良. 国家级承接产业转移示范区是否加剧了地区环境污染 [J]. 山西财经大学学报，2019 (10)：42-54.

[12] 陈凡，周民良. 国家级承接产业转移示范区是否推动了产业结构转型升级？[J]. 云南社会科学，2020 (01)：104-110.

[13] 陈刚，陈红儿. 区际产业转移理论探微 [J]. 贵州社会科学，2001 (04)：2-6.

[14] 陈建军. 要素流动、产业转移和区域经济一体化 [M]. 杭州：浙江大学出版社. 2009.

[15] 陈建军. 中国现阶段产业区域转移的实证研究——结合浙江105家企业的问卷调查报告的分析 [J]. 管理世界，2002 (06)：64-74.

[16] 陈建军. 中国现阶段产业区域转移的实证研究———结合浙江105家企业的问卷调查报告的分析 [J]. 管理世界，2002 (6)：64.

[17] 陈健，郭冠清. 马克思主义区域协调发展思想：从经典理论到中国发展 [J]. 经济纵横，2020 (06)：1-10.

[18] 陈劲，银娟. 协同创新的理论基础与内涵 [J]. 科学学研究，2012 (02)：161-164.

[19] 陈启斐，李平华. 产业转移与区域经济增长——以皖江城市带为例 [J]. 科技与经济，2013 (05)：91-95.

[20] 陈万旭，李江风，朱丽君. 中部地区承接国际产业转移效率及驱动机理研究——基于超效率 dea 模型和面板回归分析 [J]. 长江流域资源与环境，2017 (07)：21-30.

[21] 陈秀山，杨艳. 区域协调发展：回顾与展望 [J]. 西南民族大学学报：人文社会科学版，2010 (01)：70-74.

[22] 陈秀山，徐瑛. 中国区域差距影响因素的实证研究 [J]. 中国社会科学，2004 (05)：117-129，207.

[23] 陈秀山，徐瑛. 中国制造业空间结构变动及其对区域分工的影响 [J]. 经济研究，2008 (10)：105-116.

［24］成祖松，王先柱，冷娜娜．区域产业转移粘性影响因素的实证分析［J］．财经科学，2013（11）：73－83．

［25］成祖松．我国区域产业转移粘性的成因分析：一个文献综述［J］．经济问题探索，2013（3）：183－190．

［26］程必定．产业转移"区域粘性"与皖江城市带承接产业转移的战略思路［J］．华东经济管理，2010（04）：24－27．

［27］程必定．浅析中国产业梯度转移路径依赖与产业转移粘性问题［J］．经济问题，2013（09）：83－86．

［28］程李梅，庄晋财，李楚，陈聪．产业链空间演化与西部承接产业转移的"陷阱"突破［J］．中国工业经济，2013（08）：135－147．

［29］戴天仕，徐文贤．文化差异与区域协调发展水平——基于撤地设市自然实验的证据［J］．中山大学学报（社会科学版），2018（04）：162－173．

［30］邓宏兵，曹媛媛．中国区域协调发展的绩效测度［J］．区域经济评论，2019（01）：25－32．

［31］邓仲良，张可云．北京非首都功能中制造业的疏解承接地研究［J］．经济地理，2016（09）：96－104．

［32］丁建军．产业转移的新经济地理学解释［J］．中南财经政法大学学报，2011（01）：102－107．

［33］丁卫．测度地区差距最适宜的统计指标［J］．统计与预测，2003．

［34］丁先存，胡畔."长三角"政府治理方式对"皖江示范区"的启示［J］．华东经济管理，2013（08）：25－28．

［35］董洁，于纹."雁行形态"理论创新与江苏区域经济协调发展的路径选择［J］．技术经济与管理研究，2009（06）：137－140．

［36］段小薇，李璐璐，苗长虹，等．中部六大城市群产业转移综合承接能力评价研究［J］．地理科学，2016（05）：42－51．

[37] 段小薇，苗长虹，赵建吉．河南承接制造业转移的时空格局研究［J］．地理科学，2017（01）：75－85．

[38] 樊士德，姜德波．劳动力流动、产业转移与区域协调发展——基于文献研究的视角［J］．产业经济研究，2014（04）：103－110．

[39] 范剑勇，市场一体化、地区专业化与产业集聚趋势——兼谈对地区差距的影响［J］．中国社会科学，2004（06）：39－51，204－205．

[40] 范剑勇，谢强强．地区间产业分布的本地市场效应及其对区域协调发展的启示［J］．经济研究，2010（04）：108－120，134．

[41] 冯根福，刘志勇，蒋文定．我国东中西部地区间工业产业转移的趋势、特征及形成原因分析［J］．当代经济科学，2010（02）：1－10．

[42] 冯会玲．西部违法用地反弹，入"唯经济增长论"误区［EB/OL］（2011－07－12）．http：//news. china. com/domestic/945/20110712/16642870. html

[43] 冯南平，杨善林．产业转移对区域自主创新能力的影响分析——来自中国的经验证据［J］．经济学动态，2012（08）：70－74．

[44] 冯长春，张剑锋，杨子江．承接产业转移背景下区域土地利用空间协调评估［J］．中国人口·资源与环境，2015（05）：146－153．

[45] 傅帅雄．破解产业转移与环境承载能力下降的矛盾［J］．中国财政，2012（22）：74－75．

[46] 傅允生．东部沿海地区产业转移趋势——基于浙江的考察［J］．经济学家，2011（10）：84－90．

[47] 高波，陈健，邹琳华．区域房价差异、劳动力流动与产业升级［J］．经济研究，2012（01）：66－79．

[48] 高更和，李小建．产业结构变动对区域经济增长贡献的空间分析——以河南省为例［J］．经济地理，2006（02）：270－273．

［49］高鸿业，刘文忻．西方经济学：微观部分（第四版）［M］．中国人民大学出版社，2007．

［50］高云，王云．承接产业转移对区域新型工业化的影响研究——以皖江城市带为例［J］．经济论坛，2014（04）：65–69．

［51］高云虹，李敬轩．区域协调发展的作用机制和传导路径——基于产业转移的视角［J］．兰州财经大学学报，2016（04）：12–18．

［52］高云虹，周岩，杨晓峰．基于区域协调发展的产业转移效应：一个研究综述［J］．兰州学刊，2013（12）：142–145．

［53］工业信息化部．产业发展与转移指导目录（2018年本）［R］（2018–12–30）．http：//www.gov.cn/xinwen/2018–12/30/content_5353552.htm#1，2018–12–30．

［54］工业信息化部．产业转移指导目录（2012年本）［R］（2012–08–03）．http：//www.gov.cn/gzdt/2012–08/03/content_2197773.htm，2012–7–16．

［55］顾朝林．产业结构重构与转移——长江三角地区及主要城市比较研究［M］．南京：江苏人民出版社，2003：26．

［56］关爱萍，李娜．金融发展、区际产业转移与承接地技术进步——基于西部地区省际面板数据的经验证据［J］．经济学家，2013（09）：88–96．

［57］关爱萍，李娜．中国区际产业转移技术溢出及吸收能力门槛效应研究——基于西部地区省际面板数据的实证分析［J］．软科学，2014（02）：32–36．

［58］郭凡生．何为"反梯度理论"——兼为"反梯度理论"正名［J］．开发研究，1986（03）：39–40．

［59］郭凡生．评国内技术的梯度转移规律——与何钟秀、夏禹龙老师商榷［J］．科学学与科学技术管理，1984（12）：19–22．

［60］郭丽．产业区域转移粘性分析［J］．经济地理，2009（03）：395–398．

[61] 郭丽娟，邓玲. 我国西部地区承接产业转移存在的问题及对策 [J]. 经济纵横，2013（08）：72-76.

[62] 郭丽娟，邹洋. 产业升级与空间均衡视角下成渝经济区承接产业转移模式创新 [J]. 经济问题探索，2015（05）：123-130.

[63] 郭元晞，常晓鸣. 产业转移类型与中西部地区产业承接方式转变 [J]. 社会科学研究，2010（04）：33-37.

[64] 郝大江，张荣. 要素禀赋、集聚效应与经济增长动力转换 [J]. 经济学家，2018（01）：41-49.

[65] 何钟秀. 论国内技术的梯度转递 [J]. 科研管理，1983（01）：18-21.

[66] 侯杰，张梅青. 城市群功能分工对区域协调发展的影响研究——以京津冀城市群为例 [J]. 经济学家，2020（06）：79-88.

[67] 胡安俊，孙久文. 中国制造业转移的机制、次序与空间模式 [J]. 经济学（季刊），2014（04）：1533-1556.

[68] 胡玫. 浅析中国产业梯度转移路径依赖与产业转移粘性问题 [J]. 经济问题，2013（09）：83-86.

[69] 胡艺，张晓卫，李静，出口贸易、地理特征与空气污染 [J]. 中国工业经济，2019（09）：98-116.

[70] 黄新飞，杨丹. 产业转移促进区域经济协调发展了吗——基于广东省县域数据的断点回归分析 [J]. 国际经贸探索，2017（02）：101-112.

[71] 季颖颖，郭琪，贺灿飞. 外商直接投资技术溢出空间效应及其变化——基于中国地级市的实证研究 [J]. 地理科学进展，2014（12）：1614-1623.

[72] 贾若祥，张燕，王继源，等. 我国实施区域协调发展战略的总体思路 [J]. 中国发展观察，2019（09）：26-29.

[73] 姜文仙. 区域协调发展的动力机制研究 [D]. 广州：暨南大学，2011.

［74］姜文仙，覃成林．区域协调发展研究的进展与方向［J］．经济与管理研究，2009（10）：90-95.

［75］蒋寒迪．产业转移与区域协调发展的思考［J］．中国井冈山干部学院学报，2006（03）：107-113.

［76］金相郁.20 世纪区位理论的五个发展阶段及其评述［J］.经济地理，2004（03）：294-298.

［77］孔凡斌，李华旭．长江经济带产业梯度转移及其环境效应［J］.贵州社会科学，2017（09）：87-93.

［78］雷俐，李敬，刘洋．外商直接投资是否推进了长江经济带区域经济协调发展：空间收敛视阈的研究［J］.经济问题探索，2020（03）：127-138.

［79］李斌．中西部地区承接产业转移的环境风险及防控对策［J］.中州学刊，2015（10）：40-44.

［80］李传松．产业转移视角下的区域协调发展机制与对策研究［D］.北京：中共中央党校，2018.

［81］李春光，徐元国，屈时雨．河南承接产业转移城市综合承载力的时空演变［J］.经济地理，2017（01）：134-141.

［82］李春涛，等．金融科技与企业创新——新三板上市公司的证据［J］.中国工业经济，2020（01）：81-98.

［83］李戈．区域差距的制度分析［J］.经济体制改革，1999（03）：40-44.

［84］李国平，李具恒．梯度理论创新与西部开发的战略选择［J］.中国软科学，2003（04）：128-131.

［85］李国政．比较优势、产业转移及经济发展——兼论四川承接产业转移问题研究［J］.华东经济管理，2011（02）：36-40.

［86］李红锦．区域协调发展——基于产业专业化视角的实证［J］.中央财经大学学报，2018（08）：106-118.

［87］李建军．承接产业转移与湖南省产业结构优化升级问题研

究 [J]. 湖南社会科学, 2012 (05): 138-141.

[88] 李静, 窦可惠. 为何加速经济增长可以弱化环境污染压力 [J]. 中国人口·资源与环境, 2016 (01): 105-112.

[89] 李俊江, 李一鸣. 我国承接国际产业转移的新趋势及对策 [J]. 经济纵横, 2016 (11): 82-86.

[90] 李凯, 任晓艳, 向涛. 产业集群效应对技术创新能力的贡献——基于国家高新区的实证研究 [J]. 科学学研究, 2007 (03): 448-452.

[91] 李兰冰, 中国区域协调发展的逻辑框架与理论解释 [J]. 经济学动态, 2020 (01): 69-82.

[92] 李梦洁, 杜威剑. 产业转移对承接地与转出地的环境影响研究——基于皖江城市带承接产业转移示范区的分析 [J]. 产经评论, 2014 (05): 38-47.

[93] 李朋, 李姚矿. 国际产业转移趋势对安徽江北、江南产业集中区发展的启示 [J]. 江淮论坛, 2012 (02): 43-49.

[94] 李伟舵. 中国省际产业转移与污染避难所效应检验 [J]. 内蒙古社会科学 (汉文版), 2015 (05): 136-142.

[95] 李新春, 宋宇, 蒋年云. 高科技创业的地区差异 [J]. 中国社会科学, 2004 (03): 17-30, 205.

[96] 李秀敏. 人力资本、人力资本结构与区域协调发展——来自中国省级区域的证据 [J]. 华中师范大学学报 (人文社会科学版), 2007 (03): 47-56.

[97] 李旭轩. 雁行理论在西部产业结构升级中的应用探讨——以粤桂合作特别试验区为例 [J]. 技术经济与管理研究, 2013 (05): 101-105.

[98] 李娅, 伏润民. 为什么东部产业不向西部转移: 基于空间经济理论的解释 [J]. 世界经济, 2010 (8): 59-71.

[99] 李扬, 殷剑峰. 劳动力转移过程中的高储蓄、高投资和中

国经济增长 [J]. 经济研究, 2005 (02): 4 - 15, 25.

[100] 李志翠, 苏茜. 我国区际产业转移对区域均衡发展的影响研究——基于数理模型的证据 [J]. 石河子大学学报: 哲学社会科学版, 2017 (02): 83 - 89.

[101] 廉同辉. 产业结构变动对经济增长贡献研究——以皖江城市带为例 [J]. 广西大学学报 (哲学社会科学版), 2015 (03): 67 - 70.

[102] 林伯强, 楚沅. 发展阶段变迁与中国环境政策选择 [J]. 中国社会科学, 2014 (05): 81 - 95.

[103] 林靖宇, 邓睦军, 李蔚. 中国区域协调发展的空间政策选择 [J]. 经济问题探索, 2020 (08): 11 - 21.

[104] 林毅夫, 刘培林. 中国的经济发展战略与地区收入差距 [J]. 经济研究, 2003 (03): 19 - 25.

[105] 刘秉镰, 边杨, 周密, 等. 中国区域经济发展 70 年回顾及未来展望 [J]. 中国工业经济, 2019 (09): 24 - 41.

[106] 刘红光, 刘卫东, 刘志高. 区域间产业转移定量测度研究——基于区域间投入产出表分析 [J]. 中国工业经济, 2011 (6): 79 - 88.

[107] 刘红光, 王云平, 季璐. 中国区域间产业转移特征、机理与模式研究 [J]. 经济地理, 2014 (01): 102 - 109.

[108] 刘瑞明, 赵仁杰. 西部大开发: 增长驱动还是政策陷阱——基于 PSM - DID 方法的研究 [J]. 中国工业经济, 2015 (06): 32 - 43.

[109] 刘瑞明, 赵仁杰. 国家高新区推动了地区经济发展吗?——基于双重差分方法的验证 [J]. 管理世界, 2015 (08): 30 - 38.

[110] 刘新争. 基于要素错配的产业转移效率缺失及其纠正 [J]. 华中师范大学学报 (人文社会科学版), 2016 (05): 55 - 62.

[111] 刘叶青、王凌峰. 我国空间发展不平衡及区域协调发展统计研究 [J]. 河南工业大学学报 (社会科学版), 2020 (02): 13 - 19.

[112] 刘友金，吕政. 梯度陷阱、升级阻滞与承接产业转移模式创新 [J]. 经济学动态，2012（11）：21 - 27.

[113] 刘愿. 广东省区际产业转移与环境污染——基于21个地级市面板数据双重差分的实证研究 [J]. 产业经济评论，2016（07）：91 - 106.

[114] 刘再兴. 九十年代中国生产力布局与区域的协调发展 [J]. 江汉论坛，1993（02）：20 - 25.

[115] 娄伟. 智慧技术范式下的区位理论创新研究——以"胡焕庸线"西北部区域产业定位为案例 [J]. 技术经济，2020（01）：156 - 160，167.

[116] 娄伟. 重大技术革命解构与重构经济范式研究：基于地理空间视角 [J]. 中国软科学，2020（01）：91 - 99.

[117] 陆铭，陈钊. 在集聚中走向平衡：城乡和区域协调发展的"第三条道路" [J]. 世界经济，2008（08）：57 - 61.

[118] 罗浩. 自然资源与经济增长：资源瓶颈及其解决途径 [J]. 经济研究，2007（06）：142 - 153.

[119] 罗良文，雷鹏飞，孟科学. 企业环境寻求、污染密集型生产区际转移与环境监管 [J]. 中国人口·资源与环境，2016（01）：115 - 122.

[120] 罗勇根，杨金玉，陈世强. 空气污染、人力资本流动与创新活力——基于个体专利发明的经验证据 [J]. 中国工业经济，2019（10）：99 - 117.

[121] 雒海潮，苗长虹，李国梁. 不同区域尺度产业转移实证研究及相关论争综述 [J]. 人文地理，2014（01）：1 - 8.

[122] 聂辉华，方明月，李涛. 增值税转型对企业行为和绩效的影响——以东北地区为例 [J]. 管理世界，2009（05）：17 - 24，35.

[123] 潘少奇，李亚婷，高尚，苗长虹. 产业转移技术溢出效应研究进展与展望 [J]. 地理科学进展，2015（05）：83 - 94.

[124] 潘士远，金戈．发展战略、产业政策与产业结构变迁——中国的经验 [J]．世界经济文汇，2008（01）：64-76.

[125] 彭继增，罗扬，邓伟，等．产业转移、专业市场与特色城镇化的协调发展评价 [J]．经济地理，2013（12）：54-60.

[126] 彭继增，邓梨红，曾荣平．长江中上游地区承接东部地区产业转移的实证分析 [J]．经济地理，2017（01）：129-133，141.

[127] 皮建才，仰海锐．京津冀协同发展中产业转移的区位选择——区域内还是区域外？[J]．经济管理，2017（07）：19-33.

[128] 曲凤杰．从群马模式中突围，构筑新雁群模式——通过国际产能合作建立中国主导的区域产业分工体系 [J]．国际贸易，2017（02）：28-32.

[129] 任金玲．我国产业转移与区域经济协调发展研究 [M]．西南财经大学出版社，2014.

[130] 任艳．区域协调发展与现代产业体系构建的政治经济学阐释 [J]．经济纵横，2020（06）：17-23.

[131] 桑瑞聪，彭飞，康丽丽．地方政府行为与产业转移——基于企业微观数据的实证研究 [J]．产业经济研究，2016（04）：7-17.

[132] 尚永胜．国际产业转移对我国产业发展的影响及对策 [J]．经济纵横，2006（10）：18-20.

[133] 沈惊宏，孟德友，陆玉麒．皖江城市带承接长三角产业转移的空间差异分析 [J]．经济地理，2012（03）：43-49.

[134] 沈体雁，崔娜娜．区位市场设计理论及其应用 [J]．区域经济评论，2020（01）：63-69.

[135] 石东平，夏华龙．国际产业转移与发展中国家产业升级 [J]．亚太经济，1998（10）：5-9.

[136] 石磊，高帆．地区经济差距：一个基于经济结构转变的实证研究 [J]．管理世界，2006（05）：35-44.

[137] 苏华，康岚，王磊．丝绸之路经济带产业合作的"雁行

模式"构建［J］．人文杂志，2015（03）．

［138］孙崇明，叶继红．"等级制"下的城镇化治理风险与改革路径——基于"反梯度理论"的探讨［J］．学习与实践，2018（09）：60－67．

［139］孙翠兰，SUNCui－lan．中国区域经济协调发展研究综述［J］．经济经纬，2007（06）．

［140］孙海燕，王富喜．区域协调发展的理论基础探究［J］．经济地理，2008（06）：928－931．

［141］孙浩进，闫晨佳．产业空间转移研究述评与展望［J］．社会科学动态，2020（04）：30－35．

［142］孙浩进．中国产业转移中区域福利效应的实证研究［J］．山东社会科学，2015（01）：148－154．

［143］孙久文，彭薇．劳动报酬上涨背景下的地区间产业转移研究［J］．中国人民大学学报，2012（04）：63－71．

［144］孙威，李文会，林晓娜，等．长江经济带分地市承接产业转移能力研究［J］．地理科学进展，2015（11）：1470－1478．

［145］孙晓华，郭旭，王昀．产业转移、要素集聚与地区经济发展［J］．管理世界，2018（05）：47－62，179－180．

［146］孙中伟．产业转移与污染灾难——基于"依附性"省际关系的分析［J］．北京行政学院学报，2015（01）：23－28．

［147］覃成林，姜文仙．区域协调发展：内涵，动因与机制体系［J］．开发研究，2011（01）：14－18．

［148］覃成林，梁夏瑜．广东产业转移与区域协调发展——实践经验与思考［J］．国际经贸探索，2010（07）：44－49．

［149］覃成林，熊雪如．产业有序转移与区域产业协调发展——基于广东产业有序转移的经验［J］．地域研究与开发，2012（08）：1－4．

［150］覃成林，熊雪如．区域产业转移的政府动机与行为：一

个文献综述 [J]. 改革, 2012 (07): 73-78.

[151] 覃成林, 梁夏瑜. 广东产业转移与区域协调发展——实践经验与思考 [J]. 国际经贸探索, 2010 (07): 44-49.

[152] 覃成林. 区域协调发展机制体系研究 [J]. 经济学家, 2011 (04): 65-72.

[153] 覃成林, 崔聪慧. 粤港澳大湾区协调发展水平评估及其提升策略 [J]. 改革, 2019 (02): 56-63.

[154] 汤明, 周德志, 高培军, 等. 环境伦理视阈下的中部地区政府关于承接产业转移政策的缺失分析 [J]. 经济地理, 2014 (09): 118-123.

[155] 滕堂伟, 胡森林, 侯路瑶. 长江经济带产业转移态势与承接的空间格局 [J]. 经济地理, 2016 (05): 94-101.

[156] 佟家栋, 王艳. 国际贸易政策的发展、演变及其启示 [J]. 南开学报 (哲学社会科学版), 2002 (05): 54-61.

[157] 王保林. 珠三角地区产业结构改造、升级与区域经济发展——对东莞市产业结构升级的新思考 [J]. 管理世界, 2008 (05): 172-173.

[158] 王必达、苏婧. 要素自由流动能实现区域协调发展吗——基于"协调性集聚"的理论假说与实证检验 [J]. 财贸经济, 2020 (04): 129-143.

[159] 王洪光. 产业集聚与经济增长: 一个含有移民和中间产品革新的模型 [J]. 南方经济, 2007 (05): 22-31.

[160] 王开泳, 邓羽. 新型城镇化能否突破"胡焕庸线"——兼论"胡焕庸线"的地理学内涵 [J]. 地理研究, 2016 (05): 825-835.

[161] 王乐平. 赤松要及其经济理论 [J]. 日本学刊, 1990.

[162] 王齐祥. 皖江示范区建设是区域经济协调发展的战略布局 [J]. 华东经济管理, 2011 (09): 50-53.

[163] 王琴梅. 区域协调发展内涵新解 [J]. 甘肃社会科学, 2007 (06): 46-50.

[164] 王欣亮. 比较优势、产业转移与区域经济协调发展研究 [D]. 西安: 西北大学, 2015.

[165] 王欣亮, 刘飞. 创新要素空间配置促进产业结构升级路径研究 [J]. 经济体制改革, 2018 (06): 51-56.

[166] 王瑶. 基于可持续发展的上海城市综合承载力评价研究 [D]. 西安: 华东师范大学, 2016.

[167] 王业强, 郭叶波, 赵勇, 等. 科技创新驱动区域协调发展: 理论基础与中国实践 [J]. 中国软科学, 2017 (11): 86-100.

[168] 王至元, 曾新群. 论中国工业布局的区位开发战略——兼评梯度理论 [J]. 经济研究, 1988 (01): 66-74.

[169] 王子青. 基于基尼系数的东中西部收入差距测算及原因分析 [D]. 合肥: 安徽大学, 2014.

[170] 韦鸿, 陈凡. 承接产业转移中产业结构的优化和升级——以荆州承接产业转移为例 [J]. 长江大学学报 (社科版), 2016 (03): 40-44.

[171] 魏后凯, 张燕. 中国区域协调发展的U型转变及稳定性分析 [J]. 江海学刊, 2012 (02): 78-85.

[172] 魏后凯. 产业转移的发展趋势及其对竞争力的影响 [J]. 福建论坛: 社科教育版, 2003 (04): 11-15.

[173] 吴颖, 勇健. 区域过度集聚负外部性的福利影响及对策研究: 基于空间经济学方法的模拟分析 [J]. 财经研究, 2008 (01): 106-115.

[174] 吴成颂. 产业转移承接的金融支持问题研究——以安徽省承接长三角产业转移为例 [J]. 学术界, 2009 (05): 181-187.

[175] 吴楚豪, 王恕立. 省际经济融合、省际产品出口技术复杂度与区域协调发展 [J]. 数量经济技术经济研究, 2019 (11):

121－139.

　　［176］吴传清，陈晓．长江中上游地区产业转移承接能力研究［J］．经济与管理，2017（05）：49－57．

　　［177］吴殿廷，宋金平，梁进社，等．库兹涅茨比率的分解及其在我国地区差异分析中的应用［J］．地理科学，2003（04）：427－427．

　　［178］吴瀚然，胡庆江．中国对"一带一路"沿线国家的直接投资效率与潜力研究——兼论投资区位的选择［J］．江西财经大学学报，2020（03）：27－39．

　　［179］吴建民，丁疆辉，王新宇．具域产业承接力的综合测评与空间格局分析——基于京津冀产业转移的视角［J］．地理与地理信息科学，2017（02）：75－80．

　　［180］吴林海，陈继海．集聚效应，外商直接投资与经济增长［J］．管理世界，2003（08）：136－137．

　　［181］吴玉鸣，刘鲁艳．城市工业空间布局与区域协调发展水平综合评价及差异——环渤海地区与西部能源"金三角"比较［J］．经济地理，2016（07）：91－98．

　　［182］习近平．推动形成优势互补高质量发展的区域经济布局［J］．求是，2019（24）：87－99．

　　［183］夏素芳．产业转移机制与动因研究——以我国东部向中西部的制造业转移为例［D］．杭州：浙江大学，2011．

　　［184］夏禹农，文浚．梯度理论与区域经济［J］．研究与建议，1982（08）：21－24．

　　［185］谢呈阳，周海波，胡汉辉．产业转移中要素资源的空间错配与经济效率损失：基于江苏传统企业调查数据的研究［J］．中国工业经济，2014（12）：130－142．

　　［186］谢建国，吴国锋．FDI技术溢出的门槛效应：基于1992～2012年中国省际面板数据的研究［J］．世界经济研究，2014（11）：

74 - 79.

[187] 徐磊, 李璐, 董捷, 张俊峰. 产业承接力与土地集约利用水平的动态计量经济分析——以武汉、长沙和南昌为例 [J]. 地理与地理信息科学, 2017 (05): 106 - 111.

[188] 徐鹏, 孙继琼. 四川对接东部地区产业转移的模式研究 [J]. 特区经济, 2010 (02): 201 - 202.

[189] 徐盈之, 吴海明. 环境约束下区域协调发展水平综合效率的实证研究 [J]. 中国工业经济, 2010 (08): 34 - 44.

[190] 许召元, 李善同. 区域间劳动力迁移对地区差距的影响 [J]. 经济学 (季刊), 2008 (01): 53 - 76.

[191] 薛继亮. 从供给侧判断"刘易斯拐点": 到来还是延迟 [J]. 中央财经大学学报, 2016 (09): 85 - 93.

[192] 严汉平, 白永秀. 我国区域协调发展的困境和路径 [J]. 经济学家, 2007 (05): 126 - 128.

[193] 严立刚, 曾小明. 东部产业为何难以向中西部转移——基于人力资本空间差异的解释 [J]. 经济地理, 2020 (01): 125 - 131.

[194] 严运楼. 产业转移的区域福利效应分析——以安徽省为例 [J]. 经济体制改革, 2017 (05): 55 - 60.

[195] 杨刚强, 张建清, 江洪. 差别化土地政策促进区域协调发展的机制与对策研究 [J]. 中国软科学, 2012 (10): 190 - 197.

[196] 杨国才. 区际产业转移的学术论争、实践流变与趋势预判 [J]. 江西社会科学, 2014 (06): 51 - 57.

[197] 杨国才. 中西部产业转移示范区的实际功用与困境摆脱 [J]. 改革, 2012 (12): 83 - 89.

[198] 杨凯, 王要武, 薛维锐. 区域梯度发展模式下我国工业生态效率区域差异与对策 [J]. 系统工程理论与实践, 2013 (12): 3095 - 3102.

[199] 杨萍, 刘子平, 吴振方. 产业能力, 政府治理能力与区

域协调发展 [J]. 经济体制改革, 2020 (04).

[200] 杨吾扬. 区位论中的宏观和一般均衡分析 [J]. 经济地理, 1989 (03): 161 – 165.

[201] 杨亚平, 周泳宏. 成本上升、产业转移与结构升级——基于全国大中城市的实证研究 [J]. 中国工业经济, 2013 (07): 147 – 159.

[202] 姚鹏、叶振宇. 中国区域协调发展指数构建及优化路径分析 [J]. 财经问题研究, 2019 (09): 80 – 87.

[203] 袁航, 朱承亮. 智慧城市是否加速了城市创新 [J]. 中国软科学, 2020 (12): 75 – 83.

[204] 张辽. 要素流动、产业转移与地区产业空间集聚——理论模型与实证检验 [J]. 财经论丛, 2016 (06): 3 – 10.

[205] 张辽. 要素流动、产业转移与经济增长——基于省区面板数据的实证研究 [J]. 当代经济科学, 2013 (05): 96 – 105, 128.

[206] 张超, 钟昌标. 中国区域协调发展测度及影响因素分析——基于八大综合经济区视角 [J]. 华东经济管理, 2020 (06): 70 – 78.

[207] 张伟, 王韶华. 整体迁移模式下承接产业与本土产业融合互动的情景分析——以河北承接北京八大产业转移为例 [J]. 中国软科学, 2016 (12): 105 – 120.

[208] 张公嵬, 梁琦. 产业转移与资源的空间配置效应研究 [J]. 产业经济评论, 2010 (03): 1 – 21.

[209] 张古, 刘军辉. 我国六个国家级承接产业转移示范区比较分析 [J]. 未来与发展, 2016 (05): 87 – 93.

[210] 张国胜, 杨怡爽. 我国制造业内发生了区域间的产业梯度转移吗——基于"五普"与"六普"的数据比较 [J]. 当代财经, 2014 (11): 92 – 102.

[211] 张红伟, 袁晓辉. 四川承接产业转移促进产业升级路径分析 [J]. 商业研究, 2011 (01): 11 – 16.

［212］张建华，邹凤明．资源错配对经济增长的影响及其机制研究进展［J］．经济学动态，2015（01）：122－136．

［213］张建伟，王艳华，赵建吉，等．产业转移与创新能力互动机制的研究进展［J］．世界地理研究，2016（03）：136－144．

［214］张可云、裴相烨．中国区域协调发展水平测度——基于省级数据分析［J］．郑州大学学报（哲学社会科学版）2019（06）：29－34，125．

［215］张理娟，张晓青，姜涵，等．中国与"一带一路"沿线国家的产业转移研究［J］．世界经济研究，2016（06）：82－92，135．

［216］张龙鹏，周立群．产业转移缩小了区域经济差距吗——来自中国西部地区的经验数据［J］．财经科学，2015（02）：86－94．

［217］张平．制度差异与区域经济差距的博弈分析［J］．长安大学学报：社会科学版，2010（03）：82－86．

［218］张其仔．中国能否成功地实现雁阵式产业升级［J］．中国工业经济，2014（06）：18－30．

［219］张倩肖，李佳霖．新时期优化产业转移演化路径与构建双循环新发展格局——基于共建"一带一路"背景下产业共生视角的分析［J］．西北大学学报（哲学社会科学版），2021（01）：126－138．

［220］张庆君．要素市场扭曲、跨企业资源错配与中国工业企业生产率［J］．产业经济研究，2015（04）：41－50．

［221］张少军，刘志彪．产业升级与区域协调发展：从全球价值链走向国内价值链［J］．经济管理，2013（08）：30－40．

［222］张少军，刘志彪．全球价值链模式的产业转移——动力，影响与对中国产业升级和区域协调发展的启示［J］．中国工业经济，2009（11）：5－15．

［223］张少军．全球价值链模式的产业转移与区域协调发展［J］．财经科学，2009（02）：65－72．

［224］张士杰．区域经济增长的能源尾效分析——以皖江城市

带为例 [J]. 华东经济管理, 2013 (07): 58 - 61.

[225] 张文武, 梁琦. 劳动地理集中、产业空间与地区收入差距 [J]. 经济学季刊, 2011 (02): 691 - 708.

[226] 张晓堂, 吴嵩博. 地区间污染产业承接与转型的区位选择——一个博弈论分析框架 [J]. 中南财经政法大学学报, 2015 (03): 132 - 139.

[227] 张孝锋, 蒋寒迪. 产业转移对区域协调发展的影响及其对策 [J]. 财经理论与实践, 2006 (04): 104 - 107.

[228] 张秀生, 黄鲜华. 区域制造业产业转移促进了全要素生产率提升吗?——基于中国地级市数据的研究 [J]. 宏观质量研究, 2017 (03): 62 - 75.

[229] 张银银, 黄彬. 产业承接、创新驱动与促进区域协调发展研究 [J]. 经济体制改革, 2015 (06): 64 - 69.

[230] 张友国. 区域间产业转移模式与梯度优势重构——以长江经济带为例 [J]. 中国软科学, 2020 (03): 87 - 99.

[231] 张治栋, 吴迪. 产业空间集聚、要素流动与区域平衡——长江经济带城市经济发展差距的视角 [J]. 经济体制改革, 2019 (04): 42 - 48.

[232] 张中华. 微区位原理分析 [J]. 社会科学家, 2020 (01): 30 - 36.

[233] 赵博宇. 区际产业转移的承接机制分析——基于动力系统视角 [J]. 学术交流, 2020 (11): 127 - 135.

[234] 赵峰, 姜德波. 长三角地区产业转移推动区域协调发展的动力机理与区位选择 [J]. 经济学动态, 2011 (05): 26 - 30.

[235] 赵蓉, 赵立祥. 苏映雪. 全球价值链嵌入、区域融合发展与制造业产业升级——基于双循环新发展格局的思考. 南方经济, 2020 (10): 1 - 19.

[236] 郑新业, 王晗, 赵益卓. "省直管县" 能促进经济增长

吗？——双重差分方法 [J]. 管理世界, 2011 (08)：34 - 44, 65.

[237] 周博, 李海绒. 西部地区中等城市产业承接力培育研究 [J]. 经济纵横, 2015 (11)：89 - 92.

[238] 周江洪, 陈燾. 论区际产业转移力构成要素与形成机理 [J]. 中央财经大学学报, 2009 (02)：68 - 72.

[239] 周均旭, 常亚军. 劳动密集型产业转移：越南的优势及对中国"大国雁阵模式"的挑战 [J]. 学术探索, 2020 (01)：24 - 31.

[240] 周黎安, 陈烨. 中国农村税费改革的政策效果：基于双重差分模型的估计 [J]. 经济研究, 2005 (08)：44 - 53.

[241] 周民良. 二次西进论：理论的重大突破与现实的可行选择 [J]. 经济学家, 1996 (01)：111 - 115.

[242] 周民良. 论我国的区域差异与区域政策 [J]. 管理世界, 1997 (01)：175 - 185.

[243] 周民良. 再工业化：中国产业发展的战略选择 [J]. 管理世界, 1995 (04)：24 - 33.

[244] 周民良. 增长极理论与西方的区域政策 [J]. 中国工业经济研究, 1994 (07)：70 - 75.

[245] 周世军, 周勤. 中国中西部地区"集聚式"承接东部产业转移了吗？——来自20个两位数制造业的经验证据 [J]. 科学学与科学技术管理, 2012 (10)：67 - 79.

[246] 朱克朋, 樊士德. 劳动力成本与全球制造业转移：生产率的角色 [J]. 财贸研究, 2020 (03)：21 - 32, 62.

[247] 朱少康. 产业转移对区域协调发展的影响研究 [D]. 南京：南京师范大学, 2018.

[248] 庄晋财, 吴碧波. 西部地区产业链整合的承接产业转移模式研究 [J]. 求索, 2008 (10)：5 - 8.

[249] 邹晓涓. 产业转移和承接中的环境问题研究 [J]. 武汉理工大学学报（社会科学版）, 2015 (01)：76 - 81.

［250］ H. S. Environmental quality and the gains from trade ［J］. Kyklos, 1977, 30 (4): 657 – 673.

［251］ Akamatsu K A. Historical Pattern of Economic Growth in Developing Countries ［J］. The Developing Economies, 1962 (1): 3 – 25.

［252］ Arauzo Carod J M, Liviano Solís, Daniel, Manjón Antolín, Miguel C. Empirical studies in industrial location: an assessment of their methods and results ［J］. Working Papers, 2008, 50 (3): 685 – 711.

［253］ Ashenfelter O, Card D. Using the Longitudinal Structure of Earnings to Estimate the Effect of Training Programs. ［J］ Review of Economics and Statistics. 1985, 67 (4), 648 – 660.

［254］ Beckmann M J. Lectures on Location Theory ［J］. Springer Berlin Heidelberg, 1999.

［255］ Capello R, Lenzi C. Spatial Heterogeneity in Knowledge, Innovation, and Economic Growth nexus: Conceptual Reflections and Empirical Evidence ［J］. Journal of Regional Science, 2014, 54 (2): 186 – 214.

［256］ Card, D, A B Krueger. Minimum Wages and Employment: A Case Study of The Fast – Food Industry in New Jersey and Pennsylvania ［J］. The American Economies Review, 1994, 84 (4), 772 – 793.

［257］ Charlot S. Agglomeration and Welfare: The Core ［J］. Journal of Public Economics, 2004, 90 (1 – 2): 325 – 347.

［258］ Chintrakarn P, Herzer D, Nunnenkamp P. FDI and Income Inequality: Evidence from a Panel of US States ［J］. Economic Inquiry, 2012, 50 (3): 788 – 801.

［259］ Choe, J I. Do Foreign Direct Investment and Gross Domestic Investment Promote Economic Growth? ［J］. Review of Development Economics, 2010, 7 (1): 44 – 57.

［260］ Chung, S H. Environmental regulation and foreign direct investment: Evidence from South Korea [J]. Journal of Development Economics, 2014, 108 (05): 222 - 236.

[261] Dam, L, Scholtens, B. The cure of the haven: The Impact of Multinational Enterprise on Environmental Regulation [J]. Ecological Economics, 2012, 78: 148 - 156.

[262] Dunning J H. The Eclectic Paradigm of International Production: A Restatement and Some Possible Extension [J]. Journal of International Business Studies, 1988, 19 (1): 1 - 31.

[263] Fleisher B M, Chen J. The Coast-noncoast Income Gap, Productivity, and Regional Economic Policy in China. Journal of Comparative Economics, 1997, 25 (2): 220 - 236.

[264] Fleisher, Belton M, Li, Haizheng, Zhao, Min Qiang. Human Capital, Economic Growth, and Inequality in China [J]. Journal of Development Economics, 2009, 92 (2): 215 - 231.

[265] Fujita M, Krugman P. Does Geographical Agglomeration Foster Economic Growth? And Who Gains and Losses from It [J]. Japanese Economic review, 2003, 4 (02): 121 - 145.

[266] Fujita M, Krugman P. The New Economic Geography: Past, Present and the Future [J]. Papers in Regional Science, 2004, 83.

[267] Gang Z, Shuting Y, Fenglong W. Study of the Urban Coordinated Development Capability Index in the Yangtze River Economic Belt [J]. 景观研究: 英文版, 2020, 012 (002): P. 41 - 48.

[268] Ge Y. Regional Inequality, Industry Agglomeration and Foreign Trade: The Case of China [J]. Wider Working Paper, 2015.

[269] Girma S, Greenaway D, Wakelin K. Who Benefits from Foreign Direct Investment in the UK? [J]. Scottish Journal of Political Economy, 2001, 48 (5): 560 - 574.

[270] Grossman G M, Krueger A B. Environmental Impacts of a

North American Free Trade Agreement [J]. Social Science Electronic Publishing, 2000, 8 (2): 223 – 250.

[271] Gruber J. State-mandated Benefits and Employer – Provided Health Insurance [J]. Journal of Public Economics, 1992, 55 (3): 433 – 464.

[272] Hoover E M The Location of Economic Activity [M]. New York: Mc Graw – Hill, 1948: 102 – 108.

[273] Imbens, Wooldridge J. Difference-in – Differences Estimation. NBER Summer Institute Lecture. 2007.

[274] Ivarsson I, Alvstam C G. Technology Transfer from TNCs to Local Suppliers in Developing Countries: a Study of AB Volvo's Truck and Bus Plants in Brazil, China, India, and Mexico [J]. World Development, 2005, 33 (8): 1325 – 1344.

[275] Jiang L, He H, Li H, et al. Research on Agglomeration of China IC Industry Based on Modified E – G Index [J]. Journal of Industrial Technological Economics, 2016.

[276] Jianwei Z, Jianji Z, Wenjie X, et al. Spatial Econometric Analysis of Undertaking Industrial Transfer in Henan – Anhui – Hunan – Jiangxi Region [J]. Entia Geographica Sinica, 2019.

[277] Katherine Kiel, McClain Katherine T. House Prices during Sitting Decision Stages: The Case of an Incinerator from Rumor through Operation [J]. Journal of Environmental Economics & Management, 1995, 28 (2): 241 – 255.

[278] Kojima K. Direct Foreign Investment: A Japanese Model of Multinational Business Operations [M]. New York: Praeger, 1978.

[279] Krugman P. Increasing Returns and Economic Geography [J]. Journal of Political Economy, 1991, 99 (3): 483 – 499.

[280] Lee H, Roland – Holst D. The Environment and Welfare Iim-

plications of Trade and Tax Policy [J]. Journal of Development Economics, 1997, 52 (1): 65 – 82.

[281] Lee Y S, Shin H R. Negotiating the Polycentric City-region: Developmental State Politics of New Town Development in the Seoul Capital Region [J]. Urban Studies, 2012, 49 (6): 855 – 870.

[282] Lee, H, Roland Holst D. International Trade and the Transfer of Environmental Costs and Benefits [R]. OECD Development Centre Working Papers, 1993: 91.

[283] Lessmann C, Seidel, André. Regional Inequality, Convergence, and its Determinants – A View from Outer Space [J]. European Economic Review, 2017, 92: 110 – 132.

[284] Li J, Xu C, Chen M, et al. Balanced Development: Nature Environment and Economic and Social Power in China [J]. Journal of Cleaner Production, 2019, 210 (10): 181 – 189.

[285] Lucas R E B, Wheeler D R, Hettige H. Economic development, Environmental, Regulation, and the International Migration of Toxic, Industrial Pollution: 1960 – 88 [J]. Policy Research Working Paper, 1992, 2007 (04): 13 – 18.

[286] Manderson E, Kneller R. Environmental Regulations, Outward FDI and Heterogeneous firms: Are Countries Used as Pollution Havens [J]. Environmental and Resource Economics, 2012, 51 (03): 317 – 352.

[287] Maria Savona, oberto Schiattarella. International Relocation of Production and the Growth of Services: The Case of the "Made in Italy" Industries [J]. Transnational Corporations, 2004 (2).

[288] Martin Mogridge, John B. Parr. Metropolis or Region: On the Development and Structure of London [J]. Regional Studies, 1997, 31 (2): 97.

[289] Meyer D R. A Dynamic Model of the Integration of Frontier Urban Places into the United States System of Cities [J]. Economic Geography, 1980, 56 (2): 120 – 140.

[290] Meyer B. Natural and quasi – Experiments in Economics [J]. Journal of Business and Economic Statistics 1995 (13), 151 – 161.

[291] Münter A, Volgmann K. The Metropolization and Regionalization of the Knowledge Economy in the Multi – Core Rhine – Ruhr Metropolitan Region [J]. European Planning Studies, 2014, 22 (12): 2542 – 2560.

[292] N Qian. Missing Women and the Price of Tea in China: The Effect of Sex – Specific Earnings on Sex Imbalance [J]. The Quarterly Journal of Economics, 2008, 123 (3): 1251 – 1285.

[293] Pawan Kumar, Dinesh Kumar. Sectoral and Regional Inequalities in Foreign Direct Investment in India [J]. 2015.

[294] Pethig R. Pollution, Welfare, and Environmental Policy in the Theory of Comparative Advantage [J]. Journal of Environmental Economics & Management, 1976, 2 (3): 160 – 169.

[295] Qin C L, Zheng Y F, Zhang H. A Study on the Tendencies and Features of the Coordinated Development of Regional Economy in China [J]. Economic Geography, 2013, 33: 9 – 14.

[296] Qingyan L, Kai F, Jianhui C. The Spatial – Industrial Transfer of Carbon Emissions Embodied in Inter-provincial Trade and the Influencing Factors for Shanxi Province: A MRIO – SDA Study [J]. Journal of Environmental Economics, 2019.

[297] Siebert H. Environmental quality and the gains from trade [J]. Kyklos, 2010, 30 (4): 657 – 673.

[298] Soylu zgür Bayram. Do foreign direct investment and savings promote economic growth in Poland? [J]. Economics and Business

Review, 2019, 5.

[299] Sunde T. Foreign Direct Investment and Economic Growth: ADRL and Causality Analysis for South Africa [J]. Research in International Business & Finance, 2017, 41 (Oct.): 434 – 444.

[300] Suyanto S, Salim R. Foreign Direct Investment Spill Over and Technical Efficiency in the Indonesian Pharma-ceutical Sector: Firm Level Evidence [J]. Applied Economics, 2013, 45 (3): 383 – 395.

[301] Tabuchi T. Urban Agglomeration and Dispersion: A Synthesis of Alonso and Krugman [J]. Journal of Urban Economics, 2005, 44 (3): 333 – 351.

[302] Vernon R. International Investment and International Trade in Product Cycle [J]. Quarterly Journal of Economics, 1966, 80 (5): 197 – 207.

[303] Walter I, Ugelow J L. Environmental Policies in Developing Countries [J]. Ambio, 1979, 8 (3): 102 – 109.

[304] Wei Y D. Regional Inequality in China [J]. Progress in Human Geography, 2016, 23 (1): 49 – 59.

[305] Wen M. Relocation and agglomeration of Chinese industry [J]. Economic Research Journal, 2004, 73 (1): 329 – 347.

[306] Wooldridge J M. Introductory Econometrics: A Modern Approach (Fourth Edition), South – Western Cengage Learning, 2009.

[307] Xiao – Ming Z, You – Jin L, Yan – Zhao Y, et al. On the Scale Measurement and Influence Mechanism of China's Industrial Transfer to the Countries Along the "Belt and Road" [J]. Journal of Hunan University of ence & Technology (Social ence Edition), 2019.

[308] Xing Y, Kolstad C D. Do Lax Environmental Regulations Attract Foreign Investment? [J]. Environmental & Resource Economics, 2002, 21 (1): 1 – 22.

［309］Yang Y, Liu Z, Chen H, et al. Evaluating Regional Eco – Green Cooperative Development Based on a Heterogeneous Multi – Criteria Decision – Making Model: Example of the Yangtze River Delta Region ［J］. Sustainability, 2020, 12.

［310］Yao, Shujie. Economic Growth, Income Inequality and Poverty in China under Economic Reforms ［J］. Journal of Development Studies, 1999, 35 （6）: 104 – 130.

［311］Yeung W C. From Followers to Market Leaders: Asian Electronics Firms in the Global Economy ［J］. Asia Pacific Viewpoint, 2007, 48 （1）: 1 – 30.

［312］Zhang Y, Cao W, Zhang K. Study on the Spatial – Temporal Pattern Evolution and Countermeasures of Regional Coordinated Development in Anhui Province, China ［J］. Current Urban Studies, 2020, 08 （1）: 115 – 128.

［313］Zhao S, Wang X, Hu X, et al. Research on the Development of China's International Cooperation Parks Along the Belt and Road: Status Quo, Effect, and Trend ［J］. 城市规划: 英文版, 2019, 00 （2）: 60 – 72.

后　记

　　本书是在我的博士论文基础上拓展而形成的，算是对自己这几年研究的小结，也是给自己前段时间的学习进行一个小的梳理。工作之后，再来进行研究和梳理已然有了很大的不同，也意识到学生时代能够参与到相关研究工作中，非常可贵，也越发珍惜自己的时光。

　　回顾三年在研究生院学习的光景，一切有如发生在昨日一般，一幕一幕闪过，那么真实且新鲜。三年既有成长的点滴记录，又有人生的奇妙体验和感慨。2018 年考博士前，从来没有想过要来北京上学，只是跟一个师姐一起报了研究生院，结果像故事一般就上了。研究生院踏实谦和的氛围，学校的服务、环境的布置让我能够安心学习，老师们真心对待学生、培养学生的赤诚的心意让我无数次感动。得益于三年的学习，自己在学术上有了一些成长，研究方法上有了新的突破，跟着老师做科研过程中研究视野被重新打开，研究成果也比硕士期间更加丰厚。自己在心态上有了一些历练，以前总是得失心较重，言语中也会有些时候出现负面词汇，经过几年的学习自己越来越能够感受到学习的价值，对自我的认识也在逐渐完善，对生活、工作的心态也越发平和，能够越来越多地感受到发自内心的安宁和心中平静的能量。自己在对未来有了一些清晰态度，生而为人其实是带着使命而来的，很感恩多年来祖国和学校的培养，我也越来越愿意去做一些对社会有价值的事情。可能将来的岗位会比较平凡，但相信平凡之中仍然蕴含着世界的美好，也会将这份美好传递出去。真的很感恩我经历到的所有美好，世界很大，也很美，我愿意用心去感受这个世界，拥抱这个世界，为它做点什么。

三年期间，最想感谢的是导师周老师。仍然记得第一次联系时周老师回复我的邮件，也记得此后老师经常的问候温暖了我那段急躁的时光。学术上，老师作风严谨，文章深入、简洁；项目上，老师带着我们去联系、沟通，思考、沉淀，让我有了长足的进步；生活上，老师无微不至的照顾，让我感受到温暖。老师用心带学生，认真培养学生的精神给我留下了深刻的印象，未来我也愿意做像老师一样的人，真心待人、不遗余力地支持别人。

也很感谢工经所科研处的蒙娃老师、工业经济系系秘书赵静怡老师，两位老师对待学生如家人，给予学生无尽的关心；感谢工业经济研究所的黄群慧老师、史丹老师、李海舰老师、李雪松老师、叶振宇老师、李晓华老师、吴利学老师、郭朝先老师，在学业上对我的帮助；感恩论文评审老师张丽君老师、武康平老师、李加洪老师、周文斌老师、刘勇老师对学生的指导；感谢班主任闫雷老师和杨春辉老师的关爱。三年同窗情谊难得，感谢博士生同学王文娜、李燕、张祝凯、薛钦源、谢建祥、赵璐的陪伴，三年学习共同进步。感恩研究生导师韦鸿教授，韦老师是我学术路上的引路人，让我最终能够踏实走上这一条路。感恩父母这么多年来一直默默支持着我，给我创造了良好的家庭环境；感恩女朋友王亚南三年的支持和陪伴，谢谢一路有你。研究生院的三年是我人生中很美的三年，在此真诚感恩每一个支持、陪伴我成长的老师和同学。

本书从整理和出版都离不开宁波大学中国乡村政策与实践研究院的支持，也感谢工作单位对自己的扶持。感谢陈剑平院士在研究方向、思维方面对我的引领，陈院士语重心长的教诲永远留在我的心中；感谢刘艳研究员在研究视角和如何做研究方面对我的引导，刘老师宽和、包容，用自己的行动默默支持我们的成长；感谢乡研院卢美芬院长、余初浪老师、龚小虹老师、安可老师、高苏微老师、吴中安同学的支持和帮助，让我在研究上、学习生活上有了较大的成长，也很荣幸能够跟你们一起工作。也感谢本书的责任编辑李雪老师，您在稿件编辑、文字校对、数据处理等方面做了大量的工作，非常辛苦。

自己有一些成长，有一些进步，但也还有太多需要去提升的地方。当下即是起点，我也愿意以此刻为起点，用更多的时间、更多的努力去创造属于自己的未来，真心祝福自己一切顺利、世界美好。

陈 凡

2022 年 7 月 1 日